社交礼仪实训教程

（修订本）

董乃群　刘庆军　主　编
戴晓丹　虞雪君　唐　羽　副主编

清华大学出版社
北京交通大学出版社
·北京·

内 容 简 介

本书在结合作者多年来亲身指导学生素质实训的经验基础上，结合教学改革的新理念，从实际训练的角度，让学生在较短时间内掌握个人形象礼仪、交往礼仪、餐饮聚会礼仪、公共礼仪、职场礼仪、大学生校园礼仪、商务礼仪、仪典礼仪等社交活动中所应遵循的各种礼仪规范，做受人欢迎的人，为走上工作岗位奠定坚实的素质基础。

本书科学性、实用性兼备，可操作性强。不仅有相关理论知识，更增加了大量案例供教师及学生分析使用，设计了很多情境供学生模拟训练。本书可作为高等院校各专业的素质教育课教材，亦可供职业礼仪培训者参考使用。

图书在版编目（CIP）数据

社交礼仪实训教程 / 董乃群，刘庆军主编. — 北京：清华大学出版社；北京交通大学出版社，2011. 11（2020. 1 重印）
ISBN 978-7-5121-0774-8

Ⅰ. ① 社…　Ⅱ. ① 董…　② 刘…　Ⅲ. ① 心理交往-礼仪-高等学校-教材　Ⅳ. ① C912. 1

中国版本图书馆 CIP 数据核字（2011）第 216717 号

责任编辑：吴嫦娥　　特邀编辑：林夕莲
出版发行：清 华 大 学 出 版 社　　邮编：100084　　电话：010-62776969
　　　　　北京交通大学出版社　　邮编：100044　　电话：010-51686414
印 刷 者：北京鑫海金澳胶印有限公司
经　　销：全国新华书店
开　　本：185×260　　印张：15. 25　　字数：387 千字
版　　次：2020 年 1 月第 1 版第 1 次修订　　2020 年 1 月第 6 次印刷
书　　号：ISBN 978-7-5121-0774-8/C · 114
定　　价：39. 00 元

本书如有质量问题，请向北京交通大学出版社质监组反映。对您的意见和批评，我们表示欢迎和感谢。
投诉电话：010-51686043，51686008；传真：010-62225406；E-mail：press@bjtu. edu. cn。

前　言

礼仪是人们为人处世的行为准则，是个人内在修养和素质的外在体现，是尊重、恭敬他人的表现形式和行为技巧，是一个人立身处世的根本、塑造形象的良方、赢得人脉的法宝和竞争取胜的利器。一个团体、一个个人礼仪修养的程度，是衡量其道德水准、综合素质高低的重要标准；一个民族礼仪水平的高低，是反映其政治、经济、文化水平的重要标志。礼仪是人类文明的重要组成部分，是世界各民族几千年来共同创造、共同享有的宝贵文化积累和精神财富。

近年来，高校毕业生就业形势越来越严峻，一方面来自客观原因，还有很大的方面来自高校学生培养的主观原因，学生动手能力差，解决实际问题的能力不足，素质下降。鉴于此，不少高职高专及应用型大学进行教学改革，社交礼仪实训课程已为此类学校学生的必修课程。为了适应新的教学方式，我们特编写了社交礼仪实训教程。

本书编写时遵循应用型本科院校学生未来就业方向和就业领域的需求，注重解决实际问题，提高学生素质，在未来的工作岗位能得体地待人接物，为事业的成功奠定良好的基础。因此，本书从仪容仪态服饰开始训练，使学生能很好地展现个人风采；接着通过专门训练日常交往中的各种礼仪，使学生成长为受人喜欢的人；然后通过餐饮礼仪、职场礼仪、商务礼仪等方面的特别训练，让学生迅速适应未来职业道路上可能碰到的种种礼仪。本书不仅理论知识系统，还增加了案例分析和情景训练的环节，加深学生对理论知识的理解，注重学生行为的训练。学习只能改变人的思维模式，训练才能改变人的行为模式。

本书由沈阳理工大学应用技术学院董乃群、刘庆军担任主编，提出本书的编写思路和框架结构，设计各章实践环节，负责全书统稿工作。其中，董乃群编写第一、五、六章；刘庆军编写第二章；戴晓丹（沈阳理工大学应用技术学院）编写第三、四章；虞雪君（公安海警学院）编写第七章，唐羽（沈阳理工大学应用技术学院）编写第八、九章。

本书在编写过程中，参考了大量资料，部分资料来源于互联网和编者日常教学积累，有些资料无从核实准确出处，在此一并向有关单位和作者表示感谢。

由于编者的知识、能力有限，书中疏漏和不足之处在所难免，欢迎专家与读者批评指正。

编者

2011年11月

目 录

第一章

社交礼仪实训概述

训练目标

通过训练，使学生了解社交礼仪的起源、概念、作用，认识到礼仪在生活和工作中的重要性，激发学习社交礼仪的热情。

> 礼节的目的与作用是使顽固变柔顺，使人们的气质变温和，使他（她）敬重别人，和别人合得来。
>
> ——【英】约翰·洛克

案例导入

总理的批评

1962年，周总理到西郊机场为西哈努克亲王和夫人送行。亲王的飞机刚一起飞，我国参加欢送的人群便自行散开，准备返回，而周总理这时却依然笔直地站在原地未动，并要工作人员立即把那些离去的同志喊回来。这次总理发了脾气，他严厉起来了，狠狠地批评道："你们怎么搞的，没有一点礼貌！各国外交使节站在那里，飞机还没有飞远，你们倒先走了。大国这样对小国客人不是搞大国主义吗？"当天下午，周总理就把外交部礼宾司和国务院机关事务管理局的负责同志找去，要他们立即在《礼宾工作条例》上加上一条，即今后到机场为贵宾送行，须等到飞机起飞，绕场一周，双翼摆动三次表示谢意后，送行者方可离开。

古语云："不学礼无以立"，"礼者，人道之极也"。中国素有"礼仪之邦"的美称，中国人也以其彬彬有礼的风貌而著称于世。礼仪在现代社会中越来越受到重视，认识礼仪是人类文明和社会进步的重要标志，是现代人应有的基本素质，也是社会交往、商务活动和其他各项事业成功的一个重要条件。

一、基本知识

（一）礼仪的起源

1. 东方礼仪的起源

中华民族，素有"礼仪之邦"的美称。礼仪的形成和发展，经历了一个从无到有、从低级到高级、从零散到完整的渐进过程。在原始社会中晚期（约旧石器时期）出现了早期礼仪的萌芽。例如，生活在距今约 1.8 万年前的北京周口店山顶洞人，就已经知道打扮自己。他们用穿孔的兽齿、石珠作为装饰品，挂在脖子上；而他们在去世的族人身旁撒放赤铁矿粉，举行原始宗教仪式，这是迄今为止在中国发现的最早的葬仪。在其后数千年岁月里，原始礼仪渐具雏形。例如，在西安附近的半坡遗址中，发现了生活距今约五千年前的半坡村人的公共墓地。墓地中坑位排列有序，死者的身份有所区别，有带殉葬品的仰身葬，还有无殉葬品的俯身葬等。此外，仰韶文化时期的其他遗址及有关资料表明，当时人们已经注意尊卑有序、男女有别。而长辈坐上席，晚辈坐下席；男子坐左边，女子坐右边等礼仪日趋明确。《周礼》是中国流传至今的第一部礼仪专著。春秋战国时期相继涌现出孔子、孟子、荀子等思想巨人，发展和革新了礼仪理论。孔子认为，"不学礼，无以立。"（《论语·季氏篇》）"质胜文则野，文胜质则史。文质彬彬，然后君子。"（《论语·雍也》）他要求人们用道德规范约束自己的行为，要做到"非礼勿视，非礼勿听，非礼勿言，非礼勿动。"（《论语·颜渊》）孔子编订的《仪礼》，详细记录了战国以前贵族生活的各种礼节仪式。《仪礼》与前述《周礼》和孔门后学编的《礼记》，合称"三礼"，是中国古代最早、最重要的礼仪著作。此后两千多年，礼仪历经了兴盛、衰落、退化、复兴等阶段，发展至今，已形成一套现代社会约定俗成、共同认可的行为方式。上下五千年，从西周视礼为"国之大柄"到现代的"五讲四美"，从荀子的"国无礼而不宁"到今天的精神文明建设，礼仪一直是传统文化的核心，现今已成为人们为人处世的行为规范，甚至从某种意义来说，礼仪还成为了维护社会秩序、共建和谐社会的途径之一。

2. 西方礼仪的起源

在西方，礼仪一词最早见于法语“etiquette”，原意是“法庭上的通行证”。后来这个词进入英文后，演变成“人际交往的通行证”，具有了现代礼仪的基本含义，即谦恭有礼的言谈举止、得体的教养和规矩、各种仪式、典礼等。

西方各国均十分重视礼仪。在中古和近代，西方各种重要的场合中，都保持着十分严格烦琐的礼仪要求。到了近现代，随着西方各国在社会经济等各方面的进一步发展，礼仪也有了新的发展，礼仪的烦琐性有所减少，更趋向简洁和实用。

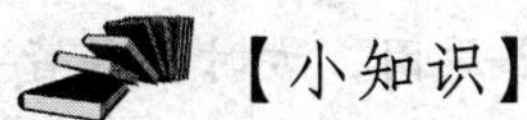【小知识】

舜帝孝感动天

舜，传说中的远古帝王，五帝之一，姓姚，名重华，号有虞氏，史称虞舜。相传他的父亲瞽叟及继母、异母弟象，多次想害死他：让舜修补谷仓仓顶时，从谷仓下纵火，舜手持两个斗笠跳下逃脱；让舜掘井时，瞽叟与象却下土填井，舜掘地道逃脱。事后舜毫不嫉恨，仍对父亲恭顺，对弟弟慈爱。他的孝行感动了天帝。舜在历山耕种，大象替他耕地，鸟代他锄草。尧帝听说舜非常孝顺，有处理政事的才干，把两个女儿娥皇和女英嫁给他，经过多年观察和考验，选定舜做他的继承人。舜登天子位后，去看望父亲，仍然恭恭敬敬，并封象为诸侯。

（二）礼仪的概念

“礼仪”一词，由“礼”和“仪”组成。什么是“礼”？中国古代的“礼”，涉及范围极其广泛，大致包含几个方面内容：最高的自然法则；治国的大纲和根本；中国文化总名；理；对人的尊敬和礼貌；为了表示敬重或隆重而举行的仪式。“礼”发展到现在是敬意的通称，其核心是互相尊重、互相关心、互相谦让。什么是“仪”？大致也有几方面内容：法度、法则；礼节、规矩；仪式、仪礼；容貌举止；礼物。在今天，“仪”是作为人际交往中相互表示尊重、友好的具体形式。简单地说，礼仪是人们在社会生活中所要遵循的约定俗成的礼节和规范，是人们在长期共同生活和相互交往中逐渐形成的并以风俗、习惯和传统等方式固定下来的准则，也是一种文化现象。

所谓社交礼仪，是指人们在人际交往过程中，用于表示尊重、亲善和友好的首选行为规范和惯用形式。在现代社会交往中，“礼”，是指尊敬和关心他人，使之合乎“情理”；所谓“仪”，是指在行为上恰如其分，使之合乎“事理”。

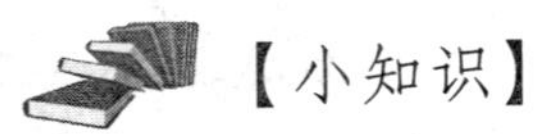【小知识】

古代的坐姿

古代坐姿主要有两类，跽与踞，根据场合环境不同，坐姿也不一样。但最普及最正式的姿势就是跽——跪坐。跪坐又分三种变化。一种是两膝并紧着席，臀部落在脚跟处。这是一种放松姿态，大部分时间古人都会保持这个姿势。朱熹称这个姿势为“坐”。平日在席上跪坐，身体要稍微向后一些，以示谦恭。吃饭时，食几在席前一尺，身体要尽量前坐，避免饭菜撒落在席上。入席就座，要掀起下裳前摆。下跪时，左足向右一小步，先跪左腿，右足向后；再跪右腿；然后放下衣摆。起立时，先起右腿，再起左腿。这种下跪顺序还有一个原因，古时士人皆佩剑，且佩在左侧。秦汉以前是青铜剑，剑身短，可以随身佩带而不必解下。秦汉时剑身加长，入席后要解下置于左侧。左足先跪、右足先起，身体左侧始终留有空间，便于紧急时刻拔剑自卫。至今，日本剑道还保留着这种习惯与礼仪。

（三）礼仪的社会功能和修身作用

（1）对社会来说，礼仪是一个国家社会文明程度、道德风尚和生活习惯的直观反映，作为一种社会文化，事关组织、社会乃至国家和民族的整体形象。

从生活交际的角度来看，礼仪可以说是人际交往中的一种艺术。通过社交活动，人们可以获得大量信息，有助于工作和生活的需要；通过社交活动，人与人之间可以建立各种关系，如商业合作、感情姻缘等；通过社交活动，人们还能增进感情，充实自我。因此，礼仪的社会功能可以概括为沟通功能、协调功能、维护功能、教育功能。

（2）对个人来说，礼仪是一个人的思想道德水平、文化修养、交际能力的外在集中体现。

个人礼仪主要包括行为举止礼仪、着装礼仪、言谈礼仪等，它是个人素质最直接的表现。我们接触一个人之后，常常会下一些评语：“这个人谈吐文雅，素质真高”，“这个人满嘴脏话，俗不可耐”，“这个人真邋遢，衣服皱皱巴巴，胡子也不刮”……这些评语往往针对的就是个人礼仪。从心理学上讲，被众人接纳的程度高，有利于建立和谐的人际关系，有利于打开局面，发展事业。要想被众人所接纳，就要注重个人礼仪，通过坚持不懈的学习来改进自身素质。礼仪的修身作用表现在：求得人际和谐；建立自信自尊；获得事业成功。因而学习礼仪，有助于提高人们的自身修养，有助于美化自身、美化生活，有助于促进人际交往，建立自尊，增强自重、自信、自爱，为社会的人际交往铺平道路。群体是由个人组成的，若每个人都加强个人礼仪学习、注重礼仪修养，对于净化社会风气、促进社会文明有序发展还有着积极的作用。

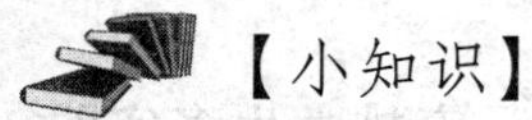【小知识】

正确使用雅语

雅语是指一些比较文雅的词语。雅语常常在一些正规的场合以及一些有长辈和女性在场的情况下，被用来替代那些比较随便，甚至粗俗的话语。在待人接物中，要是你正在招待客人，在端茶时你应该说："请用茶。"如果还用点心招待，可以用"请用一些茶点。"假如你先于别人结束用餐，你应该向其他人打招呼说："请大家慢用。"雅语的使用不是机械的、固定的。只要你的言谈举止彬彬有礼，人们就会对你的个人修养留下较深的印象。

（四）社交礼仪实训的内容和方法

1. 实训内容

社交礼仪实训主要训练个人礼仪、交往礼仪、餐饮聚会礼仪、公共礼仪、职场礼仪、商务礼仪、大学生校园礼仪等内容。

2. 社交礼仪训练方法

社交礼仪训练的方法很多，可因人、因时、因地自行掌握。这里仅介绍社交礼仪训练的三种基本方法，供参考。

1）注意礼仪训练的系统性

礼仪是人类文化的结晶、社会文明的标志，其内容十分丰富。开展社交礼仪训练时，应注意礼仪的系统性。学习礼仪概论，洞察古今中外礼仪的演变，熟悉礼仪的特征与原则；学习个人礼仪，明白"言为心声、行为心表"，自觉提高思想修养和文化素质；学习学校礼仪，通晓基本礼貌，尊师爱生；学习公共场所礼仪，进一步了解行为规范，参与净化社会风气；学习职场礼仪，明确自己的位置，如鱼得水，左右逢源；学习社交礼仪，掌握人际交往的常识，结交良朋益友；学习商务礼仪，领悟销售技巧和谈判礼仪，顺利走向成功等。总之，礼仪训练应循序渐进，使受训人员获益良多。

2）讲究礼仪训练的直观性

礼仪是社会交往的行为规范，具有重要的指导作用。因此，进行社交礼仪训练时，教师应为人师表，率先垂范。在绘声绘色地讲解的同时，多做些示范动作，吸引学生的注意力。除了自身表演外，还可以使用多媒体数学，适当展示有关图片资料和播放音像资料，还可以组织学生观看礼仪知识视频有声光盘，以加深其印象。

3）重视礼仪训练的实践性

礼仪重在实践，学以致用。进行社交礼仪训练时，要尽量安排学生多实践；如果限于教学条件，可以多设计情境模拟练习。例如，讲完握手、自我介绍、交换名片礼仪后，发动学生上台表演；讲完电话礼仪后，让学生演电话小品，模拟实习等；此外，还可以开展礼仪知识竞赛问答活动。

二、案例讨论

（一）案例一

元世祖召见胡石塘

元时，胡石塘应聘入京，元世祖忽必烈召见。胡石塘头戴棕皮编织的帽子，稍有歪斜，忽必烈问他所学的是什么，胡石塘答道："治国平天下之学。"忽必烈笑道："自家的一顶帽子尚不端正，又怎能平天下呢？"于是就不用他。

讨论：

1. 胡学士因为歪戴帽子、不拘小节而葬送了前程，你认为忽必烈是小题大做吗？
2. 说说你是怎样理解"小处不可随便"这个问题的。

（二）案例二

叶明的失败

国内一家效益很好的大型企业的总经理叶明，经过多方努力和上级有关部门的牵线搭桥，终于使德国一家著名的家电企业董事长同意与自己的企业合作。谈判时为了给对方留下精明强干、时尚新潮的好印象，叶明上身穿了一件T恤衫，下穿一条牛仔裤，脚穿一双旅游鞋。当他精神抖擞、兴高采烈地带着秘书出现在对方面前时，对方瞪着不解的眼睛看着他上下打量了半天，非常不满意。这次合作没能成功。

讨论：

1. 叶明与德国家电企业的合作失败的原因是什么？
2. 会谈应注意哪些礼仪？

（三）案例三

问　　路

一位年轻人准备去青海湖风景区旅游。那天天气炎热，他下车后已走得筋疲力尽，口干舌燥，不知距目的地还有多远，举目四望，不见一人。正失望时，远处走来一位老者，年轻人大喜，张口就问："喂，离青海湖还有多远呀?"老者目不斜视地回了两个字："无理"（五里）。年轻人精神倍增，快速向前走去。他走呀走，走了好几个五里，青海湖也不见踪迹，他恼怒地骂起了老者。

讨论：

1. 老者为什么没直接告诉年轻人到青海湖的距离?
2. 如何问路?

（四）案例四

轿夫和新鞋的故事

明朝张翰的《松窗梦语》，里面记载着一个很有哲理的故事：张翰刚当上御史的时候，就去拜访都台长官王廷相。王廷相为了鼓舞张翰当好官、做好人，给他讲了自己乘轿的故事。王说，有一次他乘轿进城公务，半路上下起了雨，有个轿夫穿了一双新鞋。开始时，这个轿夫小心翼翼地循着干净无水的地方走，可是后来一不小心踩进了泥水坑。再往前走的时候，这位轿夫就再也不顾及自己的新鞋子了，随便它往泥水坑里踩。王廷相感叹地对张翰说："做官、做人、做事的道理，和这位轿夫的新鞋不小心踩进泥水坑里是一样的啊！只要人一不小心犯了错，那你以后就再也不会有所顾忌了。因此，常常约束自己行为，是一个人经常修炼的功课。"张翰听了，深受感触。

人的心一旦被污染，新鞋踩进泥水里，就会放弃自己多年的坚守，不再注重自己的修养，不再顾及自己的名誉，不再考虑自己的未来，放任自流，胆大妄为。如今，物欲横流，有的官员今受小贿，明受大贿，最终身败名裂，追悔莫及。这都是慎始不慎终的恶果。做人、做事、为官要"出污泥而不染"，慎始更要慎终啊！想起刘备写给其子遗诏中的话："勿以恶小而为之，勿以善小而不为。"不为小恶，难成大恶；常为小善，终成大善。何其深刻。

（转自：http：//www. aijiaoji. com/chengong/cggs/4029. html）

讨论：这则故事给你什么启示?

三、情景训练

（一）情景一

分角色表演以下情景，用心体会什么是礼仪。

“礼仪就是从细小的地方开始做起。比如说我刚才走进教室的时候，轻轻地敲了门。”教授说道。教授告诉他的学生“敲门是有讲究的：敲一声，代表试探；敲二声，代表等待对方应答；敲三声，代表询问。而在现实生活中，有八成以上的人却不知道如何敲门。”接着，教授在课堂上做了一次互动，一个学生扮演餐厅的服务员，送外卖到教授家。“服务员”咚咚咚敲了三下门，进门后把外卖轻轻地放在桌子上。教授当场指出了“服务员”的问题：敲门声太重，没有表明自己的身份；也没自带一次性鞋套套住鞋子，弄脏了主人家的地板。于是，那名学生按照教授的指点又表演了一次。可完成后，那名学生仍站在讲台上看着教授。教授提醒他可以下台了。这时，他认真地对教授说：“老师，如果有人给我送外卖，我不会让他换鞋，我宁可自己再拖一次地板，因为那样会伤害那个人的自尊心。还有，对方离开的时候，我会真诚地对他说一声谢谢。”教授愣了一会儿，继而真诚地说了一句：“你说得对，谢谢你。”这时讲台下响起了热烈的掌声。人与人之间是平等的，需要相互尊重。在与人交往的过程中，不要一味地要求对方怎么样，而应该退一步想一想自己为对方做了什么。尊重对方就应该体现在你的一举一动中，哪怕一句话，只要是诚挚的，也就是最人性的。

（资料来源：中华礼仪网）

（二）情景二

模拟以下情景，选取一小组成员分别扮演情境中的人物，模拟演练完之后讨论情景中的两位主人公有什么失礼之处？结合礼仪的功能说明这些失礼的表现会有什么后果？

2005 年 4 月，广州商品交易会，各方厂家云集，企业家们济济一堂。华新公司的徐总经理在交易会上听说伟业集团的崔董事长也来了，想利用这个机会认识这位素未谋面而又久仰大名的商界名人。午餐会上他们终于见面了，徐总彬彬有礼地走上前去：“崔董事长，您好，我是华新公司的总经理，我叫徐刚，这是我的名片。”说着，便从随身带的公文包里拿出名片，送给了对方。崔董事长显然还沉浸在之前的与人谈话之中，他顺手接过徐刚的名片，回应了一句“你好”并草草看过，就放在了一边的桌子上。徐总在一旁等了一会儿，未见这位崔董有交换名片的意思，便失望地走开了了。

（三）情景三

下面是关于人生的10条建议，请同学们酌情进行实践，然后交流心得体会。

1. 生气的时候不要作任何决定。
2. 学会礼貌而灵活地说“不”。
3. 不要指望生活会是完全公平的。
4. 每天称赞3个人。
5. 经常说“谢谢”。
6. 用你希望别人对待你的方式去对待别人。
7. 结交新朋友。
8. 保守秘密。
9. 学会倾听。
10. 学会独立思考。

第二章

个人形象礼仪训练

训练目标

通过训练使学生了解仪容、仪态、服饰礼仪在生活中的作用，掌握个人形象礼仪的内容及要点，具备修饰和美化自己形象的基本技巧。

衣着和礼仪不能造就一个人，但是可以很大程度上提升一个人的形象。

——亨利·比彻

案例导入

周总理对自己的要求

走进昔日周恩来就读的天津南开中学，校门左侧有一大镜，上书：面必净，发必理，衣必整，钮必结，头容正，肩容平，胸容宽，背容直，气象勿傲、勿暴、勿怠，颜色宜和、宜静、宜庄。周恩来一生就始终以面净、发整、衣挺、钮结、头正、肩平、胸宽、背直、不傲、不怠来要求自己，始终做到和蔼可亲、真诚恳切。可以说，周恩来一生温文尔雅、谦逊潇洒的举止大部分得益于此。他平易近人的态度及一心为国、为民的崇高思想更是与此有着紧密联系。

重视个人形象礼仪是对自己与他人尊重的表现，一个人的仪容、仪表、姿态会给他人留下第一印象，影响着与他人沟通的效果。个人形象礼仪具有时代内涵，也体现一个人的文化修养、个性气质，它能帮助个体在社会竞争中更加自信，充分地实现自身价值。在人们日益注重形象、追求时尚、彰显个性的时代，形象就是财富，形象就是实力，是大学生赢得机会的必备条件之一。

模块一　仪容礼仪

仪表即指人的外表，它主要包括仪容、服饰、气质以及个人卫生等几方面内容，是个人精神面貌和内在修养的外在体现。仪表能够反映一个人的生活态度、审美情趣，其中，仪容和服饰是仪表的重要组成部分。仪表是人际交往中最直观地展现给对方的因素，可以直接影响到交往对象对行为主体的评价。仪表的修饰能体现人们对生活的热爱，端庄、美好、整洁的仪表能使对方产生好感。仪表的内涵是要做到符合“美”的标准，具体要做到美观、得体、清洁、卫生等。

一、基本知识

（一）仪容礼仪的要求

1. 头发

头发位于人体的“制高点”，打量一个人，首先看到的是这个人的头发。修饰头发最重要的就是整洁，要勤于洗头，保持干爽，同时发型的选择还要考虑自己的职业、年龄及性格，力求实用、美观，并体现自己的个性。一般情况下，男士前部的头发不能遮住眉毛，两鬓的头发不要挡住耳朵，后面的头发不要碰到衬衫的领口，否则既不雅观，又容易弄脏衣领；女士在重要的场合头发不应披散，以不过肩为宜，必要时应选择束发或盘发。男性发型应体现潇洒稳重，阳刚之气；女性发型应体现庄重大方又不失柔美。对于头发的日常保养应该养成周期性洗发的习惯，一般每周洗 2 ～ 3 次即可。

2. 皮肤

洁净清爽的脸庞会使人看起来精神十足，应每日早晚洗脸，清除附在面部的污垢、汗渍等。正确的洗脸方法有助于保持皮肤的弹性，保持血液循环良好和新陈代谢的正常运行。因此，要注意洗脸的方法，应用温水从上额至颧骨下颌部位反复打圈，从颈部至左、右耳根反复多次。为了养护面容，平日多吃水果蔬菜，多喝水，以保持足够的水分，防止皮肤粗糙、干燥。保证足够的睡眠，使面部看上去红润。夏季要及时擦去脸上的汗，不要让其淌在脸上；冬天外出前要擦好润肤产品，以便保护肌肤。

3. 耳朵

耳朵虽然位于面部的两侧，但却在他人的视线注意之内，所以要保持耳部的清洁，及时清洁耳垢。注意清除耳垢不要当众进行，以免给他人留下不好的印象。在洗澡、洗脸、洗头时，不要忘记洗耳朵，必要时还要清除耳朵中的分泌物。耳部清洁要注意安全，防止伤及耳膜。

4. 眉毛

人们用眉清目秀、眉飞色舞、愁眉不展等词来形容眉毛，可见，眉毛的表情对一张生动的脸的作用不小。眉毛需要经常修饰，但最好不要改变天然的眉形。用眉夹拔去两眉间和眉毛下面多余杂毛，形成柔和的弧形，但眉毛上部的毛还不能拔，否则会改变眉形。应从内眼角的正上方开始，到外眼角稍偏外侧处结束。要想把眉毛修饰整齐，可以用眉梳加以梳理。对于特别不帖服的眉毛，可以用少许无色透明的睫毛底液。

5. 眼睛

眼睛是心灵的窗口，也是人际交往中被他人注视最多的地方。眼睛应时刻保持清澈，眼睛周围一定要清洁，不能有眼屎，眼中不能有红血丝。日常生活要注意对眼睛的爱护，要让眼睛有充足的休息时间，过多地面对电脑、看书、电视等都会使眼睛疲劳，导致眼睛干涩，甚至异物感、肿胀感及流眼水等症状。感觉疲惫时可以用有缓解疲劳效用的眼药水滴眼，然后闭眼片刻。近年来，美瞳由于有多种颜色，同时又可显得眼睛明亮，彰显个性与时尚，受到年轻人的欢迎，但在颜色的选择上要注意场合，正式社交场合，不宜选择明显艳丽的颜色，因为会有不庄重、哗众取宠之嫌。

6. 鼻部

鼻部是面部的敏感区域，要注重保养，不能乱挠、乱挤，要注意清洁，避免生出“黑头”。在与他人交往前，应检查一下自己的鼻毛是否过长，如过长应用小剪刀剪短，不要去拔。保持鼻腔的清洁，养成每天洗脸时清洁鼻腔的好习惯。不要用手去挖鼻孔，尤其是在客人面前，这样既不雅观，又不卫生，感冒时不能到处擤鼻涕，应避开他人在隐蔽处进行处理。

7. 嘴部

嘴巴是发声之所，也是进食之处，理所当然应多作修饰，并细心照顾。牙齿是口腔的门面，养成每天定时刷牙和饭后漱口的习惯，牙齿上不要留有牙垢，避免唇边有分泌物，同时要保持口气清新。在与他人谈话前不要抽烟、饮酒，不要吃葱、蒜、韭菜之类刺激性气味的食物，以免对方反感。口腔异味影响交际，可以用口香糖来减少异味，但在正式场合嚼口香糖是不礼貌的，与人交谈时，也应避免。一般咳嗽、打喷嚏、打哈欠时应尽量避开他人，一旦忍不住，要用手绢或手捂住嘴，并向他人道歉。秋冬季节要防止嘴唇干燥破裂，可用唇膏缓解不适。

8. 胡须

进入青春期后，男士开始长胡须。作为学生，如果胡须长得不很浓密，则不需要剃；如果胡须长得浓密，则需要每日把胡须剃干净，但不要当众剃须。有的男士为了让自己看起来有阳刚之气，故意把胡子留着，这在正规场合对别人其实是不礼貌的。

9. 手部

在待人接物过程中，手部和面部一样，露在外面，容易被人注意到。通过观察一个人的手，可以判断出对方的修养与卫生习惯，也反映着一个人的精神风貌。因此，应随时随地清洗自己的手，手的清洁与一个人的整体形象密切相连，应当引起足够重视。饭前便后及接触脏物以后，要马上洗手，方便的话还应涂些护手霜，以保持手部的光洁。要勤剪指甲，不留长指甲，同时避免在公共场合修剪指甲。女性涂指甲油要注意时间和地点，上班不能涂颜色艳丽的颜色，可涂无色透明的；工作之余可根据自己的着装、个性选择适合自己颜色的指甲油。

10. 体味

人体皮肤上大约有三百三十多万个汗腺，平均每平方厘米有九万多个，因此，每个人都有自己或浓或淡的体味。体味如果过于明显，就应该有所遮掩，经常洗澡是必要的，尤其是参加一些正式活动之前一定要清洗干净。此外，有的人喜欢使用香水，气味过于浓烈的香水不适宜在公共场合使用，社交活动中应选择清淡的香水，适量喷洒。

一个人即使天生丽质，如果在某个时刻被发现面部不加修饰、体味难闻，也一定会使人敬而远之。在人们的日常生活中，无论经济条件好与坏，讲卫生、爱整洁都是自尊的表现，干净、整洁就是美的体现。清洁是仪容美的关键，是礼仪的基本要求，也是当今社会与人交往、取得成功的必要条件。容貌是天生的，但需要后天的修饰，只要每个人都注意清洁和恰当的修饰，人人都会显出迷人的风采。

【小知识】

礼仪教养是我们个人呈给社会的一张名片，个人之所以要修好礼仪教养其原因如下。

（1）我们应当成为有品位、有教养的人。人应该增加文化素养、德性涵养和美感。礼仪是自尊尊人、为人处世的细则要求，也是人的德性品质的具体体现。

（2）礼仪教养可以增强一个人的魅力指数。魅力分外在魅力要素和内在魅力要素，面容、身材体形、皮肤、化妆、服装等都属外在魅力因素，音容笑貌、言行举止、风度气质、待人接物的行为态度和方式等都属内在魅力要素。

（3）礼仪素质能为生活和事业打造更多和谐、愉快、成功的人际沟通能力。现代生活中，每个人都需要学会处理各种公共关系或人际关系。礼仪素养是最起码的教养，对人际沟通而言更是最基本的技术手段或要素。

（4）礼仪教养可以增强自信。生活中有许多人具有社交恐惧倾向，如果熟悉掌握了各种礼仪，懂得有礼有节地待人接物，就不会害怕与人打交道。

（5）礼仪教养可以避免素质竞争中的“一票否决”。曾有一位学业优秀的大学生，面试中因为服饰形象问题而遭拒。这位大学生的礼仪素质缺陷成为他面试形象的致命弱点。

（二）化妆礼仪

俗话说：爱美之心，人皆有之。每个人都有追求美的心愿，尤其是年轻女性，都希望通过化妆使自己的面容锦上添花。在正式场合，女性化妆是尊重别人的一种表现，面容加上一些恰到好处的修饰，便可以使人焕发光彩，增加自信。

1. 化妆品种类

1）清洁类化妆品

清洁类化妆品主要是清洁人体皮肤，即把滞留在皮肤上的油脂与污垢清洗掉，为面部修饰打下基础。日常生活中的清洁类化妆品包括卸妆液、洗面奶、清洁霜、香皂、磨砂膏等。

2）保养类化妆品

保养类化妆品能保护和滋润皮肤，延缓衰老，减轻皮肤皱纹，并使皮肤与外界隔离，防止水分流失。保养类化妆品主要包括化妆水、营养面霜、乳液、精华液、隔离霜、眼霜、面膜等。

3）修饰类化妆品

修饰类化妆品能美化肌肤，修饰面容，掩盖面部不足。包括粉底液、遮瑕霜、散粉（粉饼）、眉粉（眉笔）、眼线笔（眼线液）、眼影、睫毛膏、腮红、唇膏（唇彩）等。

2. 化妆工具

俗话说："工欲善其事，必先利其器。"化妆前，了解相关化妆工具的种类用途及准备好相应的化妆工具是十分必要的。

1）蜜粉刷

蜜粉刷是化妆刷类最大的一款，可快速均匀将蜜粉刷在涂有粉底的脸上，效果比粉扑更自然，柔和。刷毛硬度与软硬度皆需适中，才可达到细致的抛光效果。且不易刮坏底妆，另外也可以用来刷去多余的蜜粉，达到定妆的效果。

2）眼影刷

眼影刷可分为大、中、小三种，打底可使用刷头较大的，眼褶与下眼影部位可以使用大小与长短适中的；眼头或局部打亮，可以使用稍小的刷子。较大与适中的眼影刷，刷头呈扁身圆头，刷毛聚集蓬松，可晕染出自然的效果；局部打亮的眼影刷，刷毛较有弹性，沾粉均匀，可以制造出层次感。

3）唇刷

唇刷宽度较小，对于嘴唇轮廓描绘较方便，刷毛设计须扁平，稍硬，容易上色。使用唇刷会比直接涂抹口红来得色润均匀，且不易掉色。

4）眼线刷

眼线刷是刷具家族中最小且细的一支，可深入眼睫根部，毛刷稍硬且短，画眼线时先利用眼线笔描绘眼线后，再以眼线刷晕染线条，才不会画出扭曲、粗细不一的眼线。

5）腮红刷

腮红刷较蜜粉刷小，刷毛长度应为 3.5 公分左右，过长的刷毛容易使腮红范围过大，刷头呈圆弧形，可以营造中间浓、旁边淡的层次感，腮红看起来均匀自然。

6）化妆海绵

上粉底时，最好准备一块能够把粉底液推匀的化妆海绵，建议使用密度高、较硬的菱形或扇形海绵，一是海绵本身不至吸收过多的粉底液，二是较易将粉底推匀，有角度的地方可将粉底推至鼻翼嘴角等不易涂抹处。

7）粉扑

粉扑和海绵一样，可以用来上粉底，有些可干湿两用，一面上粉底液，另一面上粉饼。不方便携带太多工具时，粉扑是不错的选择。

8）眉毛夹（刮眉刀）

眉毛夹主要功用为修眉，眼皮上杂毛也用眉毛夹或刮眉刀拔掉、修掉。眉毛夹同时也是戴假眼睫毛的好帮手。

9）睫毛夹

睫毛夹可在上睫毛膏之前将睫毛夹出弧度，毛夹的软塑胶片须定期更换。目前市场上有按压式和剪刀式的手动睫毛夹，也有电烫睫毛夹。按压式的适合初学者，剪刀式的适合熟练者。

10）眉刷（眉梳）

眉刷可以涂抹眉粉或者祛除多余眉粉；眉梳可以梳理眉毛，配合修眉剪使用，也可以用来梳理眼睫毛。

此外，还应多备些眼影棒和棉签，虽然眼影盒里都附带有眼影棒，但是却很容易弄脏，所以应该至少有两三只，以保证一个眼影棒一个颜色。棉签的功能很多，用于眼部的时候，可以减淡或擦掉部分眼影。如果想修出整齐美丽的眉毛，最好还是去美容院修理；修完后的后期处理，可以自己在家用工具完成。

3. 基本化妆步骤

1）清洁面部皮肤

取洁面用品，用无名指以向上向外绕圈的手法揉洗面部及颈部，清除尘垢、过剩油脂，祛除皮肤表面老化细胞，促进新陈代谢，让肌肤清新、爽洁，洁肤是令肌肤美丽的第一步。

2）涂抹保养护肤品

该步骤属于基础护理，能够滋润、保护面部皮肤，并保证上妆的质量。程序为：眼霜—爽肤水（化妆水、紧肤水）—乳液（面霜）—隔离霜。涂抹护肤品时要均匀，动作要轻柔，并轻轻按摩，使护肤品能充分被面部吸收。

3）打粉底

粉底分粉底液和粉饼两种，可任选一种。一般选两三种接近自己肤色的粉底，试擦于脸颊，以确定与自己的肤色最接近颜色。如果是粉底液，就用手指沾取少量，分别点在额头、鼻梁、脸颊、下巴等处，然后轻轻推匀。如果是粉饼，只要用粉扑均匀地扑于面部就可以。如果面部有斑点、小痘痘、黑眼圈的人，还可以选择遮瑕霜或者遮瑕液进行重点修饰。

4）扑散粉（蜜粉）

用蜜粉刷将散粉扑在面部，但不要反复摩擦，这样会破坏粉底。粉底防止脱妆的关键在于鼻部、唇部及眼部周围，这些部位要小心定妆。最后将多余的定妆粉掸掉，动作要轻，以免破坏妆面。定妆要牢固，扑粉要均匀，在易脱妆的部位可进行几遍定妆。

5）修饰眉毛

眉笔（眉粉）的颜色要选与自己眉毛颜色最接近的，东方人通常为咖啡色、棕色或灰色。化的时候尽量淡，从眉头到眉梢依次化，眉头最好一笔一笔地化，从下到上，从内到外地化，眉梢要一笔带过，避免修改。总的原则是眉头淡，眉坡深，眉峰高，眉尾要清晰。画眉最重要的是经验，经常画自然得心应手。

6）画眼影

眼影最重要的功能是塑造眼睛的轮廓与体现个性，眼影的选择要与衣服相搭配。同一色彩眼影以不同深、浅的着色，自眼睑下方至上方、由深至浅渐次画上，可以塑造目光深邃的效果，眼睛看起来会变大至少 1/3。如果选用两种或两种以上的色彩，则可由内眼角向外眼角横向排列搭配晕染，可充分发挥眼睛的动感，眉下方处可用亮色，使眼睛生动有神而具立体感。

7）画眼线

闭上眼睛，用一只手在上眼睑处轻推，使上睫毛根充分暴露出来，用眼线笔（眼线液）进行描画；画下睫毛线时，向上看，由外眼角向内眼角进行描画。上方从眼睛的 2/3 开始画，下方画 1/2。也可不画下眼线。

8）修饰睫毛

眼睛向下看，将睫毛夹夹到睫毛根部，使睫毛夹与眼睑的弧线相吻合，夹紧睫毛 5 秒左右松开，不移动夹子的位置连做 1 ～ 2 次，使弧度固定。用睫毛夹在睫毛的中部，顺着睫毛上翘的趋势，夹 5 秒左右后松开。最后用睫毛夹在睫毛的前端再夹一次，时间 2 ～ 3 秒，形成自然的弧度。涂上睫毛时，眼睛向下看，睫毛刷由睫毛根部向上转动。涂下睫毛时，眼睛向上看，先用睫毛刷的刷头横向涂抹，再由睫毛根部向外转动睫毛刷。

9）刷腮红

选取适合色系的腮红，对着镜子微笑，从颧弓下陷处开始，由发迹向内轮廓进行晕染。使用时每次的腮红量要少、要淡；可多刷几次直至效果完美。

10）涂口红（唇彩）

亮色的口红一定要用口红刷刷上去，年轻人可选用唇彩，唇彩的颜色最好与服装的主题色一致。

化妆完毕后，要做全面、仔细的检查，化妆的浓淡要适当。浓妆还是淡抹要根据不同的环境与场合来决定，要与个人衣着、周围环境相协调。日常生活中，以自然、大方的淡妆为宜；参加某些社交场合需要体现个性与时尚时，如晚宴、舞会等，可以适当化浓妆。

（三）表情礼仪

人与人在交往的时候，内心情感在面部上的表现，即为表情。表情是一种无声的语言，是人际交往中相互沟通的形式之一，是人的思想感情和内在情绪的外露。脸部是人体中最能传情达意的部位，可以表现出喜、怒、哀、乐、忧、思等各种复杂的思想感情。在交际活动中表情备受人们的注意，在人的千变万化的表情中，眼神和微笑最具礼仪功能和表现力。

1. 目光

眼睛是五官中最敏感的器官，被称为人类的心灵之窗，它能够自然、清晰、准确地表现人的心理活动。目光，也称眼神，是面部表情的核心，泰戈尔说：“（任何人）一旦学会了眼睛的语言，表情的变化将是无穷无尽的。”

1）目光的作用

（1）传递情感。孟子曰：“听其言也，观其眸子”（《孟子·离娄上》）。可见，目光是一种真实、含蓄的语言，人的喜怒哀乐、爱憎好恶等思想情绪，都能从眼睛中表现出来。目光接触时间的长短，也表达着一些信息。心理学实验表明，人们视线接触的时间，通常占交往时间的 30%～60%。如果超过 60%，则表示彼此对对方的兴趣可能大于谈话的内容；低于 30%，则表明对对方本人或交谈的话题没有兴趣。

（2）展示形象。在与人交往中，不同的目光会给人留下不同的印象。目光亲切、友善，给人以平易近人的印象；目光炯炯，给人以精力旺盛的印象；目光坦然，给人以值得信任的印象；目观如炬，给人以富有远见的印象。反之，目光迟钝，给人以衰老、虚弱的印象；目光闪烁，给人以神秘、心虚的印象；等等。

（3）表达尊重。在人际交往中，用自信、坦率的目光正视交际对象，将视线停留在对方双肩和头顶所构成的一个正方形的区域内，能够表达出诚恳与尊重。在来宾众多或其他不方便逐一打招呼的情况下，用目光向其他客人示意，能消除他们的被冷落感，使其感到受到了尊重和欢迎。

2）注视的时间

（1）表示友好。向对方表示友好时，应不时地注视对方。注视对方的时间约占全部相处时间的 1/3 左右。

（2）表示重视。向对方表示关注，应常常把目光投向对方那里。注视对方的时间约占相处时间的 2/3。

（3）表示轻视。目光常游离对方，注视对方的时间不到全部相处时间的 1/3，就意味着轻视。

（4）表示敌意。目光始终盯在对方身上，注意对方的时间占全部相处的 2/3 以上，被视为有敌意，或有寻衅滋事的嫌疑。

（5）表示感兴趣。目光始终盯在对方身上，偶尔离开一下，注视对方的时间占全部相处时间的 2/3 以上，同样也可以表示对对方较感兴趣。

3）注视的角度

注视别人时，目光的角度，即目光从眼睛里发出的方向，表示与交往对象的亲疏远近。

（1）平视。也叫正视，即视线呈水平状态。常用在普通场合与身份、地位平等的人进行交往时。

（2）侧视。是一种平视的特殊情况，即位于交往对象的一侧，面向并平视着对方。侧视的关键在于面向对方；若为斜视对方，即为失礼之举。

（3）仰视。即主动居于低处，抬眼向上注视他人，以表示尊重、敬畏对方。

（4）俯视。即向下注视他人，可表示对晚辈宽容、怜爱，也可表示对他人轻慢、歧视。

4）目光注视的部位

（1）双眼。注视对方双眼，表示自己重视对方，但时间不要太久。

（2）额头。注视对方额头，表示严肃、认真、公事公办。

（3）眼部—唇部。注视这一区域，表示礼貌、尊重对方。

（4）眼部—胸部。注视这一区域，多用于关系密切的男女之间，表示亲近、友善。

（5）眼部—下腹部。适用于注视相距较远的熟人，也表示亲近、友善，但不适用于关系一般的异性。

（6）任意部位。对他人身上的某一部位随意一瞥，多用于在公共场合注视陌生人，最好慎用。

5）掌握运用目光的时机

有的人在与陌生人交往时，不知把目光怎样安置，不敢对视或死盯着对方，这都是不礼貌的。良好的交际目光应是坦然、亲切、和蔼有神的。做到这一点的要领是：放松精神，把自己的目光放虚一点，不要聚集在对方脸上的某个部位，而是好像在用自己的目光笼罩对面的整个人。如果对对方的讲话感兴趣，就要用柔和友善的目光正视对方的眼睛；如果想要中断他人的话，可以有意识将目光稍微转向他处。当对方说了幼稚或错误的话显得拘谨害羞时，不要马上转移自己的视线；相反，要继续用柔和理解的目光注视对方，否则别人会误解为嘲笑他。当双方缄默不语时，不要再看着对方，以免加剧尴尬局面；谈得很投入时，不要东张西望，否则别人认为你已听得厌烦了。

2. 笑容

在人的面部表情中，除目光之外，最动人、最有魅力的就是笑容。它是沟通双方心灵的润滑剂，是最能打动人的无声语言，被称为“世界语”。

1）笑容的作用

笑容是人际关系的黏合剂，是“参与社交的通行证”，也是待人处世的法宝。在人际交往中，笑容起着重要的作用。

（1）融洽气氛。笑容有一种天然的吸引力，是人际交往的一种轻松剂和润滑剂。它能使人相悦、相亲、相近，能有效地缩短双方的心理距离，打破交际障碍，为深入的沟通与交往创造真诚、融洽、温馨的良好氛围。

当你第一次踏入社交场合，或第一次与客人交往，不免会感到紧张、羞怯，微笑可以帮助你摆脱窘境——对方的友好微笑可以化解你的局促；你的微笑可以帮助自己镇定。所以在交谈中，表示友善、欢迎、亲切时，要面带微笑；表示请求、道歉、拒绝时，更应面带微笑。如让人久等了，边微笑边说“对不起”，可以消除对方的怨气。通常人们总习惯以消极的表情语来表达否定的意思，其实若在人际交往中用积极的表情语——微笑的方式来表达拒绝，会免去对方的尴尬，更容易使人接受。

（2）减少摩擦。笑容是一种特殊的情绪语言，它可以起到有声语言所起不到的作用。它是一个人对他人态度诚恳的一种表现，能给人以亲切、友好的感受，帮助对方驱散笼罩在心头的阴云，消除误解、疑虑和隔阂。笑容是善意的标志、友好的使者、礼貌的表示。当碰到他人向你提出不好满足的请求或要求时，若板起脸来拒绝，往往会招人反感。而笑容不但可以为你赢得思考的时间，而且可以使你的拒绝让人容易接受，不伤和气地解决问题。

（3）美化形象。笑容给人以亲切、甜美的感受，是一个人最美的神态。笑容作为一种表情，不仅是形象的外在表现，也是人的内在精神的反映。一个经常面带笑容的人，心理一定是健康的，因为笑口常开的人，一定是一个心地善良、心胸豁达、乐观向上的人，是一个热爱工作、奋发进取、充满自信的人。可以说，笑容是礼仪的基石，也是一个人礼仪修养的展现。因此，善于展露笑容的人，往往会赢得他人的好感和信赖。

笑容，即人们在笑时的面部表情。利用笑容，可以消除彼此间陌生感，打破交际障碍，为更好沟通与交往创造有利的氛围。

2）笑的种类

（1）含笑。不出声，不露齿，只是面带笑意，表示接受对方，待人友善，适用范围较为广泛。

（2）微笑。唇部向上移动，略呈弧形，但牙齿不外露，表示满意、友好，适用范围最广。

（3）轻笑。嘴巴微微张开一些，上齿显露在外，不发出声响，表示欣喜、愉快，多用于会见客户、向熟人打招呼等情况。

（4）浅笑。笑时抿嘴，下唇大多被含于牙齿之中，多见于年轻女性表示害羞之时，通常又称为抿嘴而笑。

（5）大笑。表现得太过张扬，一般不宜在商务场合中使用。

3）笑的方法

笑的共性是面露喜悦之色，表情轻松愉快。但是，如果发笑的方法不对，要么笑比哭还难看，要么会显得非常假，甚至显得很虚伪。

（1）发自内心。笑的时候，要自然大方，亲切友好。

（2）声情并茂。笑的时候，要做到表里如一，使笑容与自己的举止、谈吐有很好的呼应。

（3）气质优雅。笑的时候，要讲究笑的适时、尽兴，更要讲究精神饱满，气质典雅。

（4）表现和谐。从直观上看，笑是人们的眉、眼、鼻、口、齿以及面部肌肉和声音所进行的协调行动。

4）笑的禁忌

（1）假笑。即笑的虚假，皮笑肉不笑。

（2）冷笑。即含有怒意、讽刺、不满、无可奈何、不屑一顾、不以为然等容易使人产生敌意的笑。

（3）怪笑。即笑得怪里怪气，令人心里发麻，多含有恐吓、嘲讥之意。

（4）媚笑。即有意讨好别人，非发自内心，具有一定的功利性目的的笑。

（5）怯笑。即害羞、怯场，不敢与他人交流视线，甚至会面红耳赤的笑。

（6）窃笑。即偷偷地洋洋自得或幸灾乐祸的笑。

（7）狞笑。即面容凶恶，多表示愤怒、惊恐、吓唬。

5）微笑训练

对微笑基本要求是：真诚、自然、亲切、甜美。微笑时，面部肌肉放松，嘴角两端微翘，适当露出牙齿，不发声。训练微笑，首先要求微笑是发自内心，发自肺腑，无任何做作之态，防止虚伪的笑。其次，可进行技术性训练，因为人们微笑之时，口角两端向上翘起。练习时，为使双颊肌肉向上抬，口里可念着普通话的“一”字音。此外，还要训练眼睛的“笑容”，取厚纸一张，遮住眼睛下边部位，对着镜子，回忆过去的美好生活，嘴巴两端做出微笑的口形，随后放松面部肌肉，眼睛随之恢复原形。

二、案例讨论

（一）案例一

泰国的“微笑运动”

2003年7月5日埃菲社的一篇报道：泰国当局在全国范围内掀起了一次新奇的运动，希望以此让全国人民都微笑起来。泰国有“微笑国度”的美称，现在又在进一步积极树立微笑国家的形象。一位官员说：“微笑是泰国人和国家形象最突出的一个亮点，我们希望这个亮点更加耀眼。”当局还希望，通过微笑运动让人们懂得“纪律、慷慨和感谢”的重要。泰国每年从旅游业中得到巨大的效益，每年有千万名外国游客到这个王国观光游览。

讨论：

1. 请结合案例谈谈“微笑运动”为什么会取得成功。
2. 请概述笑容的作用。

（二）案例二

聚会的尴尬

今天是王羽的大学同学毕业25周年聚会的日子。年近50岁的王羽在毕业后就没有见过任何一位同学。为了这次聚会，王羽做了充分的准备：今天的“我”将使同学眼前一亮。她身着色彩鲜艳的红色套装，画好唇线，抹上深紫色口红，非常高兴地来到聚会地点。当她出现在同学面前时，大家大吃一惊，她所希望的“眼前一亮”情景并没有出现。

（资料来源：陆纯梅，范莉莎．现代礼仪实训教程．北京：清华大学出版社，2008.）

讨论：

1. 为什么王羽所希望的“眼前一亮”情景并没有出现？
2. 结合所学知识，讨论在这样的场合王羽应如何打扮。

（三）案例三

银行职员的化妆礼仪

银行职员服务礼仪的一个核心就是要求窗口职员真正体现出以客为尊的服务宗旨。而要贯彻这一宗旨，上岗时进行适度化妆后再服务顾客显得尤为重要。在银行工作中，银行职员都能做到化妆上岗。而做到化妆适度，以淡为主，则更能体现对顾客的尊重。要求银行职员化妆上岗，并不是要求所有银行职员一定要自备高级化妆品，精心化妆一番才能上岗，而只是要求适度化妆，以淡为主。这既是对自身形象的爱护，又能体现出自身的敬业精神。

讨论：请结合案例谈谈企业形象与员工形象有什么关系。

三、情景训练

（一）情景一

以组为单位，每组选一位模特和一位化妆师，当场进行化妆，注意化妆的步骤及工具的使用方法。

（二）情景二

请微笑着朗读下面这段话。

感恩的心，感谢有你
伴我一生
——让我有勇气做我自己
感恩的心，感谢命运
花开花落
——我一样会珍惜

（资料来源：罗树宁．商务礼仪与实训．北京：化学工业出版社，2008.）

（三）情景三

以组为单位，每组选出两位同学自编一段对话，在对话的过程中，体会交谈时注视的技巧。

模块二　仪 态 礼 仪

仪态是一种无声“语言”，也称“体态语言”，泛指人们的身体所展现出来的各种姿势，即身体的具体造型。一个人的仪态包括他的所有行为举止：站姿、行姿、蹲姿、手势、面部表情等。仪态反映了一个人的素养、受教育程度及能够被人信任的程度。人的风度是通过人的举止体现出来的，仪态礼仪是其本人气质内涵的外在表现。我们往往可以从一个人的仪态来判断他的品格、学识、能力和其他各方面的修养。

一、基本知识

（一）站姿

1. 站姿基本要领

站姿是指人在停止行动之后，直立自己的身体，双脚着地的姿势。它是人们平时所经常采用的一种静态的身体造型，同时又是其他动态的身体造型的基础和起点。站姿的基本要求是：头正，颈直，下颌微收，双目平视，面容平和自然；肩平、自然放松，稍向下沉，躯干挺直；收复，立腰，挺胸，提臀；双臂放松，自然下垂于体侧，虎口向前，手指并拢自然弯曲，中指贴拢裤缝；双膝并拢，两腿直立。总的来讲，采取这种站姿，会使人看起来稳重、大方、俊美、挺拔。

（1）女士站姿

女士的站姿要求柔美，即所谓的“亭亭玉立”，以体现女性轻盈、妩媚、娴静、典雅的韵味。女士的主要站姿为前腹式，但双腿要基本并拢，脚位应与服装相适应，穿紧身短裙，脚跟靠紧，脚掌分开呈“V”状或“Y”状（即丁字步）；穿礼服或旗袍时，双脚可略分开。

（2）男士站姿

男士站姿要稳健，即所谓的“站如松”，以显示出男性刚健、强壮、英武、潇洒的风采；男士通常可采取双手相握、叠放于腹前的前腹式站姿；或将双手背于身后，然后相握的后背式站姿。双脚可稍微叉开，与肩部同宽为限。

2. 站姿的注意事项

站立时，切忌手插在衣袋里，无精打采或东倒西歪；忌弯腰驼背，低头，两肩一高一低；忌把其他物品作为支撑点，依物站立，更不要依靠在墙上；双手忌做无意的小动作，更不要插在腰间或抱在胸前；腿忌不停地抖动。

（二）坐姿

1. 坐姿的基本要领

上半身挺直，两肩放松，下巴向内微收，脖子挺直，挺胸收腹，并使背部和臀部成一直角，双手自然放在双膝上，两腿自然弯曲，小腿与地面基本垂直，两脚平落地面。两膝间的距离，男子以不超过肩宽为宜，女子则不开为好。女士还可以采用“S”形坐姿，即上体与腿同时转向一侧，面向对方，形成一个优美的“S”形坐姿；叠膝式坐姿，即两腿膝部交叉，一腿内收与前腿膝下交叉，两脚一前一后着地，双手稍微交叉于腿部。

（1）两手摆法。有扶手时，双手轻搭或一搭一放。无扶手时，两手相交或轻握或呈八字形置于腿上；或左手放在左腿上，右手搭在左手背上。

（2）两腿摆法。凳高适中，两腿相靠或稍分，但不能超过肩宽；凳面低时，两腿并拢，自然倾斜于一方；凳面高时，一腿略搁于另一腿上，脚尖向下。

（3）两脚摆法。脚跟、脚尖全靠或一靠一分，也可以一前一后（可靠拢也可稍分）或右脚放在左脚外侧。

需强调的是，女性在乘坐小汽车时还应注意坐车的姿势。要想在上汽车时显得稳健、端庄、大方，做起来并不难。上车前应首先背对车门，款款坐下，待坐稳后，头和身体进入车内，最后再将并拢的双腿一并收入车内。然后方才转身，面对行车的正前方向，同时调整坐姿，整理衣裙。坐好之后，两脚亦应靠拢。下车的姿势也不能忽略，一般应待车门打开后，转身面对车门，同时将并拢的双腿慢慢移出车外，等双脚同时落地踏稳，再缓缓将身体移出车外。

2. 坐姿的注意事项

（1）入座时，走到座位前，转身后右脚向后撤半步，从容不迫地慢慢坐下，然后把右脚与左脚并齐。女性入座要娴雅，坐下前应用手把裙子向前拢一下。起立时，右脚先向后收半步，立起，向前走一步离开座位。在社交场合，入座要轻柔和缓，离座时要端庄稳重，不可猛起猛坐，制造紧张气氛。

（2）坐在椅子上，至少应坐满椅子的2/3。如果是沙发，座位较低，又比较柔软，应注意身体不要下滑而陷在沙发里，这样看起来很不雅观。与人面对面会谈时，前10分钟左右不可松懈，开始就放松地靠在椅背上不礼貌。正面与人对坐会产生压迫感，应当稍微偏斜，这样双方都会感觉轻松自然。

（3）坐在椅子上，勿将双手夹在两腿之间，这样显得胆怯害羞、缺乏自信，也显得不雅。

（4）坐时，双腿叉开过大，或双腿过分伸张，或腿呈“4”字形，或把腿架在椅子、茶几、沙发扶手上，都不雅观；同时，忌用脚打拍子。

（5）坐时应避免内八字；当跷二郎腿时，悬空的脚尖应朝下或朝向他处，切忌朝天或指向他人，并不可上下抖动。

（三）蹲姿

1. 蹲姿的基本要领

（1）高低式蹲姿。下蹲时一般是左脚在前，右脚稍后。左脚应完全着地，小腿基本上垂直于地面；右脚则应脚掌着地，脚跟提起。右膝须低于左膝，右膝内侧可靠于左小腿的内侧，形成左膝高、右膝低的姿态。女性应靠紧两腿，男性则可以适度分开。这种蹲姿的特征就是双膝一高一低，服务人员选用这种蹲姿既方便又优雅。

（2）交叉式蹲姿。下蹲时，右脚在前、左脚在后，右小腿垂直于地面，全脚着地。右腿在上，左腿在下，两者交叉重叠。左膝由后下方伸向右侧，左脚脚跟抬起，并且脚掌着地。两腿前后靠近，合力支撑身体。上身略向前倾，臀部朝下。通常适用于女性，尤其是身着裙装的女性。它的优点是造型优美典雅，基本特征是蹲下后双腿交叉在一起。

2. 蹲姿的注意事项

（1）下蹲的时候，切勿速度过快，并注意与他人保持一定的距离，避免彼此迎头相撞。

（2）在他人身边下蹲时，最好是与之侧身相向。正面面对他人或是背部对着他人下蹲，通常都是不礼貌的。

（3）在大庭广众之前下蹲时，身着裙装的女性一定要避免个人的隐私暴露在外。

（4）蹲姿是在特殊情况下的姿势，所以不可随意乱用。另外，不可蹲在椅子上，也不可蹲着休息。

（四）走姿

1. 走姿的基本要领

正确的走姿基本要领是：步履自然、轻盈、稳健，抬头挺胸，双肩放松，提臀收腹，重心稍向前倾，两臂自然摆动，目光平视，面带微笑。

（1）方向明确。在行进的过程中，应保持明确的方向，尽可能走在一条直线上。做到此点，具体的方法是：行走时应以脚尖正对前方，所走的路线形成一条虚拟的直线。

（2）步位标准。步位，即脚落在地面的位置。男性工作人员两脚跟可保持适当间隔，基本前进在一线上，脚尖稍微外展；女性两脚跟要前后踏在同一条直线上，脚尖略外展，也就是所称的“一字步”，也称“柳叶步”。

（3）步度适中。所谓步度也叫步幅，是指在行走时两脚之间的距离。生活中步度的大小因人而异，但通常应与本人一只脚的长度相近，男性每步大约 40 厘米，女性每步大约 30 厘米。同时，服装和鞋子也会影响一个人的步度。如身穿旗袍，脚穿高跟鞋，步度必定比平时穿长裤和平底鞋要小些。

（4）姿态优美。走路时膝盖和脚腕都要富有弹性，两臂自然轻松地前后摆动，男性应具有阳刚之美，展现其矫健、稳重、挺拔的特点；女性应显得温婉动人，体现其轻盈、妩媚、秀美的特质。

（5）速度均匀。在一定的场合，一般应当保持相对稳定的速度。在正常情况下，服务人员每分钟走 60 ～ 100 步。

（6）重心放准确。行进时，尤其在起步时，身体要向前微倾，身体的重量要落在前脚掌上。在行进过程中，应注意使身体的重心随着脚步的移动不断地向前过渡，切记不要让其停留在自己的后脚上。

（7）身体协调。走路时身体各部位应保持动作的和谐。走动时要以脚跟先着地，膝盖在脚部落地时一定要伸直，腰部要成为重心移动的轴线，双臂在身体两侧一前一后地自然摆动。

2. 走姿的注意事项

（1）走路时，应避免不雅观的步态。

（2）走路时，避免体位失常。

（3）三人或更多人一起行走时，应避免排成横队或勾肩搭背。有急事要超过前面的行人时，不得跑步，可以大步超过，并在超越时向被超越者致意道歉。

（4）在上下楼梯时，应坚持“右上右下”原则，以方便对面上下楼梯的人。另外，还要注意礼让客人，如上下楼梯时，出于礼貌，可以请对方先行。在陪同引导中，如果是一位男士和一位女士同行，上楼梯时男士应行在后，下楼梯时男士行在前。

（五）手势

1. 递接物品

（1）一般来讲，递接物品用双手为最佳。用左手递接物品，通常被视为是失礼之举。

（2）将带尖、带刃或其他易于伤人的物品递给他人时，切忌以尖、刃直指对方。合乎服务礼仪的做法是，应使尖、刃朝向自己，或是朝向他处。

（3）递接物品时，如果双方相距过远，应主动走近对方；假如自己是坐着的话，还应该尽量在递接物品时起身站立。

（4）递给他人的物品，应直接交到对方手中为好。同时，在递物时应让对方便于接取。在将带有文字的物品递交给他人时，还应使正面朝向对方。

2. 手持物品

（1）卫生。在为客人服务的过程中，如遇到取拿食物时，如敬茶、斟酒、送汤、上菜等，千万不要把手指碰触到杯、碗、碟、盘的边沿。

（2）到位。就是手持物品要到位。例如，提箱子应当拎提手，拿杯子应握杯耳，持炒锅应持手柄。持物时若手不能到位，不但不方便、不自然，而且也容易引起失误。

（3）自然。手持物品时，服务人员可依据自己的能力与实际的需要，斟酌采用不同的手势，但一定要避免持物时手势夸张、小题大做，失去自然美。

（4）稳妥。手持物品时，可根据物体的重量、形状及易碎程度来采取相应的手势，切记确保物品的安全，尽量轻拿轻放，防止伤人或伤己。

3. 展示物品

（1）手位正确。被人围观时，可将物品举至高于双眼之处展示物品；或双臂横伸将物品向前伸出，活动范围自肩至肘之处，上不过眼部，下不过胸部，这一手位易给人以安定感。

（2）便于观看。展示物品时，一定要方便现场的观众观看。因此，一定要将被展示的物品正面朝向观众，举到一定的高度，并注意展示的时间以便能让观众充分观看。当四周皆有观众时，展示还需要变换不同角度。

（3）操作标准。服务人员在展示物品时，不论是口头介绍还是动手操作，均应符合有关的标准。解说时，应口齿清晰，语速适中；动手操作时，应干净利索，速度适宜，并经常进行必要的重复。

4. 其他常用手势

（1）在表示“请”的时候，可以用右手，五指并拢伸直，掌心不可凹陷；女性为优雅起见，可微微压低食指。手与地面呈 45°，手心斜对上方，肘关节微屈，腕关节要低于肘关节。动作时，手从腹部抬起至横膈膜处，然后以肘关节为轴向右摆动，到身体右侧稍前的地方停住。注意不要把手摆到体侧或体后。

（2）在请来宾入座时，手要以肘关节为轴由上而下摆动，指向斜下方。注意前臂不要下摆至紧贴身体。

（3）招呼他人的时候，要使用手掌，而不能仅用手指。

（4）举手致意时，应全身直立，面向对方，至少上身与头部要朝向对方，在目视对方的同时，应面带微笑；手臂自下而上向侧上方伸出，手臂既可略有弯曲，也可全部伸直；这时的掌心应向外，即面对对方，指尖朝向上方，同时切记伸开手掌。

（5）在欢迎客人到来或其他时刻，会用到鼓掌这一手势。使用时应用右手手掌拍左手手心，但要注意避免时间过长、用力过分。

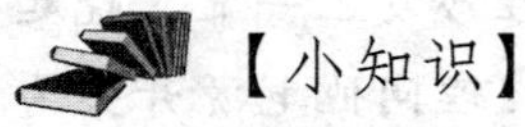【小知识】

国际通行的一般手势

大拇指伸出，在中国表示胜利、佩服，第一、首领等；在日本表示男人、父亲；在美国、荷兰、澳大利亚、新西兰等地区表示幸运；在印度、德国则表示想搭车。拇指向下一般都表示品德不好、坏或不成功，而在英国、美国，拇指向下表示不同意；在法国表示死了；在印度尼西亚、缅甸等地区别表示失败。

伸出中指，在菲律宾表示愤怒、轻蔑；在美国、法国和新加坡表示下流，在沙特阿拉伯则表示恶劣行为或极度不快。

向上伸食指，在中国表示数字“一”或请注意；在美国表示请稍等片刻；在法国是学生请求发言的表示；在缅甸表示最重要；在日本表示最优秀。

小拇指伸出，在中国表示渺小，看不起；在日本表示女人、小孩儿；在韩国表示女朋友；而在缅甸、印度一带则用来表示厕所；在菲律宾表示小人物。

食指弯曲，在中国表示数字“九”；在日本表示小偷；在泰国、朝鲜表示钥匙；在印度表示心肠坏；在墨西哥则用来表示金钱。

伸出中指压在食指上，在中国表示数字“十”；在菲律宾、马来西亚、新加坡、美国、法国、墨西哥等表示祈祷；在荷兰表示发誓；在斯里兰卡表示邪恶。

用拇指和食指搭成圆圈，在日本、韩国、缅甸等均表示金钱；在美国表示同意或成功；在印度尼西亚则相反，表示不成功，表示傻瓜，无用；而在巴西则表示肛门。

注意：切忌用一根手指头指人、指路，这是没有教养的表现。

二、案例讨论

（一）案例一

小李的推销

一座引人注目的高楼耸立于繁华的市中心，楼顶上“远大集团”四个大字格外醒目。某照明器材厂的业务员小李按原计划，手拿企业新设计的照明器样品，兴冲冲地登上六楼，脸上的汗珠未及擦一下，便直接走进了业务部张经理的办公室，正在处理业务的张经理被吓了一跳，“对不起，这是我们企业设计的新产品，请您过目。”小李说。张经理停下手中的工作，接过小李递过的照明器，随口赞道：“好漂亮呀！”并请小李坐下，倒上一杯茶递给他，然后拿起照明器仔细研究起来。小李看到张经理对新产品如此感兴趣，如释重负，便往沙发上一靠，跷起二郎腿，一边吸烟一边悠闲地环视着张经理的办公室。当张经理问他电源开关为什么装在这个位置时，小李习惯性地用手搔了搔头皮。好多年了，别人一问他问题，他就会不自觉地用手去搔头皮。虽然小李作了较详尽的解释，张经理还是有点半信半疑。谈到价格时，张经理强调：“这个价格比我们预算的高出较多，能否再降低一些。”小李回答：“我们经理说了，这是最低价格，一分也不能再降了。”张经理沉默了半天没有开口。小李却有点沉不住气，不由自主地拉松领带，眼睛盯着张经理，张经理皱了皱眉，“这种照明器的性能先进在什么地方？”小李又搔了搔头皮，反反复复地说：“造型新，寿命长，节电。”张经理托辞离开了办公室，只剩下小李一个人。小李等了一会儿，感到无聊，便非常随便地抄起办公桌上的电话，同一个朋友闲谈起来。这时，门被推开，进来的却不是张经理，而是办公室秘书。

讨论：

1. 请分析小李会成功推销出照明器吗？为什么？
2. 结合案例谈谈小李应注意哪些仪态礼仪。

（二）案例二

美丽的空姐

空姐美丽、端庄、大方的外表给人们留下了美好的形象特征，那么作为一名合格的空姐，怎样才能形成自己的形象特征呢？空姐的形象包括外在和内在两个方面的内容，内在的包括素质的提高、心灵的美和丑；外在的提高包括仪容仪表、语言行为等。外在形象作为内在素质的体现，是以内在素质为基础的，所以只有加强自身的修养，才能做到“内慧外秀”。其实，空姐的专业化形象是在日常的生活中逐渐学习和养成的，不能指望上几天课，就会将自己培养成一名气质出众的空姐。挺胸、抬头、收腹，咬住筷子，头顶书，保持身体平衡，这就是空姐在飞乘中保持良好体态的秘诀，一天下来，空姐们累得腰酸背痛、动弹不得。

讨论：

1. 结合案例谈谈为什么空姐的形象塑造非“一日之功”。
2. 日常生活中我们要注意哪些仪态礼仪？

（三）案例三

应　　聘

某跨国公司正在进行招聘，一位应聘者进门后沉着地向大家举手致意，然后选择了最前排且人较多的中间座位就座。他就座的姿势极佳，臀部占据椅子三分之二左右，并且上身挺直，两手自然地放在膝盖上，不左顾右盼，双眼注视着面试官们……最后，面试官们一直认为，这名应聘者是一名难得的人才，非常适合他们所招聘的职位。

讨论：请分析这位应聘者为什么得到面试官的一致认可。

三、情景训练

（一）情景一

根据站姿、坐姿、蹲姿、走姿等姿态要点，学生分组进行练习，学生互相纠正，指导教师进行点评和示范。

（二）情景二

模拟导游带领游客观光并进行讲解的场景。在讲解过程中，面带微笑，在引领过程中注意各种手势的综合运用。

各位朋友，在繁华的沈阳古城中心，有一座巍峨庄严的清代宫殿建筑群。这里就是我们今天的目的地——沈阳故宫。依建筑时间和布局，沈阳故宫的建筑可分为三部分，它们分别是东路、中路、西路。今天，我们就按这个顺序，首先参观东路建筑。

沈阳故宫以其独特的建筑艺术和特殊的历史而闻名中外，在这片绚丽多彩，雄伟多姿的建筑群中，最古老、最具特色的就是我们面前的大政殿。大政殿草创于1625年，是处理国家政务和举行庆典活动的主要场所之一。大政殿为八角重檐攒尖式建筑，外形近似满族早期在山林中狩猎时所搭的帐篷。在大政殿的房脊上，还饰有八个蒙古力士，牵引着八条铁链，象征着“八方归一”。正门前的大柱上，盘旋着两条翘首扬爪的金龙，是受汉族敬天畏龙思想的影响，以龙代表天子的至尊无上。大政殿建筑特点的多样性，体现了多民族文化的融合。金龙盘柱，尽显中原之风；八位力士又流露了浓郁的蒙古色彩；而亭帐式的风貌，则是满族古老文化的延续。

模块三　服饰礼仪

服饰本来是用作防寒保暖的，随着社会的进步，服饰已不仅是一种生活必需品，也是装饰人们躯体的美化物。服饰是一种无声的语言，显示着个人的社会地位、文化品位、艺术修养及待人处世的态度。著名的意大利影星索菲亚·罗兰曾深有感触地说："你的服装往往表明你是哪一类人物，它们代表着你的个性。一个和你会面的人往往自觉不自觉地根据你的衣着来判断你的为人。"可见，服饰礼仪在我们的生活中是一种无声的语言，时刻传递着人与人的交流。要想真正体现服装的交际价值，展示服装的力度和美，进而在交际场合最大限度地发挥服装的交际作用，必须掌握服装交际的原则。

一、基本知识

（一）服饰的搭配原则

人们在交际中，有时由于时间、地点和场合的变化，需要随时更换不同的服装，以使服装具有一种"现场感"，容易被周围的人所接受。关于这一点，我们可以采用世界服装界所公认的"着装 TPO"审美原则。TPO 原则的概念原是日本男用时装协会（MFU）于 1963 年提出来的。TPO 即英语"Time（时间）"、"Place（地点）"、"Object（场合）"的缩写，意思是说穿衣服要适应时间、地点和场合。当时，日本男用时装协会提出这个概念时，恰是在东京举行奥林匹克运动会的前一年，初衷是为了借助于运动会期间的国际礼装来推进日本男装的时装化。TPO 原则一经提出，便迅速传播，渐渐普及，传遍了全世界。目前，TPO 原则已经脱离了最初推行男装时装化的原意，进而包括男装、女装等在内的一切服饰文化，成为服装交际的原则之一。

1. 时间原则

时间是线型概念，泛指早晚、季节、时代等。穿衣要考虑这些因素，注重时间变化。比如冬、夏季节不同，既不能"为了俏，冻得跳"，也不可像个"捂汗包"，而应根据四季变化的特点，增减添脱各类服装，才显得变化有序、顺应自然。当然，着装要有时代特点，这更是毫无疑义的。不同时代有不同的服装，从而显示出不同时代的不同风格。

不同时段的着装则对女士尤其重要。男士有一套质地上乘的深色西装或中山装足以“包打天下”，而女士着装则要随时间而变换。白天工作时女士应穿着正式套装，以体现行业性质，晚上出席宴会、酒会、舞会就需多加一点修饰，如穿一双高跟鞋，戴上有光泽的佩饰，围一条漂亮的丝巾等。服装的选择既要适合季节和气候特点，还要保持和潮流同步。

2. 地点原则

地点是面型概念，指因地制宜。不同国家、不同民族因其不同的文化背景、地理环境、历史条件、风俗人情，在服装上也显示出不同的格调与特色。对于这些，我们应有所了解，以便因地点的变化选择不同的服装，表现尊重对方的思想情感，便于结交朋友、增进友谊、交换信息、开展业务。如北京某外贸公司一位女业务员，在去阿拉伯国家联系出口业务时，特意穿上素服，戴上头巾不露出秀发，从而赢得了该国客户的好感和信任，工作开展得十分顺利。

在自己家里接待客人，可以穿舒适而整洁的休闲服。如果是去公司或去单位拜访，穿职业套装会显得专业，外出旅行时，要顾及当地的传统和风俗习惯，如去教堂或寺庙等场所不能穿过露或过短的服装。

3. 场合原则

场合是线面兼容的概念，体现了服装艺术最后效果的综合体。人们在交际中，所处的场合是千变万化的，相应地，着装也应根据场合的变化而变化。如在正式社交场合和外事活动中，男性可着西装，女性可着西装套裙，以显得高雅、蕴藉；舞厅欢娱时，男性可着夹克衫或西服，女性可着连衣裙或裙装，以潇洒、俊美为前提；而参加宴会，则以男性着西服，女性着裙装、西服套裙或旗袍，显示华贵和气派。与顾客会谈、参加正式会议等，衣着应庄重考究；听音乐会或看芭蕾舞表演时，则应按惯例着正装；出席正式宴会时，则应穿中国的传统旗袍或西方的长裙晚礼服；而在朋友聚会、交游等场合，着装应轻便舒适。总之，选择服装应当顾及与社交场合的气氛和谐、统一。

（二）男士服饰礼仪

1. 礼服

礼服泛指一切适合于在庄重场合里或举行仪式时所穿的服装。重要活动中经常穿的礼服有以下几种。

1）燕尾服

燕尾服又称大晚礼服，是最常见、最能够修饰身材的礼服种类。特色是前短后长，前身长度及于腰际，后摆拉长，可表现出修长的双腿，并有收缩腰身的效果。裤子为黑色，左右两侧有黑缎带。白色硬胸式或百叶式衬衫，硬领而折角。配皮革或棉质白色手套，白色横领结，黑色袜子，黑色皮鞋。燕尾服是正式礼服的一种，在晚间六点以后穿着，燕尾式礼服除了要配上背心外，也可搭配上胸针和领巾，以增加正式及华丽感。

2）平口式礼服

平口式礼服也有人称王子式礼服，单排扣和双排扣都可以，不及燕尾服与晨礼服的正式，可用于宴会派对上穿着，平口式礼服的特色是裁剪设计较类似于西装，适合身材较为瘦高的男士穿着，平口式礼服的正式穿法，是外套和衬衫、长裤，搭配腰封、领结。

3）晨礼服

晨礼服又称为英国绅士礼服，是三种礼服中最为正式的一种。其上衣长与膝齐，胸前仅有一扣，黑色，亦有灰色。背心一般多为灰色，以配黑色上装，如上装为灰色则配黑色背心。裤为深灰色，带黑条纹。特色是外套剪裁为优雅的流线型，充满了贵族感，因此，较适合有书卷气或是整体气质不错的男士穿着。晨礼服的正式穿法，是外套、衬衫、长裤搭配背心与领结、黑袜、黑色皮鞋。

4）中山装

中山装是我国男士的传统礼服。为封闭领口，前门襟有5个纽扣，领口有风纪扣，左右、上下各两个贴袋。作礼服时，通常由上下身同色的深色毛料精制，配以黑色皮鞋。

2. 西装

西服最早出现于欧洲，清朝末年随着洋务运动的兴起传入我国。西服在造型上表现出线条活泼而流畅，使穿着者潇洒自然，风度翩翩，富有健美感；结构造型与人体活动相适应，使人的颈、脑、腰等部位平展、舒坦，更有挺括美；胸前饰有领带，色彩夺目，更给人一种飘逸的美感。因此，西服是举世公认的既美观大方，又穿着舒适的服装。因为它既正统又简练，且不失风度气派，所以已经发展成为当今国际标准通用的礼服。要想使自己所穿着的西装真正称心合意，就必须在西装的款式、穿法、搭配等方面严守规范。

1）西装的款式

西装的具体款式，主要有两种常见区分方法。

（1）按件数划分。西装分为单件和套装。依照惯例，单件西装是一件和裤子不配套的西装上衣，仅适用于非正式场合。在正式的商务交往中所穿的西装，必须是西装套装。西装套装分为两件套和三件套。两件套西装套装包括一衣和一裤；三件套西装套装包括一衣、一裤和一件马甲。按照传统观点，三件套西装比起两件套西装来，显得更正规。一般参加高层次的对外活动时，穿三件套更为正规。

（2）按照西装上衣的纽扣数量来划分。西装上衣分为单排扣和双排扣。单排扣的西装上衣比较传统。最常见的有一粒纽扣、两粒纽扣和三粒纽扣等三种。一粒纽扣和三粒纽扣单排扣西装上衣穿起来比较时尚，而两粒纽扣的单排扣西装上衣就显得更为正统一些。双排扣的西装上衣比较时尚。最常见的有两粒、四粒、六粒纽扣三种。两粒纽扣和六粒纽扣两种款式的双排扣西装上衣属于流行的款式，而四粒纽扣的双排扣西装上衣就明显地具有传统风格。

2）穿着西装的注意事项

（1）拆除商标。穿西装前，要把上衣左袖口的商标或质地的标志拆掉。

（2）扣好纽扣。不管穿什么衣服都要注意把扣子扣好。而穿西装时上衣纽扣的系法讲究最多。通常，系西装上衣纽扣时，单排两粒纽扣，只系上边那粒。单排三粒纽扣的可以只系中间的或上面两粒扣子。但双排扣西装要求把所有能系的纽扣全部系上。西装马甲只能和单排扣西装上衣配套。

（3）避免卷挽。不可以当众随心所欲地脱下西装上衣，也不能把衣袖挽上去或卷起西裤的裤筒；否则，就显得粗俗、失礼。

（4）少装东西。为使西装在外观上不走样，西装口袋就要少装甚至不装东西。上衣、马甲和裤子也要这样。西装上衣的外胸袋除了放用来装饰的真丝手帕以外，不要再放其他东西。内侧的胸袋，可以放钢笔、钱夹或名片夹，但不要放过大过厚的东西。外侧下方的两大口袋，原则上不放东西。西装背心的口袋多起装饰作用，一般只放怀表。西装裤子侧面的口袋只可以放纸巾、钥匙包或小钱包。后侧的口袋，最好什么也不放。

（5）掌握四不要。衣袖不要过长，最好是在手臂向前伸直时，衬衫袖子要露出 2 ～ 4 厘米；衣领不要过高，一般在伸直脖子时，衬衫领口以外露 2 厘米左右为宜；雨天可以不穿西装，特别是西装上衣淋湿后，很容易变形；西装最好准备两套以上轮流穿，保持西装式样不变，并减少衣服的磨损，自己也会有新鲜感。

（6）巧配内衣。西装的标准穿法是内穿衬衫，衬衫内不穿棉纺或毛织的背心、内衣。如果确实需要在衬衫内穿其他衣物时，以一件为限，否则会显得很臃肿。色彩上要和衬衫的色彩相仿，至少也不要比衬衫的色彩深，免得“反差”鲜明。内衣的领口和袖口要比衬衫的领口低，以免外露。冬天也最好穿上一件“V”领的单色羊绒衫或羊毛衫，这样既不显得花哨，也可以打领带。现在很多人会去选择各类保暖衬衫、内衣，因此不用担心穿得太厚。西装的韵味，不是仅靠穿出来的，而是和其他衣饰一道精心组合搭配出来的。

（7）质量为先。选择西装，最重要的不是价格和品牌，而是包括面料、裁剪、加工工艺等在内的许多细节。虽然机器的加工已经很不错，但西服的一些部分还是手工制作的好。首先，度身裁剪的西服合体程度是成衣不能相比的，在缝衣领、作衬里、袖子方面，好裁缝的手艺是无可代替的。

（8）要注意看西服的线缝和口袋是否对齐，尤其是细条纹西服，关键部位是否匀称是观察西服质量的要点。在面料上，应该首先考虑天然面料，千万别选不透气的人造纤维，否则会有在蒸笼中生活的感受。毛料当然是首选，除非是夏装，况且轻薄的毛料也比全棉、亚麻或真丝面料更有面子，也更挺括、耐穿。

（9）穿西服要讲究整体美。衬衫要保持整洁、无皱折，衬衫的下摆必须塞在裤子里。还要顾及装饰物、鞋、袜等与西服的合理搭配。一般来说，穿西服不宜穿花袜子，以便保持端庄的风格。不能穿便鞋、塑料凉鞋或拖鞋，最好穿皮鞋，方可展示“西装革履”的风度美。西裤的穿着也有讲究。西裤作为套装整体的一部分，要求与上装相协调。西裤腰的尺寸必须合适，以裤腰间插进一手掌为宜。裤长以裤脚接触脚背为妥，忌裤长过鞋跟接触地面。

（10）西服的穿着要受交际场合的制约。穿着的方法，一般是根据国外的礼节，按照正式、半正式和非正式等场合来分的。正式场合，如宴会、招待会、重大会议、婚丧事及特定的晚间社交活动等，应穿西服套装，颜色以深色为宜，以示严肃、庄重、礼貌。半正式场合，如访问、较高级会议和白天举行的较隆重的活动，通常也应穿西服套装，取浅色或明度较高的深色为好。在非正式场合，如外出旅游、上街购物、访亲问友等活动，可以穿上下不配套的西服，宜选择款式活泼、明朗、轻便、华美的色调。

3）西装的搭配

（1）领带。领带作为男士服饰的一部分，充分体现了服装饰品的丰富内涵，它是西服最抢眼的部分，别出心裁的搭配会起到画龙点睛的效果。首先，领带长度要合适，打好的领带尖端应恰好触及皮带扣，领带的宽度应该与西装翻领的宽度和谐。其次，领带的图案、颜色要与西服相配。如印有几何图案的领带应该选择与西装同色系或对比色系配搭，领带上的圆点、网纹或斜条的颜色应选择与衬衫相同的颜色。最后，领带质地要好。丝是领带质地的首选，虽然颜色挺鲜亮，但不耀眼，使用这种领带几乎可以适合任何地点场合。

（2）衬衫。衬衫的领型、质地、款式都要与西装协调，色彩应与个人的气质相符合。一般而言，衬衫以淡色为多，最佳选择是白色，可以配所有颜色的西装。穿衬衫时应注意领口和袖口要干净，纯白色和天蓝色衬衫一般是必备的。普通衬衫的袖口一般要露出西装 1/4 厘米，如果穿带袖扣的衬衫，则应露出 1/2 厘米。软领衬衫不适宜配西装的，西装穿好后，衬衫领应高出西装领口 1 ～ 2 厘米，领口露出部分与袖口露出部分应呼应，有一种匀称感，同时可以避免弄脏西装。

（3）皮带。一般来说，穿单排扣西服套装时，应该扎窄一些的皮带；穿双排扣型西服套装时，则扎稍宽的皮带较好，深色西装应配深色腰带，浅色西装配腰带在色彩上没什么特别限制，但要避免佩戴休闲款式皮带。

（4）袜子。男士穿袜子最重要的原则是讲求整体搭配，在举手投足间，袜子永远是时装的配角，却是个人品位高低的重要依据。男袜的颜色应该是基本的中性色，并且比长裤的颜色深。如果西装是灰色的，可以选择灰色的袜子，海军蓝色的西装就应该配海军蓝色的袜子；米色西装配较深的茶色或棕色袜子。在西装革履的打扮中，袜子要薄型不透明的，颜色既可以配合皮鞋——黑皮鞋配深色袜，白皮鞋一定要配白色袜；又可以配合西裤色彩——西裤浅色，袜色也应浅。

（5）鞋。皮鞋在男士的整体着装中占重要地位，它不仅能反映出服饰的整体美，更重要的是还能增加人体本身的挺拔俊美。一般来说，鞋子的颜色应与服饰相配。在正式场合，男士多穿没有花纹的黑色平跟皮鞋。黑皮鞋可配任何色调的服装；浅褐色与褐色皮鞋可以配米色、咖啡色调的西服，但与黑色西服不般配。同时，要注意皮鞋要时刻保持光亮、干净。

（6）手表。男士出现在公共场合时，一般情况下身体不着装的部位只有头和手，其余部位都被服装、鞋袜遮盖着。手部会有较多的动作，如握手、递接名片、拿东西、挥手作别等，所以手表对于男士来说是非常重要的，发挥着特殊的装饰作用。选戴手表要与身份和场合相协调，男士参加各种正式活动，特别是参加公务活动、商务活动和涉外活动时，除了穿着一套得体的西装外，千万不要忘记戴上一只手表，它将证明你是一位务实的、有时间观念的、训练有素的人。

【小知识】

西服可分为三个流派：美国型、欧洲型和英国型。美国型西服的特点是重视功能性，肩部不用过高的垫肩，胸部也不过分收紧，形态自然，而且大多使用伸缩口的针织或梭织面料。欧洲型西服与美国型相比，更重视服装的优雅性，局部垫得很高，胸部也较突出，多使用较厚的面料，通常为全里。英国型西服与欧洲型类似，但肩部与胸部不那么突出，穿起来有一种绅士派。

（三）女士服饰礼仪

作为现代女性，社交场合中的得体服饰与其大方的妆容会相得益彰，给他人留下良好的印象。得体漂亮的服饰不仅让人感受到生活的美好，还可以让人们领会到女性对生活的态度及对他人的尊重。

1. 礼服

1）大晚礼服

大晚礼服是一种最正式的礼服，主要适用于晚间在举行的最正式的各种活动，如官方举行的正式宴会、大型正式的交际舞会等。大晚礼服为袒胸露背的单色无袖连衣裙式服装，从正面看，穿着者的脖颈、双臂及前胸以上部分暴露在外；从背面看，穿着者的双肩直至腰际亦全部裸露在外，其下摆可长及拖地或刚及地面。大礼服的面料多为高档的薄纱或绸缎，色彩必须为单色。穿大晚礼服时还要有一副薄纱或带网眼的长手套相配，耳环、项链等饰品也是不可少的。

2）小晚礼服

小晚礼服的地位仅次于大晚礼服，主要适合于参加晚上 6 点钟以后举行的宴会、音乐会或观歌剧时穿，也是一种质地高档、色彩单一的露背的连衣裙式服装。着小晚礼服时，前胸暴露在外的肌肤相对少些，裙长至脚面而不拖地。其衣袖有长有短，着装者可根据袖长的具体情况，来选配长短适当的手套。

3）晨礼服

晨礼服主要是在白天穿，适用于参加在白天举行的庆典、茶会、游园会和婚礼等，是质料、颜色相同的上衣与裙子的组合，也可以是单件连衣裙。一般以长袖为多，而且肌肤暴露很少。与此搭配的是一顶合适的帽子，一副薄纱短手套，还可携带一只小巧的手包或挎包。

4）旗袍

作为现代女性服装的旗袍，是由八旗妇女日常所穿的长袍演变而来。旗袍比较适合中国女性清瘦玲珑的身材特点，是具有中国特色的高档礼服。旗袍的样式很多，开襟有如意襟、琵琶襟、斜襟、双襟；领有高领、低领、无领；袖口有长袖、短袖、无袖；开衩有高开衩、低开衩；还有长旗袍、短旗袍、夹旗袍、单旗袍等。目前国内的旗袍在剪裁中都加入了很多西式剪裁方法，从而使旗袍更合体、更实用，堪称中国女性别具一格的特色服装。女士在参加正式晚宴时，可以选择华丽的面料做成的旗袍；日常半正式工作场合与休闲场合，也可用旗袍分别搭配西式外衣、开襟毛衣、披肩围巾等，能够展示出不同的风格。

除此之外，同质、同色的长衣和长裙，款式上协调统一的西式套裙也可以作为礼服穿着，但要注意质地精良，款式色彩不宜过于复杂。参加国内举行的一般性仪式时，女士可着套装（西式长袖上衣与西裤的组合），只要领色深、质厚，并且上下同质同色就不算失礼。但参加涉外活动时，还是以穿套裙为好，因为在有些国家，女士穿裤装是失礼的事。连衣裙也可作为日间社交活动的礼服，但注意一定要选用单色、图案简洁、面料高档、质地厚实的，同时裙长一定要过膝。

2. 职业装

职业装是职场女性的必备服饰，一套得体大方的装束不仅能提高整体美感，还能让女性显得更成熟、稳重。职业女性工作场所的着装有别于其他场合的着装，尤其代表着一个企业、一个组织形象时，更要追求大方、简洁、纯净、素雅的风格。套装以其严整的形式、多变却不杂乱的颜色、新颖却不怪异的款式，成为职业女性最规范的职业装。

1）套装的挑选

作为现代职业女性，在选择服装时，要首先考虑怎样能更好地体现组织形象。套装以其严整的形式、多变却不杂乱的颜色、新颖却不怪异的款式，成为现代职业女性最规范的工作装。套装分两种：一种是配套的，上衣和裙子同色同质地；另一种是不配套的，上衣与裙子色彩、质地不同，但搭配协调。一般在正式或半正式场合，为表明自己对工作的严谨和认真，应穿配套套装。

职业女性在选择套装时要注意色彩和款式。在色彩的搭配上一定要避免过于鲜艳。套裙颜色的选择，主要根据自己的肤色特点。如肤色稍黑的，可选择比肤色较为明亮的服装，或浅蓝、白紫相间的花色，或黑白相间的条格服装；肤色稍黄的可选择浅灰、红粉系列；肤色较黄的以选择淡蓝、淡粉的浅色系列为佳。在重大社交场合，最庄重得体的套裙是藏蓝色，它不仅春夏秋冬四季皆宜，而且对不同肤色的人基本都适用。当然，想要使自己显得成熟稳重，穿一身灰色套裙也会不同凡响。套裙的款式非常多，选择时，既要根据自己体型的特点来确定裙装的整体造型，也要注意局部造型的修饰作用，这是突出自己个性特点的关键所在。如安装上衣的袋盖、衣领、袖口、衣襟、衣摆，下装的开衩、收边等，都可在细微之处见风格。总之，在这两方面的选择上，要注意颜色简单和款式新颖。

套装是适用性非常广泛的女装，不同年龄层次的人穿着会显出不同的风度气质。因此，作为职业女性，一定要精心选择适合自己的套装，以便在工作和社交活动中尽显自己的魅力，树立良好的个人形象。

2）套装的搭配

（1）衬衫。衬衫的选择非常重要，它既可以单独配裙穿，直接展现女性的美丽，也可以和套裙搭配，且能很好地烘托套裙的风采，增添魅力。因此，应根据自己的身材和季节特点的需要选择衬衫，对面料、色彩和款式要精心挑选。职业女性日常必备的正式场合穿的衬衫首先要讲究面料，因为在正式社交场合，女士套装或外套的质地都比较考究，以纯丝、纯毛为主。如果衬衫的面料质地太差，就会让人感到服装缺乏整体的协调感。其次，色彩宜淡雅，尤其要注意与套装和外套在色彩方面和谐一致，以达到最佳的搭配效果。

（2）鞋。与套装搭配的鞋应选择牛皮质地为佳，皮鞋的颜色以黑色最为正式。此外，也可选择与套装色系一致的颜色。与套装搭配最常选的是高跟鞋，但是要注意不要选择鞋跟太高、太细的高跟鞋，走起路来会步履不稳。穿高跟鞋配窄裙时，女士的优雅身段容易展示，但不适宜在办公场合穿着。在正式社交场所或隆重的场合，凉鞋特别是露着脚趾的凉鞋、赤脚穿凉鞋和拖鞋都是不可取的，其他鞋子基本都可以穿。女士在办公室，只能穿着正式的制式皮鞋，并且避免选择颜色鲜艳或浅色的皮鞋。

（3）袜子。鞋袜恰当的选择不仅可以体现女士的形体美，还能显示女士的魅力与内涵，提升女士的气质。在任何场合穿裙子都应当配长筒丝袜或连裤抹，颜色以肉色、黑色为宜。在任何场合都不能穿着挑丝、有洞或用线补过的袜子，这是个人的内涵展现而且是尊重别人的体现。女士应当在办公室或工作场所经常预备一两双袜子，以备袜子被钩破时换用。

一般情况下，皮鞋和裙子的颜色要略深于或略同于袜子的颜色，鞋和袜子的图案、装饰不宜过多，应以简单为好，避免“喧宾夺主”。同时，还要具体注意五个问题：一是鞋袜的大小要合适；二是鞋袜应完好无损；三是鞋袜不可当众脱下；四是不可当众整理丝袜；五是袜口不得露出裙子的下摆，避免“三截腿”。

（4）皮包。职业女性应选择一款适合自己的皮包，除了有实用功能外，皮包也具有装饰作用。皮包款式的设计以及做工能充分表现出职业女性的品位，不但使用时是一种享受，大方新颖的款式也有助于提升职业女性的专业形象。咖啡色、黑色、深咖啡色、驼色、米色等中性色皮包适合与大多数色系的套装搭配。在选择皮包时，除了考虑时尚潮流外，更应该考虑到主要用途。

3. 饰品的搭配

在社交活动中，人们除了要注意服装的选择外，还要根据不同场合的要求佩戴戒指、耳环、项链、胸针等饰品。

1）戒指

戒指一般只戴在左手，而且最好只戴一枚，至多戴两枚。戴两枚戒指时，可戴在左手两个相邻的手指上，也可戴在两只手对应的手指上。戒指的佩戴可以说是一种沉默的语言，往往暗示佩戴者的婚姻和择偶状况。戒指戴在中指上，表示已有了意中人，正处在恋爱之中；戴在无名指上，表示已订婚或结婚：戴在小手指上，则暗示自己是一位独身者；如果把戒指带在食指上，表示无偶或求婚。有的人手上戴了好几个戒指，炫耀财富，这是不可取的。戴薄纱手套时戴戒指，应将戒指戴在手套内（新娘不受此限制）。

2）耳环

耳环是女性的主要首饰，其使用率仅次于戒指。佩戴时应根据脸型特点来选配耳环。如圆形脸不宣佩戴圆形耳环，因为耳环的小圆形与脸的大圆形组合在一起，会加强“圆”的信号；方形脸也不宜佩带圆形和方形耳环，因为圆形和方形并置，在对比之下，方形更方，圆形更圆。

3）项链

项链也是受到女性青睐的主要首饰之一。它的种类很多，大致可分为金属项链和珠宝项链两大系列。佩戴项链应和自己的年龄及体型协调。如脖子细长的女士佩戴仿丝链，更显玲珑娇美；马鞭链粗实成熟，适合年龄较大的妇女选用。佩戴项链也应和服装相呼应。例如，身着柔软、飘逸的丝绸衣衫裙时，宜佩戴精致、细巧的项链，显得妩媚动人；穿单色或素色服装时，宜佩戴色泽鲜明的项链。这样，在首饰的点缀下，服装色彩可显得丰富、活跃。此外，胸针、手帕也可作为饰品使用，它们与衣服相配既有对比美，又有协调美，使人显得更有风度。

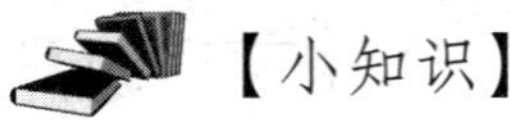【小知识】

饰品的佩带原则

饰品佩戴是服饰礼仪的重要组成部分。饰品不仅具有美化的功能，同时还能传播一定的信息，具有一定的象征意义。在社交场合，女士应了解饰品佩戴的一些特殊意义以及佩戴饰品的一些技巧。目前，女士饰品世界丰富多彩、五花八门，大致有戒指、耳环、项链、手镯、脚链、胸针等。根据饰品的材料和质地又可分为三大类：矿质类，如钻石、宝石、玉、水晶、玛瑙、翡翠等；非矿质类，如珍珠、象牙、琥珀、珊瑚等；仿制品类，如玻璃制品、陶瓷制品、木制品、人造珍珠、人造宝石、镀银、镀金制品等，饰品佩戴应遵循以下原则。

1. 季节原则。饰品佩戴应考虑一年四季有别的原则。夏季以佩戴色彩鲜艳的工艺仿制品为好，可以体现夏日的浪漫；冬季则佩戴一些金、银、珍珠等饰品为好，可以显现庄重典雅。

2. 场合原则。女士赴宴或参加舞会等，可佩戴一些较大的胸针，以期达到富丽堂皇之效；而平日上班或在家休闲时，可佩戴一些小巧精致、淡雅的胸针、项链、耳环等。

3. 服饰协调原则。饰品佩戴应与服饰相配。一般领口较低的袒肩服饰必须配项链，而竖领上装可以不戴项链。项链色彩最好与衣服颜色相协调。穿运动服或工作服时可以不戴项链和耳环。带坠子的耳环忌与工作服相配。

4. 体型相配原则。脖子粗短者，不宜戴多串式项链，而应戴长项链；相反，脖子较瘦细者，可以戴多串式项链，以缩短脖子长度。宽脸、圆脸型和戴眼镜的女士，少戴或不戴大耳环和圆形耳环。

5. 年龄吻合原则。年轻女士可以戴一些夸张的无多大价值的工艺饰品；相反，年纪较大的妇女应戴一些较贵重的比较精致的饰品，这样显得庄重、高雅。

6. 色彩原则。戴饰品时，应力求同色，若同时佩戴两件或两件以上饰品，应使色彩一致或与主色调一致，千万不要打扮得色彩斑斓，像棵“圣诞树”。

7. 简洁原则。戴饰品的一个最简单原则就是少而精，忌讳把全部家当全往身上戴，整个儿就像个饰品推销商，除了给人以俗气平庸的感觉外，没有任何美感。

佩戴饰品时，应根据以上几个原则，选择出一件或两件最适合的饰品，以达到画龙点睛之效。由于服饰是一个整体，服装与服装、服装与饰物、饰物与饰物三者之间在款式、材料和色泽上的成功配套是服饰美化成功的基础。各种装饰用品与发型、脸型、肤色、年龄、环境的协调，将会取得更加良好的着装效果。佩戴饰物应力求完整，主体突出；若同时佩戴过多的饰物，不仅不会带来美感，反而会使人感觉杂乱无章。应根据不同的季节选用不同的装饰用品。春秋季可选戴耳环、胸针；夏季可选择项链和手链；冬天则不宜选用太多的饰品，因为冬天衣服过多而显得臃肿，饰品过多反而不佳。一般来说，在较为隆重、正规的场合，选用的饰品都应当档次高一些；如果用于公共场合，则不应过于鲜艳新潮，应精致而传统，以显示信誉。这个原则同样适用于整体服饰的佩戴。在商务场合，色彩鲜艳亮丽、造型新潮夸张的服饰容易给人产生不信任感；保守传统而做工精细的高档次服饰则会给人稳重老练的印象。

穿衣之道人人都可以学会，但是人的精神却无法模仿。仪表的美丽无法掩饰精神的真实状态，良好的精神状态能使人容光焕发。例如，有的人穿着简洁但气质非凡，有的人穿戴高贵但给人的感觉却是萎靡不振。台湾著名作家林清玄曾在其散文中谈道：“三流的化妆是脸上的化妆，二流的化妆是精神的化妆，一流的化妆是生命的化妆。”当我们的精神因为乐观、自信、善良、热爱生活而变得美好时，我们就已经开始了为生命化妆的阶段。因此，精神永远是仪表的灵魂。

二、案例讨论

（一）案例一

有位女职员是财税专家，她有很好的学历背景，常能为客户提供很好的建议，在公司里的表现一直很出色。但当她到客户的公司提供服务时，对方主管却不太注重她的建议，她所能发挥才能的机会也就不大了。一位时装大师发现这位财税专家在着装方面有明显的缺憾：她26岁，身高147厘米、体重43公斤，看起来机敏可爱，喜爱着童装，像个小女孩，其外表与她所从事的工作相距甚远，所以客户对于她所提出的建议缺少安全感、依赖感，所以她难以实现她的创意。这位时装大师建议她用服装来强调出学者专家的气势，用深色的套装，对比色的上衣、丝巾、镶边帽子来搭配，甚至戴上重黑边的眼镜。女财税专家照办了，结果，客户的态度有了较大的转变。很快，她成为公司的董事之一。

讨论：试从服饰角度分析这位女职员成功的原因。

（二）案例二

张艺谋曾经向采访他的杨澜提到过这样一件事：他去日本看歌剧，下了飞机就匆匆忙忙穿着一件文化衫进入了剧院，结果衣冠楚楚的观剧人都以异样的目光看着他。

改革开放以来，中国人的服装样式和穿着习惯受域外文化影响很大，以为外国人穿戴很随意，于是也大大随便起来。其实，外国人服饰有自然、随意的一面，也有十分严格、规范的一面。例如，有一些比较讲究的餐厅、饭馆，谢绝服装不整的人入内用餐；有一些公共场所也禁止衣冠不整的人进入；至于剧院、音乐厅更是要求比较严格。对于参加社交活动，对服饰要求的严格和规范程度，更是中国人想不到的。例如，在国外，人们在收到宴会请柬时，经常在请柬的左下角看到注有“正式的（formal）”或“非正式的（informal）”或“小礼服（Black Tie）”等字样。有时也写着“随意（casual）”，这些都说明宴会主人对着装的要求。如果是比较正式的宴会（晚宴等），主人又没有在请柬上注明对着装的要求，一般的人就会按通常的做法着装，而有的客人还会主动给主人打电话询问一下。可见，外国人在社交服饰方面是相当重视礼貌的。

讨论：请结合上述材料谈论一下我们为什么应该注意不同场合的着装。

（三）案例三

张丽丽是某高校工商管理专业的高材生，毕业后就职于一家会展公司做文员。为适应工作需要，上班时，她化起了整洁、漂亮、端庄的“白领丽人妆”：不脱色粉底液，修饰自然、稍带棱角的眉毛，与服装色系搭配的亮度高偏浅色的眼影，紧贴上睫毛根部描画的灰棕色眼线，黑色自然型睫毛，再加上自然的唇形和略显浓艳的唇色，虽化了妆，却好似没有化妆，整个妆容清爽自然，尽显自信、成熟、干练的气质。但在公休日，她又给自己来了一个大变脸，化起了久违的“清纯少女妆”：粉蓝或粉绿、粉红、粉黄、粉白等颜色的眼影，彩色系列的睫毛膏和眼线，粉红或粉橘的腮红，自然系的唇彩或唇油，看上去娇嫩欲滴，鲜亮淡雅，整个身心都备感轻松。心情好，自然工作效率就高。一年来，张丽丽以自己得体的外在形象、勤奋的工作态度和骄人的业绩，赢得了公司同仁的好评。

讨论：你如何评价张丽丽的两种妆容？结合自身实际，浅谈对女性化妆的看法。

三、情景训练

（一）情景一

为学生布置课后任务，收集领带、丝巾的打结方法，以组为单位在课堂进行讲解及演示，老师准备丝巾、领带若干条，其他同学跟着学。

（二）情景二

以组为单位，为学生布置课后任务，收集男女便装、礼服、职业装搭配的图片及服饰的流行趋势，并制作成 PPT 进行讲解。

（三）情景三

站姿训练，一要训练站立时身体重心的位置和重心的调整；二要训练两脚位置与两脚间的距离，并与手的位置和谐一致，使身体协调自然；三要训练挺胸、收腹、立腰、收臂、提臀，使躯体挺拔向上；四要训练站立时的面部表情，心情愉快、精神饱满；五要训练站立的耐久性，能适应较长时间站立工作的需要。

1. 顶书训练

把书本放置于头顶中心，为使书不掉下来，头、身躯自然保持平稳，反之书本即会滑落。此法可纠正低头、仰脸、歪头、晃头及左顾右盼的毛病。

2. 背靠背训练

两人一组，背靠背站立，两人头部、肩部、臀部、小腿、脚跟紧靠，并在两人肩部、小腿部搁放一张卡片，不让其滑动掉落。此法可使后脑、肩部、臀部、小腿、脚跟保持在一个面上，使训练者有较完美的背影。

第三章

交往礼仪训练

训练目标

通过训练使学生了解在日常交往中的主要礼仪，掌握交往的礼仪技巧，并能正确运用所学知识处理人际关系，使人际交往更加和谐。

礼貌是儿童与青年所应该特别小心地养成习惯的第一件大事。

——约翰·洛克

案例导入

我不愿意在礼貌上不如任何人

《林肯传》中有这样一件事：一天，林肯总统与一位南方的绅士乘坐马车外出，途遇一老年黑人深深地向他鞠躬。林肯点头微笑并也摘帽还礼。同行的绅士问道："为什么你要向黑鬼摘帽？"林肯回答说："因为我不愿意在礼貌上不如任何人。"可见，林肯深受美国人民的热爱是有其原因的。1982 年美国举行民意测验，要求人们在美国历届的 40 位总统中挑选一位"最佳总统"时，名列前茅的就是林肯。

人的生存与发展离不了彼此之间的交往，遵守交往礼仪能促进人的社会交往，进而取得事业的成功。交往礼仪是大学生涉世之初所必须掌握的基本内容，好的交往礼仪能给他人留下有修养、有风度的第一印象。

模块一　会面礼仪

一、基本知识

（一）称呼礼仪

称呼，是在人与人交往中使用的称谓，用以指代某人或引起某人的注意。它不仅反映着自身的教养、对对方尊重的程度，甚至还体现着双方关系达到的程度和社会风尚，因此不能随便乱用。正确、适当的称呼能给他人留下良好的印象，产生好的交往效果。

1. 称呼的规则

在与人交往中，我们应对生活中的称呼、工作中的称呼、外交中的称呼、称呼的禁忌细心掌握，认真区别。生活中的称呼应当亲切、自然、准确、合理；在工作岗位上，人们彼此之间的称呼是有特殊性的，要求庄重、正式、规范；国际交往中，因为国情、民族、宗教、文化背景的不同，称呼就显得千差万别，一是要掌握一般性规律，二是要注意国别差异。

1）职务性称呼

职务性称呼要与交往对象的职务相称，以示身份有别、表达敬意，这是一种最常见的称呼。有三种情况：称职务、在职务前加上姓氏、在职务前加上姓名（适用于极其正式的场合）。

2）职称性称呼

对于具有职称者，尤其是具有高级、中级职称者，在工作中直接以其职称相称。称职称时可以只称职称、在职称前加上姓氏、在职称前加上姓名（适用于十分正式的场合）。

3）行业性称呼

在工作中，有时可按行业进行称呼，对于从事某些特定行业的人，可直接称呼对方的职业，如老师、医生、会计、律师等，也可以在职业前加上姓氏、姓名。

4）性别性称呼

对于从事商界、服务性行业的人，一般约定俗成地按性别的不同分别称呼“小姐”、“女士”和“先生”。

在英国、美国、加拿大、澳大利亚、新西兰等讲英语的国家里，姓名一般有两部分构成，通常名字在前，姓氏在后。对于关系密切的，不论辈分可以直呼其名而不称姓。俄罗斯人的姓名有本名、父称和姓氏三个部分，妇女的姓名婚前使用父姓，婚后用夫姓，本名和父名通常不变。日本人的姓名排列和我们一样，不同的是姓名字数较多，日本妇女婚前使用父姓，婚后使用夫姓，本名不变。

2. 称呼的禁忌

1）错误的称呼

常见的错误称呼无非就是误读或误会。误读也就是念错姓名，为了避免这种情况的发生，对于不认识的字，事先要有所准备；如果是临时遇到，就要谦虚请教。误会，主要是对被称呼的年纪、辈分、婚否以及与其他人的关系作出了错误判断。比如，将未婚妇女称为“夫人”，就属于误会。相对年轻的女性，都可以称为“小姐”，这样对方也乐于接受。

2）不通行的称呼

有些称呼，具有一定的地域性，如山东人喜欢称呼“伙计”，但南方人认为“伙计”肯定是“打工仔”。中国人把配偶经常称为“爱人”，在外国人的意识里，“爱人”则是“第三者”的意思。

3）庸俗的称呼

有些称呼在正式场合不适合使用。例如，“兄弟”、“哥们儿”等一类的称呼，虽然听起来亲切，但显得档次不高。

4）称呼外号

对于关系一般的，不要自作主张地给对方起外号，更不能用道听途说来的外号去称呼对方，在正式场合也不能随便拿别人的姓名乱开玩笑。

5）语音不当

在官场，应注意上司的姓氏与职务的语音搭配，如赶上姓傅、姓戴的一把手，称其“傅厅长”、“戴局长”，对方准不高兴，因为外人一听，误以为他是副职或临时代理。此种情况，应略去其姓氏，直称官衔“厅长”、“局长”则可。如某处长姓贾，最好不要随便张口称其“贾处长”或“贾处”，以直呼“处长”为宜，否则难避调侃尴尬之嫌。

（二）介绍礼仪

介绍，是人际交往中与他人进行沟通、增进了解、建立联系的一种最基本、最常规的方式，它是经过自己主动沟通或者通过第三者从中沟通，从而使交往双方相互认识、建立联系的一种社交方法。根据介绍者的不同，介绍可分为自我介绍、他人介绍、集体介绍等三大类型。

1. 自我介绍

自我介绍，也就是我们常说的介绍自己，通常用在想和某人结识，但又没有合适的介绍人，或者在某些场合他人需要了解自己的情况，就可以进行自我介绍。在自我介绍时，可以先主动打招呼说声“您好”来引起对方的注意，然后说出自己的姓名、身份，也可以在与对方握手时做自我介绍。恰到好处的自我介绍，能给他人留下深刻的印象。介绍自己可分为下述五种形式。

1）应酬式

适用于某些公共场合和一般社交场合，如旅途中及宴会、舞会上或通电话时等。应酬式的自我介绍，对介绍者而言，对方是泛泛之交，所以介绍的内容要少而精，往往只包括姓名一项即可，例如：“您好，我叫李丽。”

2）工作式

工作式的自我介绍，主要发生在工作场合或因工作需要的社交场合，因工作而交友。它是以工作为中心的自我介绍，介绍的内容应包括姓名、单位、部门、职务及从事的具体职位等，介绍时缺一不可。其中，第一项的姓名，必须报全，有姓有名；第二项的供职单位及部门，也可仅报单位名称；第三项若担任职位较低，则应报出目前所从事的具体工作，例如：“您好，我叫王敏，是信远传媒公司的业务经理。”

3）交流式

它主要适用于社交活动中，是一种刻意寻求与对方进一步交流与沟通的自我介绍。内容一般包括介绍者的姓名、工作、籍贯、爱好、兴趣以及与交往对象有某些联系等。例如：“您好，我是李静，在东方传媒工作，您的同学赵东是我的同事，他常向我提起您。”

4）礼仪式

礼仪式的自我介绍，适用于讲座、报告、演出、庆典、仪式等一些正规而隆重的场合，是一种对交往对象表示友好、敬意的自我介绍。它的内容包括姓名、单位、职务等个人信息，同时，还包括一些为表示欢迎、感谢交往对象的谦辞、敬辞等。例如：“各位先生、女士，大家晚上好，我叫李月，是同达公司的人事经理，欢迎大家参加今天的答谢会，愿各位在此渡过一个愉快的周末。”

5）问答式

问答式的自我介绍，一般适用于应试、应聘和公务交往，有时也用于普通的社交应酬场合，它通常的形式是有问有答。如应聘某工作，人事部门通常会问及求职者的姓名、年龄、技能、工作经验等，求职者要根据所问进行相应的回答。

在对自己进行介绍时，确定介绍的内容非常重要，同时，要注意时间、场合等因素，不可一概而论。在做自我介绍时一定要力求简洁，尽可能地节省时间，愈短愈好，也可在做自我介绍时，附上名片、介绍信等；态度应自然、友善、随和，行为应落落大方，不卑不亢，不要小里小气，矫揉造作；一定要实事求是，不可自吹自擂，夸夸其谈。一个比较自信的人会比较容易使人产生信赖和好感，所以在自我介绍时应该注意举止庄重、大方，充满自信。

2. 为他人做介绍

为他人做介绍即介绍他人，是指经第三者为彼此不相识的双方引见、介绍的一种介绍方式。为他人做介绍时要大方得体，介绍的原则是将级别低的介绍给级别高的，将年轻的介绍给年长的，将未婚的介绍给已婚的，将男士介绍给女士，将本国人介绍给外国人。

1）介绍者的确定

为他人做介绍时，介绍者的确定是有一定规则的。通常，具有下列身份者应充当介绍者。

第一，社交活动中的东道主。

第二，社交场合的长者，地位、身份较高者，或主要负责人员。

第三，家庭性聚会中的女主人。

第四，公务交往中的专职人员，如公关人员、礼宾人员、文秘、接待人员。

第五，熟悉被介绍者双方者。

第六，应被介绍者一方或双方要求者。

第七，在交际场合中，被指定的介绍者，决定为他人介绍，要审时度势，熟悉双方情况。

2）介绍顺序

在较为正式、郑重的场合对他人进行介绍要特别注意先后有序。国际上一般按惯例把男性介绍给女性；将年轻者介绍给年长者；将职位低的介绍给职位高的；将客人介绍给主人；将晚到者介绍给早到者。商业活动中，介绍则不分男女，总是把身份地位低的介绍给身份地位高的人。

介绍他人的总原则是把别人介绍给你所尊敬的人，即位高者有优先知情权，这里的位高者指在该场合中的受尊重程度最高，而不一定指社会地位。在做介绍时，首先要判断在该场合中谁的受尊重程度高，那么受尊重程度高的人，就有权优先知道对方情况的权利。例如，当一位年轻女性来拜访一位年长的男性，就应该将年轻的来访女性介绍给年长的男性，而不是相反。作为现代年轻人应当理解的是，介绍顺序问题绝不是一个可有可无的形式问题，而是涉及个人修养的组织形象以及商务活动的目的能否如愿达成的问题。

3）注意事项

介绍者为被介绍者做介绍之前，应尽量征求一下被介绍者双方的意见，了解一下他们彼此是否都有想认识对方的愿望，以免为本来相识或不想相识的双方去做介绍，会让被介绍者双方措手不及，致使三方都尴尬。为他人做介绍时，语言应简洁清晰，不能含糊其辞，避免过于颂扬某一方，而忽视另一方。介绍时，还可简要地提供一些其他情况，如双方的职业、爱好等，便于不相识的两人相互交谈；介绍后不能马上离开，应稍等片刻，并引导双方交谈。介绍的过程中态度应热情友好，仪态文雅大方，不要用手指指着对方，而是五指并拢，手掌向上，胳膊略向外伸，指向要介绍的人。

3. 为集体做介绍

为集体做介绍实际上是介绍他人的一种特殊情况，即被介绍的一方或者双方不止一个人，往往是要将集体和个人或者集体和集体分别而论。介绍集体时，可分为单项式和双向式两种基本介绍形式。

单向式介绍，指当被介绍的双方一方为一个人，另一方为多人的时候，往往可以只把个人介绍给集体，而不必再向个人介绍集体。

双向式介绍，是指被介绍的双方都是多人所组成的集体。进行介绍时，双方的全体人员都要被正式介绍。通常要先把地位低的一方介绍给地位高的一方，所谓地位低的一方通常是指东道主，而地位高的一方则是指客人，这属于一种基本的礼仪规则。在公务交往中，这种情况比较多见，通常是应由主方负责人首先出面，依照主方在场者具体职务的高低，自高而低地依次对其进行介绍。接下来，再由客方负责人出面，依次介绍。

4. 被介绍者应注意的礼仪

在被他人介绍时，被介绍者要注意自己的表达、态度和反应。被介绍者在介绍者询问自己是否有意认识某人时，一般不应拒绝或扭扭捏捏，而应欣然表示接受。实在不愿意时，则应说明缘由。当介绍者走上前来，开始为被介绍者进行介绍时，被介绍者双方均应起身站立，面带微笑，大大方方地目视介绍者或对方，神态专注。当介绍者介绍完毕后，被介绍者双方应按照合乎礼仪的顺序进行握手，彼此问候对方。不要在此时有意拿腔拿调，或是心不在焉，也不要卑躬屈膝，成心讨好对方，有失人格。在被介绍的过程中，双方都要热情得体、举止大方。

（三）名片礼仪

名片是现代社会生活中一种精致而实用的交际工具，是一种最为经济实用的介绍性媒介。相传名片产生于秦汉时期，在中国已有2000多年的历史，最初写在竹片上，以后才是写在纸上。汉初称为“说”，元朝时称为“名”，唐朝时称为“状”，到明清，使用名片之风更盛，曾被称为“门状”、“名刺”或“名帖”，一直沿用到近代。现代社会人际交往中，一张做工考究的名片，不仅是一个人身份、地位的象征，而且也是一个人尊严和价值的一种体现，还是使用者要求社会认同、获得社会理解与尊重的一种方式。名片上一般印有公司名称、头衔、姓名、联络电话、地址等，有的还印有业务介绍及个人的照片。所以，有人把它称为另一种形式的身份证。

1. 名片的功能

1）自我介绍

初次见到某人，以名片作辅助性自我介绍，不但可以说明身份，强化效果，而且还能节省时间，效果比仅用自我介绍或他人介绍更好些，能使对方印象深刻。

2）结交朋友

在对他人有好感，希望与对方进一步交往的情况下，可以主动把名片递给对方，意味着对对方的友好、信任和希望深交。巧用名片，可以为结交朋友“铺路架桥”，但也没有必要每逢遇见陌生人，就递自己的名片。

3）业务介绍

公务式名片上有所属单位、地址、经营范围等内容，所以利用名片也可以为本人及所在单位进行业务宣传，扩大交际面，争取潜在的合作伙伴。

4）通知变更

利用名片，可以及时向老朋友通报本人的最新情况，如晋升职务、变换单位、电话改号等。把个人或企业变更信息印在名片上给老朋友，以使彼此联系更加畅通，使对方对自己或企业的相关情况了解得更加充分。

5）拜访他人

初次前往他人住所或单位时，可以把自己的名片交给对方的接待者，由其转交给被拜访者，以便对方确认，决定见或不见。这种做法比较正规，可以避免冒昧造访，引起他人反感。

6）简短留言或短信

在名片的左下角，以铅笔写下几行字或短语，寄交或转交别人，就像一封长信一样正式。如果内容较多，也可写在名片背面。在国外，流行以法文缩略语写在名片左下角，以示慰问、鼓励、感谢、祝贺他人的做法。常见的有：p. r. 表示“感谢”；p. f. 表示“祝贺”；p. p. 表示“介绍”；n. b. 表示“提请注意”；p. p. c. 表示“辞行”；p. f. n. a. 表示“贺年”。

7）作为礼单

向别人赠送礼品时，可以把自己的名片放在其中，或装进一个不封口的信封，再将该信封固定于礼品外包装的上方，说明是何人所赠。

8）替人介绍

介绍某人去见另外一人时，可以用回形针把自己名片与被介绍人名片（自己的名片放在上面）固定在一起，然后装入信封，再交给被介绍人，由被介绍人交给对方，这是一封非常正规的介绍信，能引起对方的高度重视。

2. 使用名片的礼仪

1）存放名片

在社交场合，要准备好名片以备不时之需。随身所带的名片，最好放在专用的名片包、名片夹里，如果穿着西装，那么名片夹只能放在左胸内侧的口袋里。左胸是心脏的所在地，将名片放在靠在心脏的地方，其含义无疑是对对方的一种礼貌和尊重。不穿西装时，名片夹可以放在自己随身携带的小手提包里。将名片放置于其他口袋甚至后侧裤袋里是一种很失礼的行为。同时，还应在自己的公文包及办公桌抽屉里，也要经常备有名片，以便随时使用。

接过别人的名片看过之后，要精心放进自己的名片包、名片夹或上衣口袋内。也可以看了之后先放在桌子上，但不要随手乱丢或在上面压上杯子、文件夹等东西，那是很失礼的表现。由于在社交过程中，需要接受的名片很多，因此，最好将别人的名片夹在一起，将自己的名片夹在一起；否则，一旦慌乱中误将他人的名片当作自己的名片送给对方，双方都会觉得尴尬。随着工作交往的不断深入，还可以在保存的名片上记一些可以供自己参考的信息。

2）递送名片

在社交场合，希望与对方结识并建立联系，可以将自己的名片递给对方，一般情况需要双方都有结识对方的意愿。向对方递送名片时，需起身站立，走上前去，面带微笑，注视对方，问候之后，将名片正对着对方，用双手的拇指和食指分别持握名片上端的两角送给对方，并伴随简单的自我介绍。发送名片要掌握适宜时机，一般在选择刚认识或分别的时候，不要在用餐、跳舞之时发送名片。

交换名片时，一般是地位低的人先向地位高的人递名片，男性先向女性递名片。当对方不止一个人时，应先将名片递给职位较高或年龄较大的人。如分不清职位高低和年龄大小时，一般由近而远、按顺时针或逆时针方向依次发送。名片代表的是一个人的身份，在未确定对方的来历之前，不要轻易递出名片；否则，不仅有失庄重，而且可能日后被冒用。同样，为了尊重对方的意愿，尽量不要向他人索要名片。

3）接受名片

当别人表示要递送名片或交换名片时，不论有多忙，都要暂停手里的事情，并起身站立相迎，面带微笑，用双手的拇指和食指接住名片的下方两角，也可使用右手，而不得使用左手。接过名片后，先向对方致谢，然后将名片默读一遍，遇有显示对方荣耀的职务、头衔可轻读出声，如果对方的组织名气很大或个人的知名度高，也可只重读组织名称或对方姓名，以示尊重和敬佩，然后要谨慎地放在名片夹、公文包、办公桌或上衣口袋之内。若有疑问，可当场请教对方。应表现出十分珍惜，切不可在手中弄摆；不可随意放在桌上，或随便拎在手上，或者放在手中搓来搓去。

接受对方的名片后，一般要即刻回给对方自己的名片。没有名片，名片用完了或者忘了带名片时，应向对方做出合理解释并致以歉意，切莫毫无反应。如有必要可以在一张干净的纸上写上相关信息给对方。如果在递给对方名片的同时，对方也正递给你名片，应先暂时放下自己的名片，接过对方的名片后，再递上自己的名片。

4）索取名片

一般情况下，不应向对方强索名片，如果想主动结识对方，或者想索取对方名片，应采取恰当的方法。索要他人名片的正确做法是欲取之必先予之，即把自己的名片先递给对方，以此求得对方的回应。如果担心对方不回送，可以在递上名片的同时说："能否有幸和您交换一下名片？"对长辈或地位、声望高于自己的人，可以说："以后怎样才能向您请教？"对平辈和身份、地位相仿的人，可以问："今后怎么和您保持联系？"这两种说法都带有"请留下一张名片"之意。切忌逢人便索要名片，过分热衷于名片的交换，反而有失礼仪，使人敬而远之，甚至遭人轻视。

通常，有索就有拒。无论他人以何种方式索要名片都不宜拒绝，直接拒绝是不礼貌的做法。如果不想给对方，要用委婉的方法表达。可以说："对不起，我忘了带名片。”或者“实在抱歉，我的名片用完了。”不过如果手里正拿着自己的名片，又被对方看见了，这样讲显得太不尊重对方了。如果自己没有名片，而又不想直接说没有的时候，也可以用上面方法委婉表达。

（四）握手礼仪

握手是社会交往中常用的礼节，也是适用范围最广的见面致意礼节。据传说，握手礼起源于中世纪的欧洲，那里人们见面时，如果双方都无恶意，就要放下手中的武器，伸开手掌让对方摸摸手心，以示友善，这种习惯逐渐演变成现代的握手礼。握手时的姿态、用力的轻重、时间的长短以及是否用目光接触等，都可以反映出一个人的修养和对他人尊重的程度。握手礼多用于见面时的问候与致意。对久别重逢和多日不见的老朋友，以握手表示对对方的关心和问候；人们彼此之间经过他人介绍相识，通过握手，向对方表示友好和愿意与对方结识的心情；告别时，以握手感谢对方，表示愿意保持联系、再次见面的愿望。除此之外，握手礼还是一种祝贺、感谢、理解、慰问、鼓励的表示。在交往中，握手礼运用得当，会显得彬彬有礼，很有风度。

1. 握手的场合

握手是人们日常交际的基本礼仪，在应该握手的场合若拒绝或忽视了握手，则是失礼的行为；在不宜握手的场合，与他人握手又显得冒失。所以，应掌握握手的恰当时机。

1）适宜握手的场合

具体来说，适宜握手的场合，可以总结为三类：一是见面或告别的时候；二是向他人表示祝贺或慰问；三是在社交场合表示尊重对方的时候。常见的场合包括以下情况。

（1）在被介绍与别人相识、双方互致问候的时候，应和对方握手致意，表示为相识而感到高兴，今后愿意建立联系或进行业务往来等。

（2）对久别重逢的友人或多日未见的同事，相见时应热情握手，以此表示问候、关心和高兴之意。

（3）当对方取得成绩、获奖和有喜事时，如升职、乔迁、结婚等，见面时应与之握手，表示祝贺并为其高兴。

（4）在自己领取奖品时，应与发奖者握手，以表示感谢领导对自己的鼓励。

（5）在参加宴请告辞，应与邀请方代表握手，表示感谢对方的邀请，有“再见”之意。

（6）当有客人登门拜访，主人应与所有客人握手，以表示“欢迎”之意。

2）不适宜握手的场合

不适合握手的场景归纳为一点，就是自己不方便或别人不太方便伸手时。常见的有以下几种情况。

（1）当对方两手拿着东西的时候。

（2）当自己双手不干净时，不适宜伸手，但应微笑示意或表示不能握手的歉意。

（3）当对方地位高于自己，不需要刻意上前与之握手并介绍自己时。

（4）当对方在人群中，无法握到对方的手，可挥手或点头示意。

2. 握手的方法

握手有单手式和双手式两种。单手式是最普通的握手方式，握手时，一般距对方约一步远，两脚立正或脚尖打开成八字步，上体稍前倾，肘关节微曲抬至腰部，伸出右手，四指并拢，拇指张开，手掌应与地面垂直，以手指稍用力握对方的手掌，上下摇动二三下，注视对方，并配以微笑和问候语。双手式握手通常传递的是一种热情真挚、尊敬感激之情，如在向他人表示深深的谢意或慰问时。握手时，主动握手者用右手握住对方的右手，左手握住对方右手的手背处。但这种握手方式不宜每次都用，它只在晚辈对长辈，身份低者对身份高者，或同性朋友之间握手时使用，男子对女子一般不用这种握手方式。

与他人握手，一般应起身站立，除非是长辈或女士，否则坐着与人握手是失礼的。握手前，双方招呼或点头示意。握手时，应面带微笑，目视对方双眼，并且致意，表现出关注、热情和友好之意。握手一定要用右手，这是约定俗成的礼仪，如果伸出左手是十分失礼的。

为表示对交往对象的热情友好，握手时可以稍许用力，但切不可过大。男子与女子握手不能握得太紧，用力可轻一些，如果是故友重逢或与邀请宾客，可稍加用力。用力的大小，要因人而异，把握好分寸，以不轻不重，适度为好。在西方，男士往往只握一下女士手指部分，但老朋友可以例外。

握手时间的长短可根据握手双方的亲密程度灵活掌握，与他人握手的时间不宜过短或过长。时间过短，会给人以应付、走过场的感觉；时间过长，尤其是握住异性和初相识者的手时间过长，是失礼的表现，一般应控制在三秒左右为宜。老朋友或关系亲近的人则可以边握手边问候，甚至双手长时间地握在一起。

3. 握手的次序

在比较正式的场合，行握手礼时最为重要的礼仪问题是握手的双方应当由谁先伸出手来“发起”握手。倘若对此一无所知，在与他人握手时，轻率地抢先伸出手去而得不到对方的回应，那种场景一定是非常令人尴尬的。在社交场合，握手的顺序主要根据双方所处的社会地位、身份、性别和各种条件来确定。但需注意的是，在公务场合，握手时伸手的先后顺序主要取决于职位、身份；而在社交场合和休闲场合，则主要取决于年龄、性别和婚否。握手应遵守“尊者决定”的原则，其含义是，在两人握手时，各自首先应确定握手双方彼此的身份，然后以此而决定伸手的先后，切不可贸然抢先伸手。具体而言，握手时双方伸手的先后次序大体包括如下几种情况。

① 上级与下级握手，应由上级首先伸手。

② 年长者与年幼者握手，应由年长者首先伸手。

③ 长辈与晚辈握手，应由长辈首先伸手。

④ 女士与男士握手，应由女士首先伸手。

⑤ 已婚者与未婚者握手，应由已婚者首先伸手。

⑥ 社交场合的先至者与后来者握手，应由先至者首先伸手。

⑦ 接待来访客人，当客人抵达时，应由主人先伸手与客人表示“欢迎”；当告辞时，则应由客人先伸手与主人握手表示“再见”。

4. 握手的禁忌

握手礼在人际交往中随处可见，但作为一种广泛采用的礼节形式，是有规矩和讲究的，使用得当给他人留下有风度和修养的印象，如果使用不当则会让人觉得失礼。因此，要务必记住握手的禁忌，遵守握手的规范。握手的禁忌主要是：

① 不要戴着帽子和手套与他人握手，只有女士在社交场合戴着薄纱手套与人握手，才是被允许的；

② 不要用左手同他人握手；

③ 不要贸然伸手，遇到上级、长者、贵宾、女士时，自己先伸手是失礼的；

④ 握手时不要目光左顾右盼、心不在焉或面无表情；

⑤ 握手时不要另一只手插在裤袋里或拿着东西不肯放下；

⑥ 握手后不要马上擦拭自己的手掌；

⑦ 不要拒绝与他人握手。

⑧ 在握手时不要争先恐后，造成交叉握手，要等他人握完后再伸手。

二、案例讨论

（一）案例一

某公司王经理约见一个重要的客户经理。见面之后，客户就将名片递上。王经理看完名片就将名片放到了桌子上，两人继续谈事。过了一会儿，服务人员将咖啡端上桌，请两位经理慢用。王经理喝了一口，将咖啡杯子放在了名片上，自己没有感觉，客户经理皱了皱眉头，没有说什么。

讨论：

1. 请谈谈客户经理为什么皱眉。
2. 结合所学知识谈谈接到对方名片后应如何放置。

（二）案例二

在一次接待某省考察团到访的任务中，小王因与考察团团长熟识，因而作为主要迎宾人员陪同部门领导前往机场迎接贵宾。当考察团团长率领其他工作人员到达后，小王面带微笑热情地走向前，先于部门领导与团长握手致意，表示欢迎。小王旁边的部门领导已经面露不悦之色。

讨论：

1. 结合案例谈谈领导为什么面露不悦之色。
2. 握手有哪些注意事项？

（三）案例三

请阅读以下两个面试对话。

场景一：

招聘者："从你的简历得知，你的英语已达到国家六级水平，真是不简单呀。"

求职者："您过奖了，其实我周围很多同学都达到了这个水平，我也是一般而已。况且，我还有很多不足，如我的电脑水平老是跟不上，很多同学都过了二级，我还是停留在初级水平上；还有一些专业课也学得很不好，让我头痛得很。有时，我也觉得自己很没用。"

招聘者："原来你对自己很没有信心。"

场景二：

招聘者："据我了解。你干推销似乎挺会赚钱的，对吗？"

求职者："是的，我干推销有一些赚钱的新招。因为我读的是××名牌大学营销专业，又曾在××企业的推销部门兼职，所以对于赚钱，我还是挺有把握的。”

招聘者：“噢，原来你是××名牌大学的高材生，不过我们单位较小，层次较低，目前暂时不要名牌大学的毕业生，很抱歉。”

讨论：

1. 请结合案例谈谈以上两个人的自我介绍的问题出在哪里。
2. 结合所学知识谈谈自我介绍有哪些形式及应注意哪些问题。

三、情景训练

（一）情景一

大德公司的王经理邀请素未谋面的客户李先生一起用餐，大德公司的孙莉是此次接待的负责人，孙莉陪同王经理出门迎接，在公司门口，经孙莉介绍后王经理与客户李先生握手并问候。

每小组选三名同学分别扮演孙莉、王经理、李先生模拟相见时的情景。注意介绍顺序与握手的注意事项。

（二）情景二

模拟大学生开学伊始，同学以新生的身份，在班级中进行自我介绍。

（三）情景三

王辉是某公司的业务经理，他在一次展览会上遇到一位进行产品咨询的客户，王辉与客户展开了交谈。

每组选两位同学，模拟王辉与客户展开交谈前的情景，注意正确使用称呼、握手、交换名片礼仪。

模块二 交谈礼仪

交谈是人们日常生活的一部分，也是人际交往的基本形式之一。从广泛意义上来讲，交谈是人们交流思想、沟通感情、建立联系、消除隔阂、协调关系、促进合作的一个重要渠道。美国著名的语言心理学家多罗西·萨尔诺夫曾说道："说话艺术最重要的应用，就是与人交谈。"交谈礼仪，即人们在社交场合与人交谈时应当遵循的各种规范和惯例。

一、基本知识

（一）交谈的话题

话题是交谈的中心内容，交谈话题的选择不仅能够反映出交谈者品位的高低，同时选择一个好的话题，往往能创造出一个良好的交谈氛围，取得理想的沟通效果。因此，在交谈时，首先应选择恰当的话题，同时要注意应当回避的话题。

1. 选择话题一般原则

1）"TPO"原则

T 即时间，P 即地点，O 即场合，"TPO"原则指的是话题的内容要符合说话的客观现场环境。

2）因人而异原则

即指交谈时要根据交谈对象的不同而选择不同的交谈内容。根据对方的性别、年龄、性格、民族、阅历、职业、地位而选择适宜的话题。如果完全不考虑这些因素，交谈就难以引起对方的共鸣，难以达到沟通和交流的目的，甚至出现对立的情况。

3）求同存异原则

由于交谈各方往往有着不同的性别、年龄阅历和职业等主观条件，交谈中经常会发现彼此有不同的兴趣爱好、关注话题等。遇到此种情况，应当本着求同存异的原则，选择大家都感兴趣的话题作为谈话内容，使各方在交谈过程中有来有往、彼此呼应、热情参与、皆大欢喜，因此交谈必须"求同"；如果交谈各方在交谈中对某一问题产生了意见或观点的分歧，不妨进行适度的辩论，但这种辩论是建立在理性基础上的，如果谁也不能说服谁，就应当克制自己的情绪，切不可为了强行说服别人而争得面红耳赤，导致不欢而散，因此交谈必须“存异”。

2. 宜选话题

1）选择高雅的内容

应当自觉地选择高尚、文明、优雅的内容，如哲学、历史、文学、艺术、风土、人情、传统、典故，或选择一些时尚的热门话题，如国内外新闻、政治、经济、社会问题等，但切忌班门弄斧，不懂装懂。

2）选择轻松的内容

在交谈时要有意识地选择那些能给交谈对象带去开心与欢乐的轻松的话题，如文艺、体育、旅游等。除非必要，切勿选择那些让对方感到沉闷、压抑、悲哀、难过的内容。

3）选择擅长的内容

交谈的内容应当是自己或者对方所熟知甚至擅长的内容。选择自己所擅长的内容，就会在交谈中驾轻就熟，得心应手，并令对方感到自己谈吐不俗，对自己刮目相看。选择对方擅长的内容，则既可以给对方发挥长处的机会，调动其交谈的积极性，也可以借机向对方表达自己的谦恭之意，并可取人之长，补己之短。应当注意的是，无论是选择自己擅长的内容，还是选择对方擅长的话题，都不应当涉及另一方一无所知的内容；否则便会使对方感到尴尬难堪，或者令自己贻笑大方。

每个人都有自己忌讳的话题，因此在交谈时务必要注意回避对方的忌讳，以免引起误会。由于中外生活习惯的差异，许多国内司空见惯的话题往往是触犯外国人禁忌的敏感内容，尤其要注意回避对方忌讳的话题。交谈中，有关对方的年龄、婚姻状况、收入、经历、信仰等，都属于涉及个人隐私的话题，不宜谈论；交谈中应尽量远离“人”的话题，不要在交谈中传播闲言碎语，制造是非，尤其不要对他人的隐私指指点点，妄加评说，更应避免攻击、漫骂、中伤他人的话题；在交谈中应避免出现有关疾病、死亡、丑闻、惨案及探听对方物品出处、价钱等问题，尤其要避免一些无聊、低级、庸俗的话题的出现。

（二）交谈的语言

语言是交谈的载体，交谈过程即语言的运用过程。语言运用是否准确恰当，直接影响着交谈能否顺利进行。因此，在交谈中要尤其注意语言的使用问题。

1. 通俗易懂

谈话中所使用的语言最好是让人一听便懂的明白话，如果所使用的语言过于雕琢，甚至咬文嚼字、矫揉造作，满嘴的专业术语和子曰诗云，堆砌辞藻、卖弄学识，则只会让人闻之生厌，不知所云。

2. 文明礼貌

日常交谈虽不像正式发言那样严肃郑重，但也要注意用语的文明礼貌。首先，在交谈中，要善于使用一些约定俗成的礼貌用语，如“您”、“谢谢”、“对不起”等。尤其应当注意在交谈结束时，应当与对话方礼貌道别，如“有空再聊吧！”“谢谢您，再见！”，等等。即使在交谈中有过争执，也应不失风度，切不可来上一句：“说不到一块儿就算了”“我就是认为我对”等；其次，交谈中应当尽量避免一些不文雅的语句和说法，不宜明言的一些事情可以用委婉的词句来表达。例如想要上厕所时，宜说：“对不起，我去一下洗手间。”或说：“不好意思，我去打个电话。”

3. 简洁明确

在交谈时所使用的语言应当力求简单明了，言简意赅地表达自己的观点和看法，切忌喋喋不休、啰啰嗦嗦。交谈时最基本的一点，就是要让他人准确无误地听懂自己的发言。首先要发音标准，吐字清晰。交谈时起码的一点是要让对方听清自己的话，否则根本谈不上交流。最重要的是忌用方言、土语，而应以普通话作为正式标准用语。其次语意要明确，不可产生歧义，模棱两可，以免产生不必要的误会。

（三）交谈的态度

交谈时所表现出的态度，往往是内心世界的真实反映。若想使交谈顺利进行，务必要对自己的谈话态度予以准确把握、适当控制。

1. 表情自然

交谈时目光应专注，或注视对方，或凝神思考，从而和谐地与交谈进程相配合。眼珠一动不动，眼神呆滞，甚至直愣愣地盯视对方，都是极不礼貌的；目光游离，漫无边际，则是对对方不屑一顾的失礼之举，也是不可取的。如果是多人交谈，就应该不时地用目光与众人交流，以表示交谈是大家的，彼此是平等的。同时，在交谈时可适当运用眉毛、嘴、眼睛在形态上的变化，表达自己对对方所言的赞同、理解、惊讶、迷惑，从而表明自己的专注之情，并促使对方强调重点、解释疑惑，使交谈顺利进行。

2. 举止得体

人们在交谈时往往会伴随着做出一些有意无意的动作举止。这些肢体语言通常是自身对谈话内容和谈话对象的真实态度的反映。在与人交流时应有适当的肢体动作，如发言者可用适当的手势来补充说明其所阐述的具体事由。倾听者则可以点头、微笑来反馈“我正在注意听”、“我很感兴趣”等信息。同时，应避免过分、多余的动作。与人交谈时可有动作，但动作不可过大，更不要手舞足蹈、拉拉扯扯、拍拍打打。为表达敬人之意，切勿在谈话时左顾右盼，或将双手置于脑后，或高架“二郎腿”，甚至剪指甲、挖耳朵等。交谈时应尽量避免打哈欠，如果实在忍不住，也应侧头掩口，并向他人致歉。尤其应当注意的是，不要在交谈时以手指指人，因为这种动作有轻蔑之意。

3. 注意倾听

倾听是与交谈过程相伴而行的一个重要环节，也是交谈顺利进行的必要条件。在交谈时务必要认真聆听对方的发言，用表情举止予以配合，从而表达自己的敬意，并为积极融入到交谈中去做最充分的准备。切不可追求“独角戏”，对他人发言不闻不问，甚至随意打断对方的发言。交谈中不应当随便打断别人的话，要尽量让对方把话说完再发表自己的看法。如确实想要插话，应向对方打招呼：“对不起，我插一句行吗？”但所插之言不可冗长，一两句点到即可。

4. 适当交流

交谈是一个双向或多向交流过程，需要各方的积极参与。因此在交谈时切勿造成“一言堂”的局面。自己发言时要给其他人发表意见的机会，别人说话时自己要适时发表个人看法，互动式促进交谈进行。参加别人谈话之前应先打招呼，征得对方同意后方可加入。相应地，他人想加入己方交谈，则应以握手、点头或微笑表示欢迎。如果别人在个别谈话，不要凑上去旁听。若确实有事需与其中某人说话，也应等到别人说完后再提出要求。谈话中若遇有急事需要处理，应向对方打招呼并表示歉意。值得注意的是，男士一般不宜参与妇女圈子的交谈。

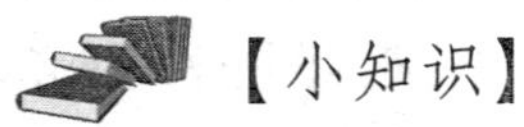【小知识】

交谈的方式

交谈的方式，即人们在与他人进行交谈时所采用的具体的形式。交谈方式的选择恰当与否，对于能否正确进行人际沟通、恰当表达个人思想、友善传递敬人之意都起着相当关键的作用。主要有以下六种交流方式。

1. 倾泻式交谈

倾泻式交谈，就是人们通常所说的“打开窗户说亮话”，无所不言，言无不尽，将自己的所有想法和见解统统讲出来，以便让对方较为全面客观地了解自己的内心世界。倾泻式交谈方式的基本特征，是以我为主，畅所欲言。

2. 静听式交谈

静听式交谈，即在交谈时有意识地少说多听，以听为主。当别人说话时，除了予以必要的配合，自己主要是洗耳恭听。在听的过程中努力了解对方思路，理清头绪，赢得时间，以静制动。

3. 启发式交谈

启发式交谈，即交谈一方主动与那些拙于辞令的谈话对象进行合作，在话题的选择或谈话的走向上对对方多方引导、循循善诱，或者抛砖引玉，鼓励对方采用恰当方式阐述意见。

4. 跳跃式交谈

跳跃式交谈，即在交谈中，倘若一方或双方对某一话题感到厌倦、不合时宜、无人呼应或难以回答时，及时地转而谈论另外一些较为适当的、双方都感兴趣的话题。

5. 评判式交谈

评判式交谈，即在谈话中听取了他人的观点、见解后，在适当时刻，以适当方法恰如其分地进行插话，来发表自己就此问题的主要看法。此种方式的主要特征是当面肯定、否定或补充、完善对方的发言内容。

6. 扩展式交谈

扩展式交谈，即围绕着大家共同关心的问题，进行由此及彼、由表及里的探讨，以便开阔思路、加深印象、提高认识或达成一致。扩展式交谈的目标在于使各方各抒己见，交换意见，以求集思广益。

二、案例讨论

（一）案例一

“小姐！你过来！你过来！”一位顾客高声喊，指着面前的杯子，满脸寒霜地说，“看看！你们的牛奶是坏的，把我的一杯红茶都糟蹋了！”

“真对不起！”服务小姐赔着不是，“我立刻给您换一杯。”新红茶很快就准备好了，碟旁跟前一杯一样，放着新鲜的柠檬和牛奶。小姐轻轻放在顾客面前，又轻声地说：“我是不是能建议您，如果放柠檬，就不要加牛奶，因为有时候柠檬酸会造成牛奶结块。”那位顾客的脸一下子红了，匆匆喝完茶，走出去了。

有人笑问服务小姐：“明明是他错。你为什么不直说他呢？他那么粗鲁地叫你，你为什么不还以颜色？”

“正因为他粗鲁，所以要用婉转的方式对待；正因为道理一说就明白，所以用不着大声，”小姐说，“理不直的人，常用气壮来压人，理直的人要用气和来交朋友。”

讨论：

1. 服务小姐在与客人交流的过程中，为什么能避免纠纷？
2. 结合案例谈谈交谈时应用什么样的语言和态度。

（二）案例二

一天，老王走进一家电器商店，一台音色清纯透亮、低音浑厚极富震撼力的音响引起了老王的注意。一位男售货员热情地迎上来，满脸职业微笑，主动介绍这种新产品。他的介绍很在行，很流畅，从性能优势到结构特点，从价格比到售后服务，一一道来，还进行演示。起初老王被他那热情而熟练的介绍所感动，对产品产生几分好感。本想问点什么，可是营销员连珠炮似的讲着，老王总也插不上嘴。接着营销员又特别褒扬自己的品牌而贬低其他产品，老王在营销员介绍时，出于礼貌不好意思走开，幸好这时又来了一位顾客，他乘机“逃”出了商店。

讨论：

1. 请分析顾客为什么乘机“逃”出了商店。
2. 结合案例谈谈在进行商品销售时如何与顾客适当交流。

（三）案例三

某局新任局长宴请退居二线的老局长。席间端上一盘油炸田鸡，老局长用筷子点点说：“喂，老弟，青蛙是益虫，不能吃。”新局长不假思索，脱口而出：“不要紧，都是老田鸡，已退居二线，不当事了。”老局长闻听此言顿时脸色大变，连问：“你说什么？你刚才说什么？”新局长本想开个玩笑，不料说漏了嘴，触犯了老局长的自尊，顿觉尴尬万分。席上的友好气氛尽被破坏，幸亏秘书反应快，连忙接着说：“老局长，他说您已退居二线，吃田鸡不当什么事。”气氛才有点缓和。

（资料来源：张岩松．新农村文明礼仪读本．北京：经济管理出版社，2009.）

讨论：结合案例谈谈为什么交谈中应注意语言的运用。

三、情景训练

（一）情景一

请你以校报记者身份做一个采访，采访对象是刚刚取得省大学生足球比赛第一名凯旋归来的校足球队队长。注意在采访前的话题准备，可以找同组同学饰演足球队队长。

（二）情景二

小李得知办公室老赵的儿子今年刚刚考上北京某名牌大学，同时老赵的职位又高升，作为同事小李和妻子特意前来祝贺，恰好老赵和他的妻子都在家。

请你根据此情景，进行四个人的对话设计，并分组进行表演。

模块三　电 话 礼 仪

电话是社会生活中最普及的信息传递工具之一，也是人们使用最频繁的通信工具，是同外界传递信息、维持联络进而开展工作的一种最常用的手段。所谓电话礼仪，是指通话者在通话过程为留给通话对象及其他在场者良好印象所应注意的礼仪。

一、基本知识

（一）通话的准备

任何形式的人际交流能否取得最后的成功，往往取决于交流各方是否在交流前做了准备、所做准备是否充分，接打电话也是如此。只有在通话前做好充分的准备，才能使通话得以顺利进行，观点得以准确阐明，信息得以及时传递，分歧得以有效消减。

1. 内容准备

在拨打电话之前，首先必须明确自己所要找的受话人的一般情况，包括受话人姓名、性别、职务、年龄等，以免发生尴尬；同时须明确受话人的电话号码，仔细核实、谨慎拨打。更为重要的是，在通话前应当对自己所要传达的信息和阐述的要点有明确的把握。最佳办法是事先把这些内容写在便笺上，预备一个条理清晰的提纲。这样，电话一通，发话人就可以依照提纲有条不紊地进行阐述了，不至于遗漏要点或者语无伦次，甚至因一时想不起来该说什么而尴尬地僵住。

2. 仪态准备

在一般情况下，不论是拨打电话还是接听电话，都必须全神贯注。应当注意的是，通话虽然只是一个“只闻其声，不见其人”的交流过程，但通话人的神情举止完全可以通过声音的变化为对方清晰地洞察。通话人可以根据声音来判断对方到底是全神贯注还是心不在焉，到底是和蔼可亲还是麻木呆板，进而推断对方对自己尊重与否，从而微妙地影响交流的进程与效果。

（二）通话的态度

1. 耐心拨打

拨打电话时，要沉住气，耐心等待对方接电话。一般而言，至少应等铃声响过 6 遍，或是大约半分钟时间，确信对方无人接听后才可以挂断电话。切勿急不可待，铃响未过 3 遍，就断定对方无人而挂断电话；也不可响两三下后就挂断重拨，如此循环往复，似与对方“捉迷藏”，让人把握不定；更不可在接通电话后埋怨对方，或在铃响之时心急火燎地念念有词，责怪对方。

2. 解释差错

如果发现自己拨错了电话，应当诚恳地向对方致歉，不可一声不吭即挂断电话，更不可怨天尤人，说诸如“倒霉”、“见鬼”一类的话；如果发现对方拨错了电话，切勿责备对方，而应向其解释，告之本单位或本人是谁。必要而可能时，不妨告诉对方所要找的正确号码，或予以其他帮助，如果因线路问题或其他客观原因而导致通话中断，则应由发话人迅速重拨一遍，不可让对方久等，并向其解释、致歉；受话人也应守候在电话旁，不宜转做他事，甚至抱怨对方。

3. 及时转接

如果接电话时发现对方找的是自己的同事或室友，应让对方稍候，然后热忱、迅速地帮对方找接话人，切不可不理不睬，漠然视之，直接挂断电话；也不可让对方久等，存心拖延时间。如果对方要找的人不在或不便接电话时，应向其致歉，让其稍后再拨。如对方愿意，可代为传达信息，并准确做好记录；如对方不愿留言，切勿刨根究底。

（三）通话的用语

使用电话的过程实质上是用语言进行交流的过程，语言是信息传递的载体，因此语言的使用是电话礼仪中的一项重要内容。

1. 用语礼貌

用语是否礼貌，是对通话对象尊重与否的直接体现，也是个人修养高低的直观表露。要做到用语礼貌，就应当在通话过程中始终较多地使用敬语、谦语。通话过程中，通话人应当根据具体情况适时选择运用“谢谢”、“请”、“对不起”一类礼貌用语；通话结束时须说“再见”。若得到了某种帮助，则应不忘致谢。

通话结束时可主动征求对方意见："就谈到这里，好吗?"等对方说完放下话筒，再挂电话。

2. 用语温婉

通话时语气的把握至关重要，因为它直接反映着通话人的办事态度。语气温和、亲切、自然，往往会使对方对自己心生好感，从而有助于交往进行；语气生硬傲慢、拿腔拿调，则无助于工作的顺利开展。为确保信息的准确传递，通话人在通话过程中应当力求发音清晰、咬字准确、音量适中、语速平缓。如果自己说话带有口音，或觉察到对方听着较困难，就应有意识地调整语速和音量；如果由于种种原因听不太清对方的话，则应委婉地告诉对方："对不起，我们这边线路有点问题，我听不清楚您的声音，请大点声好吗?"对方调整过来后再向对方致谢，切不可抱怨对方。

3. 用语文雅

通话过程中，为了不影响他人的正常工作，通话双方都应对自己的说话音量和方式加以控制。既不可大声嚷嚷、高声谈笑，或者一惊一诧、时高时低，从而打断他人工作思路，也不可窃窃私语，鬼鬼祟祟，无端吸引他人注意。除了用语要文雅外，通话人的举止亦应保持文雅。话筒要轻拿轻放，不宜用力摔挂。通话时应避免过分夸张的肢体动作，以防带来嘈杂之声。

此外，还应注意择时通话。通话时机的选择看似平常，实际上至关重要。为确保信息的有效传达，发话人应根据通话对象的具体情况选择适当时机，尽量为受话人多考虑一些，尤其要避免打扰对方休息。如果是打国际长途，则应先计算一下本地与目的地的时差，然后选择一个合适的时间，应尽量照顾对方是否方便，而不可总是以自己为中心。

二、案例讨论

（一）案例一

气愤的消费者

一位消费者新买的某品牌电视机出现了故障，她忘了售后服务电话，于是从查号台问到该公司电话号码后打了过去。电话通了良久，一位小姐终于接了电话，可她犹豫几秒钟后，不耐烦地说道："我帮你问问售后电话，你稍等。"谁知这一等就是好几分钟，这位消费者能听到办公室嘈杂的声音，但就是没人再接电话，那位小姐好像也不知去向。她非常生气，从此对这个品牌印象大打折扣。

讨论：

1. 这位消费者为什么非常生气？
2. 结合案例分析在接听电话时应采取什么样的态度。

（二）案例二

与客服的电话

客服人员：您好，这里是亿翔木业公司，请问有什么可以帮助您？

客户：我想咨询一下你们的产品！

客服人员：请问女士怎样称呼您？

客户：我姓宋。

客服人员：宋女士您好，请问您要咨询哪一类产品？

客户：地板产品。

客服人员：请问您是想了解复合地板还是实木地板？

客户：实木地板。

客服人员：好的，我们品牌的实木地板正在搞促销，样式新颖，欢迎您来选购。

客户：活动的时间大概到什么时候？

客服人员：活动时间是到这个月的月末，您可以随时光顾，届时会有专门的工作人员为您做产品介绍。

客户：好的，我一定过去看看。

客服人员：非常感谢您的来电，再见！

讨论：请结合案例谈谈客服人员在接听电话时应有哪些注意事项。

（三）案例三

接电话测试

这是某企业培训中在该企业不同部门做过的电话礼仪测试实例，其中两个测试都是这样的情景。

情景一：电话响了二十几秒后，有人接起电话“你好”，然后就没有声音了。我们测试人员也没有说话，但在听着电话。大概又过了五六秒，对方“啪”地挂了。

情景二：电话响了约两声后，有人接起电话：“你好，××公司”。测试人员：“找一下市场部的李华，谢谢”工作人员：“市场部？错了！”“啪”地挂了电话。

讨论：结合案例分析该公司部门人员应接受哪些电话礼仪培训。

三、情景训练

（一）情景一

结合情景，分组进行角色扮演，模拟训练如何拨打和接听电话。

1. 天时集团招聘业务员，请以求职者的身份，打电话咨询有关情况，并定下面试时间和地点。

2. 大通公司王经理的秘书打电话给德利公司李经理的秘书，预约面谈两家公司合作事宜，双方定下具体时间、地点。

（二）情景二

请同学根据以下情景模拟维修部的值班人员与王女士进行电话沟通，灵活运用电话礼仪。

消费者王女士使用了某品牌的冰箱不久，发现冰箱没有制冷功能了，非常气愤，因为冰箱还在保修期，于是打电话给某品牌冰箱的维修部。

模块四　馈赠礼仪

一、基本知识

馈赠是人际交往中不可缺少的交往内容，随着交际活动的日益频繁，馈赠礼品因为能起到联络感情、加深友谊、促进交往的作用，越来越受到人们的重视。得体的馈赠，恰似无声的使者，给交际活动锦上添花，给人们之间的感情和友谊注入新的活力。

（一）馈赠的原则

1. 价值原则

礼品的价值，往往是衡量交往人的诚意和情感浓烈程度的重要标志。然而礼品的贵贱与其价值并不总成正比。因为礼物是言情寄意表礼的，是人们情感的寄托物，人情无价而物有价，有价的物只能寓情于其身，而无法等同于情。也就是说，就礼品的价值含量而言，礼品既有其物质的价值含量，也有其精神的价值含量。“千里送鹅毛”的故事，在我国妇孺皆知，被标榜为礼轻情意重的楷模和学习典范。“折柳相送”也常为文人津津乐道。我们提倡“君子之交淡如水”，提倡“礼轻情意重”。一般情况下，既要注意礼轻情意重，又要入乡随俗地择定不同价值的礼物。

2. 时机原则

就馈赠的时机而言，及时适宜是最重要的。中国人很讲究“雨中送伞”、“雪中送炭”，即十分注重送礼的时效性，因为只有在最需要时得到的才是最珍贵的，才是最难忘的。因此，要注意把握好馈赠的时机，包括时间的选择和机会的择定。一般来说，时间贵在及时，超前滞后都达不到馈赠的目的；机会贵在事由和情感及其他需要的程度，“门可罗雀”时和“门庭若市”时，人们对馈赠的感受会有天壤之别。所以，对于处境困难者的馈赠，其所表达的情感就更显真挚和高尚。

3. 效用原则

同一切物品一样，当礼以物的形式出现时，礼物本身也就具有了价值和实用价值。就礼品本身的实用价值而言，人们经济状况不同、文化程度不同、追求不同，对于礼品的实用性要求也就不同。一般来说，物质生活水平的高低，决定了人们精神追求的不同。在物质生活较为贫寒时，人们多倾向选择实用性的礼品，如食品、水果、衣料、现金等；在生活水平较高时，人们则倾向于选择艺术欣赏价值较高、趣味性较强和具有思想性、纪念性的物品为礼品。因此，应视受礼者的物质生活水平，有针对性地选择礼品。

4. 投好避讳原则

礼物是感情的载体。任何礼物都表示送礼人的特有心意，或酬谢、或求人、或联络感情等。所以，你选择的礼品必须与你的心意相符，并使受礼者觉得你的礼物非同寻常，备感珍贵。实际上，最好的礼品应该是根据对方兴趣爱好选择的，富有意义、耐人寻味、品质不凡却不显山露水的礼品。因此，选择礼物时要考虑它的思想性、艺术性、趣味性、纪念性等多方面的因素，力求别出心裁，不落俗套。

就礼品本身所引发的直接后果而言，由于民族、生活习惯、生活经历、宗教信仰及性格、爱好的不同，不同的人对同一礼品的态度是不同的，或喜爱或忌讳或厌恶等。因此，要把握住投其所好、避其禁忌的原则，在这里尤其强调要避其禁忌。禁忌是一种不系统的、非理性的、作用极大的心理和精神倾向，对人的活动影响强烈。当自己的禁忌被冒犯时，无论是有意的还是无意的，心中的不快、不满，甚至愤恨是不言而喻的。当我们冒犯了别人时，就会引起纠纷，甚至冲突。所以，馈赠前一定要了解受礼者的喜好，尤其是禁忌。

（二）选择礼品的注意事项

1. 送礼目的

每个人送礼都有一定目的，朋友送礼是加深友谊，父母给孩子送礼是增进亲情，丈夫给妻子送礼是升华爱情，职员给领导送礼是为深化私情。因此，不同的送礼目的决定选择不同的礼品。

2. 送礼对象

针对不同性格、不同地位和品位的人，所送礼品也各不相同。一个事业心很强的人，在生日或喜庆之日，若能送些含有“大展宏图”、“马到成功”之意的礼品，他定会心满意足。晚辈给长辈送礼，要选择保健、滋补类的礼品为宜。送礼对象是一个商人，一定要送些“财源广进”、“生意兴隆”等这样象征意义的礼品。

3. 送礼时节

“每逢佳节倍思亲”自然会让您想到与亲人团聚，这时不妨送上一些吉祥、团聚之物；六一儿童节，大人就会靠考虑给小孩送些玩具、学习文具之类的礼品，这也是增进亲情、鼓励上进的一种方法。因此，不同时间，赠送礼品将表达不同的感情。

4. 送礼环境

“兰舟催发，执手相看泪眼”是情人离别的意境，如送上饰品之类礼品则更能表达情人间的绵绵真情。火车的一声长鸣，四年同窗，今朝各奔天涯，给亲爱的学友留下一本纪念册或精美电话簿，将是情深意长。不同环境，需不同的礼品来表达心意。在有些国家，在对方送礼时才能还礼；在有的国家（如日本），要选择人不多的场合送礼；而在阿拉伯国家，必须有其他人在场，送礼才不会有贿赂的嫌疑。在英国，合适的送礼时机是请别人用完晚餐或在剧院看完演出之后。在法国，不能向初次结识的朋友送礼，应等下次相逢的适当时机再送。

5. 风俗习惯

在不同的国家，赠送礼品也应有所不同，如中国人讲究送烟送酒，而日本人却送酒不送烟。给德国人送礼时忌讳用白色、棕色或黑色的纸包装礼品，而向南美国家的人送礼，千万不能送刀或手绢，因为刀意味着双方关系一刀两断，手绢则总与眼泪、悲伤联系在一起。

（三）馈赠的方式

1. 当面赠送

这是最庄重的一种方式。当面赠送，可以充分表达赠送的用意，有时还可以介绍礼品的寓意，演示礼品的用法，令赠送礼仪得以淋漓尽致地发挥，也使受礼者感受馈赠的良苦用心。

2. 邮寄赠送

这是异地馈赠的方式。由于身处异地，无法当面赠送，通过邮寄及时赠送，弥补无法面送的缺憾。这种方式克服了“过期失效”的不足，保证礼品及时送上，尽快发挥功能。

3. 委托赠送

由于赠送人身在外地，或者不宜当面赠送，就可以选择委托赠送。采用这种方式，必须有充分的理由。

【小知识】

赠礼的方式一般以面交为好。西方人在送礼时十分看重礼品的包装，多数国家的人们习惯用彩色包装纸和丝带包扎，西欧国家则喜欢用淡色包装纸。与中国人的习俗不同，在西方国家接受礼物后应即刻表示感谢，并当面拆看，不论其价值大小，都应对礼物表示赞赏。

二、案例讨论

（一）案例一

有一篇《影星与狗》的文章，记载了这样一件感人的事：国际著名影星奥黛丽·赫本十分爱狗，多年来一直豢养着一只叫杰西的长耳罗塞尔种的小猎犬。白天，杰西那无忧无虑和温柔的品性，令赫本感到平和亲情，夜晚杰西暖融融地依偎在赫本的脚旁，伴她入睡。然而，有一天，杰西误吃了毒药，很快就死了，赫本爱犬心切，竟无法控制自己，一连数日，终因悲伤过度而一病不起。这时，她的朋友克里斯多夫·格里文森托人给她送来了又一只长耳罗塞尔狗，它叫彭妮，小巧玲珑，毛色白亮，十分可爱。彭妮给了赫本无限的慰藉，赫本说："彭妮不仅使我恢复了健康，也赐给我无限的幸福，它真是来自天堂的宝贝。"

讨论：

1. 克里斯多夫·格里文森为什么会送给赫本一只小狗？
2. 馈赠应注意哪些原则？

（二）案例二

美国作家欧·亨利在其著名的小说《麦琪的礼物》里讲了这样一个故事：妻子十分想在圣诞节来临时送给丈夫一份礼物，她盼望能买得起一条表链，以匹配丈夫祖上留下的一只表。因为没有钱，于是她把自己秀丽的长发剪下来卖了。圣诞之夜，妻子对丈夫献上了自己的礼物——一条精美的表链。丈夫也在惊愕之中拿出了他献给妻子的礼物，竟是一枚精致的发卡。原来，丈夫为给妻子买礼物把自己的表卖了。这时，他们紧紧地拥抱在一起，彼此的爱成为这圣诞之夜唯一的却是最珍贵的礼物。这对夫妻献给对方的礼物，在此时似乎已毫无效用，然而并非如此，它们不仅升华了他们之间的爱，使他们得到了最大的精神满足；而且更激发了他们战胜生活困难、追求幸福生活的决心和意志。有这样的情和爱，世上还有不可克服的困难和不可逾越的生活难关吗?

讨论：如何为他人选购礼品?

（三）案例三

北京大学赠送连战的礼物

2005 年 4 月 29 日，连战访问北京大学，获得一份特殊的礼物：母亲赵兰坤女士在 76 年前毕业于燕京大学的学籍档案和相片，其中包括在宗教系就读的档案、高中推荐信、入学登记表、成绩单等，大多是她亲笔写的字。在这份特殊的礼物面前，一贯严谨的连战先生也难掩内心的激动。他高举母亲年轻的照片，然后放在面前细细端详，眼里泛着晶莹的泪光。这一刻，他满脸都是幸福的微笑。

讨论：北京大学的馈赠为什么会取得良好的效果?

三、情景训练

（一）情景一

寝室的某一个同学过生日，作为室友，你们想为她（他）准备一件生日礼物，便聚到一起进行讨论送什么礼物。请模拟讨论现场，并说出选择礼物的理由。

（二）情景二

王欢和李梅是好朋友，王欢知道李梅平时非常喜欢手提包，王欢出国回来后就为李梅买了一个手提包作为礼物，李梅当场就打开了包装，并在镜子前试了起来，感谢的同时对手提包赞不绝口。请两位同学模拟此场景。

模块五　送 访 礼 仪

一、基本知识

送访包括拜访和送客两个环节，是社会交往活动中必不可少的重要环节，能体现双方的修养和风度，不仅涉及个人的形象，而且还能体现出所在企业的形象。

（一）拜访礼仪

拜访一般指前往他人的工作地点或私人居所会晤对方、探望对方或进行其他方面的接触，是社交活动最常见的形式之一。

1. 有约在先

当有必要去拜访他人时，首先要考虑的是主人是否方便，为此一定要提前口头告知对方或者写信、打电话给对方，如可以说："我想在您方便的时候去看看您，不知道是否合适?"须注意的是，如果是自己主动提出拜访他人的请求时，千万不要措词强硬，逼着对方同意，语气要缓和，并有意识地把决定权让给被拜访者。这样有约在先之后，拜访才能在宾主双方都方便的情况下进行。千万不能只凭自己的一厢情愿冒昧行事，因为每个人都有自己的日程安排，不约而至往往会打乱对方的计划，对其工作生活造成诸多不便，同时对拜访者本人来讲，事先未曾约定的访问也有可能劳而无功，对方不一定会待在家中恭候。在对外交往中，去外宾居所时更不要充当不速之客，在外国人看来，此举是非常失礼的，而且是绝对不受欢迎的。当然，如果被拜访者真诚表达了欢迎你前去作客的愿望，通常不宜拒绝。万一需要拒绝，也要说明拒绝邀请的充分理由，使对方能够接受。

2. 客随主便

拜访者应与被拜访者共同商定拜访作客的时间与地点，在这个问题上应该客随主便。一般来说，被拜访者乐于在家中接待关系较为密切的朋友，以示双方的友谊非同寻常，但如果居所过于窄小，恐怕就不方便了。作客时，一定要考虑到这些因素。另外，对于那些在企事业单位工作的人，最好不要为个人私事到对方办公地点去打扰，以免对方为难，因为很多单位规定不允许上班时间处理私事。当与外国朋友相商拜访地点时，他们有时会主动提出在酒吧、咖啡屋等地会面，而不邀请客人前往家中作客。他们这样做，并不是有其他特别的意思，只是不习惯在家中或单位接待客人。至于拜访时间，也一般以被拜访者感到方便为佳。如果被拜访者客气地让你提出适宜的拜访时间，则最好在被拜访者用过晚餐之后。一日三餐的吃饭时间、午休时间、凌晨与深夜都不宜拜访人。有些人喜欢在节假日拜访他人，如果是去探望父母长辈、亲人团聚，大家都很愉快。如果被拜访者是那些“上班族”，节假日对他们是难得轻松的时候，有时往往会有自己的活动安排，此时拜访就不适宜了。当然，如果被拜访者真诚地表示可以在这一时间接待，那么最好选在下午或晚上。

3. 做好拜访前的准备

一旦决定去拜访他人，必须做好充分准备。首先为了向被拜访者表示敬重和对此次拜访的重视，在拜访作客前应“梳妆打扮”一番，服饰应根据被拜访者的身份、双方的关系及拜访的场所等进行选择。其次，要为被拜访者及其家人选择一份既有纪念意义又有实用价值的礼品。一般情况下，前去拜访的人数不宜过多，或未征得被拜访者的同意，最好不要带其他人，特别是被拜访者毫不熟悉的人前去作客，否则会被看作是对被拜访者的不礼貌、不尊重。最后，要有时间观念，一旦与被拜访者约好了会面的具体时间，就应如期而至，而不要随便变动双方约定的时间，打乱被拜访者的安排，按照双方约定的时间准时到达才最为得体。

4. 注意细节

按事先约定的时间来到被拜访者的居所后，如无人迎候，在进门之前应首先敲门或按门铃，以通报自己的到来。进入室内之前，应在门垫上擦干鞋底，或在主人同意后，换上指定的拖鞋。进门后，在进入客厅之前，应脱下外套、帽子，并将其与随身携带的皮包等一同交给主人代为存放。当主人递上茶水或水果之类的东西时，应微微起身，双手接过，并致谢意。在与主人及其家人聊天时，应表现得成熟稳重，文质彬彬。一般来说，去居所拜访他人时，活动范围仅限于其客厅内，且要落座于主人相让之处。不经主人邀请或没有获得主人的同意，不得要求参观主人的住房。在主人的带领下可参观其住宅，但即使是在较熟悉的朋友处也不要去触动个人物品和室内陈设等物，书籍可以翻翻看看，花草可以闻一闻，以示仰慕和喜爱。拜访作客的时间，如果无事要相商，不宜停留过长，一般以半小时左右为宜。辞行前，应向主人的家人和其他客人道别，并感谢主人的盛情相待。

出门时，应请主人就此留步。如有意请主人回访，可在同主人握别时提出邀请。

（二）待客礼仪

1. 礼貌迎客

如果客人是第一次来访，或者客人是长辈、师长，为表现出对客人的尊重，应根据双方事先约好的时间去迎候客人。在迎候客人时，如果双方事先约好了见面地点，作为主人必须要早到几分钟。迎候客人时，主人一般应亲自前往。一般情况下，开门迎客时，最好能和配偶或朋友同往，以示对客人的礼貌、尊敬。开门后，主人要先向客人握手，并致问候，然后将客人介绍给配偶或朋友，尤其是初次来访的客人。然后主人在前，客人在后，请客人进屋、落座。如果客人脱下外套、帽子等，或随身携带有包袋，主人一定要帮助代为存放。如果需要的话，还可请客人换上拖鞋之后再进入客厅，不过对此主人不必过分注重，以免使客人感到拘束。有时会遇到个别客人不期而至，那么出于礼貌，不管自己正在做什么，都应把事情停下来，起身去接待对方。不要因事先未曾有约而怠慢客人，将客人拒之门外，或面露悻悻之色，使客人难堪。正确的做法是应尽快了解客人的来访之意，以便妥善处理。

2. 周到待客

客人进入客厅后，主人要让客人在适当的位置就座，如果遇到有家人或朋友也在，应请他们出来与客人见面，并逐一进行认真的介绍。遇客人确有礼品相赠，只要没有贿赂之嫌，稍微谦让后就该收下，并当客人的面打开礼品包装，且表示对礼品的欣赏，但切忌做得过分，让客人感到主人的虚伪。假如来访的客人是年纪较大的，作为晚辈要懂礼貌，和老人谈话时态度要诚实、谦逊，多谈些老人关心的问题。对熟识的朋友，交谈的内容虽可以随便些，但也不宜当客人的面公开家庭内部的矛盾，更不能发生口角或因小孩子做了错事而大发雷霆。

在接待客人时，最好不要去做与待客毫不相干的事。如一边与客人交谈，一边看电视等。这种漫不经心的做法只会让客人感到主人无礼。如果客人待的时间久了，也不要因此而显出厌倦或不耐烦的样子，不要长时间冷场，不要频繁地看表，不要打哈欠，以免让对方误以为逐客。待客过程中，主人要请客人用糖果饮料等。到吃饭时间应挽留客人吃便饭。如客人留下了，家里的菜肴可视情况而定，应比平时丰盛些。但如果事先未做准备，则不必故作客气；否则，一旦客人决定留下，反倒让自己不知所措。客人告辞时，主人应婉言相留。如客人执意要走，也要等客人起身告辞时，主人再站起来相送，不能客人刚说走，主人就先站起来相送，这是不太礼貌的。

（三）送客礼仪

如果是非常熟识的好友，要把客人送到门外、楼下，亲切道别，并邀请客人有时间再来。一般道别时，要待客人伸出手来握别时，方可以手相握，切不可在送客时抢先“出手”，免得有厌客之嫌。如果给远道的朋友送行时，要送到火车站、飞机场或轮船码头，并要为客人准备好一些旅行中吃的食品，如水果、糕点或其他方便食品。送人要等火车、飞机或轮船开动后再离开。如果有事不能等候很长时间，应向客人解释原因，以表示歉意。总之，无论是招待客人还是送别好友，都要使对方感到主人热情、诚恳、有礼貌、有修养，使客人感到温暖、融洽，给客人留下良好印象。

二、案例讨论

（一）案例一

约翰逊出访的尴尬

20 世纪 60 年代，美国总统约翰逊曾访问泰国，在受到泰国国王接见时，跷起了二郎腿，脚尖向着泰王，而这种姿势，在泰国是被视为具有侮辱性的。更糟糕的是在告别时，约翰逊竟然用美国得克萨斯的礼节紧紧拥抱了泰国王后。在泰国，除了国王外，任何人均不得触及王后。就因为不注意泰国的风俗、礼仪，想当然地依照本国、本民族的风俗、礼仪去我行我素，约翰逊的此次出访造成了不少遗憾。

讨论：结合案例谈谈拜访时应注意的礼仪。

（二）案例二

周总理送客

1957 年国庆节后，周总理去机场送一位外国元首离京。当那位元首的专机腾空起飞后，外国使节、武官的队列依然整齐，并对元首座机行注目礼。而我国政府的几位部长和一位军队的将军却疾步离开了队列。他们有的想往车里钻，有的想去吸烟。周总理目睹这一情况后，当即派人把他们叫回来，一起昂首向在机场上空盘旋的飞机行告别礼。随后，待送走外国的使节和武官后，总理特地把中国的送行官员全体留下来，严肃地给大家上了一课：“外国元首的座机起飞后绕机场上空盘旋，是表示对东道国的感谢，东道国的主人必须等飞机从视线里消失后才能离开；否则，就是礼貌不周。我们是政府的工作人员和军队的干部，我们的举动代表着人民和军队的仪表，虽然这只是几分钟的事，如果我们不加以注意，就很可能因小失大，让国家的形象受损。”

讨论：

1. 周总理为什么给送行官员上这一课？
2. 在送客过程中应注意哪些事项？

三、情景训练

（一）情景一

王平是李力的大学同学，李力听说王平要到沈阳出差，便和他约好时间到机场接他。接王平的当天李力偕妻子赵小梅一起来到了机场，毕业五年多，一直未能见面，彼此都已成家立业。经过简单的寒暄与介绍，他们就来到了王平的家。

请每组找三名同学，分别扮演王平、李力、赵小梅，模拟迎接、做客、待客的场景。

（二）情景二

周末的一天，小孙到邻居小李家做客，一起看球赛直播，小李 5 岁的儿子乐乐恰巧在家，看家里来了客人，乐乐变得特别“活泼”，不停地在客厅跑来跑去，手里的玩具枪还不时地发出“嘟嘟嘟——”的声音。小李非常生气，如果你是小李会怎么做？

请模拟此情景，进行情景剧表演。

第四章

餐饮宴请礼仪

训练目标

通过训练使学生掌握中西餐用餐礼仪，以及宴请过程中应注意的事项，进而养成文明得体的用餐习惯。

> 国尚礼则国昌，家尚礼则家大，身有礼则身修，心有礼则心泰。
>
> ——*颜元*

案例导入

古代宴饮礼仪

作为汉族传统的古代宴饮礼仪，自有一套程序：主人折柬相邀，临时迎客于门外。宾客到时，互致问候，引入客厅小坐，敬以茶点。客齐后导客入席，以左为上，视为首席，相对首座为二座，首座之下为三座，二座之下为四座。客人坐定，由主人敬酒让菜，客人以礼相谢。席间斟酒上菜也有一定的讲究：应先敬长者和主宾，最后才是主人。宴饮结束，引导客人入客厅小坐，上茶，直到辞别。这种传统宴饮礼仪在我国大部分地区保留完整，如山东、香港及台湾，许多影视作品中多有体现。

（资料来源：http：//www.360doc.com/content/11/0722/20/7377285_135270533.shtml）

中国的饮食文化历史悠久，《礼记·礼运》有云："夫礼之初，始诸饮食"，在民以食为天的中华民族，饮食礼仪自然成为饮食文化的一个重要部分。文献记载表明，在周代我们国家的饮食礼仪已初具大型，自成体系。这些礼仪日臻成熟与完善，它们在古代社会发挥过重要的作用，尽管过于繁复的用餐礼仪已被现代人简化，但传统的中式用餐礼仪对现代社会依然产生着影响，成为现代文明的重要行为规范，影响着世界餐饮文化。

模块一　中 餐 礼 仪

一、基本知识

（一）中餐餐具使用礼仪

中餐上菜顺序为：冷盘—主菜—汤—面类或米饭—甜食或水果。中餐的餐具比较简单，但是餐具使用的礼仪细节需要注意。中餐的餐具主要有筷、勺、盘、碗、杯五种。

1. 筷子

筷子是中餐最主要的餐具，使用筷子，通常必须成双使用。在与人交谈时，要暂时放下筷子，不能一边说话，一边挥舞筷子；不要把筷子竖插在食物的上面；不要用筷子剔牙、挠痒或当众摆弄筷子。

2. 勺子

勺子的主要作用是舀取菜肴、食物。有时，用筷子取食物时也可以用勺子来辅助。暂时不用勺子时，应放在自己的碟子上，不要把它直接放在餐桌上，或插在食物中。用勺子取食物后，要立即食用或放在自己碟子里，不能再把食物倒回原处。不要把勺子塞到嘴里，或者反复吮吸舔食勺子。

3. 盘子

中餐的盘子有很多种，大些的用于盛放公共菜品，一般要求保持原位，不需移动；稍小点的盘子叫食碟，主要用于盛放个人食物。食碟的主要作用，是用来暂放从公用的菜盘里取来享用的菜肴的。用食碟时，一次不要取放过多的菜肴，不吃的残渣，如骨、刺等不要吐在地上、桌上，而应轻轻取放在食碟前端，放的时候不能直接从嘴里吐在食碟上，要用筷子夹放到碟边。如果食碟放满了，可以让服务员换一个。

4. 碗

碗主要是用来盛放主食、羹汤的，所以要注意以下一些礼仪细节：不能双手端起碗来进食；不能向碗里乱扔废弃物；不能将碗倒扣在桌上。如果汤是单独由带盖的汤盅盛放的，表示汤已经喝完的方法是将汤勺取出放在垫盘上，把盅盖反转平放在汤盅上。

5. 杯具

中餐的水杯主要用于盛放清水、果汁、汽水等软饮料。注意不要用水杯来盛酒，也不要倒扣水杯。另外，需注意喝进嘴里的东西不能再吐回水杯里，这样是十分不雅的。

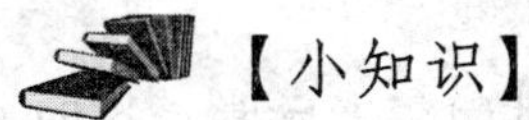【小知识】

中餐的习惯与迷信有何关系

客人与传统的中国家庭同桌用饭，须尊重他们的文化、礼仪及习俗，用饭时注意不要触犯多样的禁忌。因为中国人认为饮食与个人命运几乎是息息相关的，用饭时犯了禁忌，便会惹来霉运。如在沿海一带吃鱼，当吃完了一面鱼身，不要用筷子把整条鱼翻转至另一面，他们认为若翻鱼时弄破鱼身，便意味着渔船会翻沉。此外，中国人从不会端上七碟菜肴用饭，因为葬礼后的“解慰酒”须有七碟菜肴；不可用筷子垂直插入碗饭的中央，因这样有点像在拜祭祖先；用饭后不可说“我吃完饭了”，这意味自己已死去，不会再有机会吃饭，而应该说“我吃饱了”；吃饭时避免筷子触碰饭碗而发出声音，这不单是不礼貌，也意味着“无饭吃”；要培养吃光碗中饭的习惯，一粒饭也不可剩余在饭碗，否则将来的太太或丈夫是“痘皮脸”的，也不尊重辛勤耕种的农夫。这些迷信的饮食习俗流传至今，或多或少仍然成为中国人的饮食礼仪。

（资料来源：http：//www.360doc.com/content/11/0722/20/7377285_135270533.shtml）

（二）中餐位次礼仪

位次礼仪是中国餐饮文化的重要组成部分。餐饮宴请中，不同的位次代表用餐者不同的身份，所以在安排座次时有一定讲究。

1. 确定主位

主位通常指主人的位置，或指用餐者中最重要的人的位置，主位以面门、居中、视野开阔为上。

2. 以右为尊

主宾位以主位右侧为上，如果主宾身份高于主人，为表示尊重，也可以安排在主位上，而主人坐在主宾的右侧。

3. 以中间为尊

三人一同就座用餐，坐在中间的人在位次上高于两侧的人。

4. 面门为上

用餐时，按照礼仪惯例，面对正门者是上座，背对正门者是下座。

5. 特殊情况

高档餐厅里，室内外往往有优美的景致或高雅的演出，供用餐者欣赏。这时候，观赏角度最好的座位是上座。在某些中、低档餐馆用餐时，通常以靠墙的位置为上座，靠过道的位置为下座。

（三）中餐酒水礼仪

酒是人们熟悉的含有乙醇的饮料，水是餐饮业的专业术语，指非酒精饮料，包括茶、咖啡、可可、果汁、碳酸饮料等。

俗话说“无酒不成席”，如果中餐宴请中少了酒，则会让来宾感受到无酒不欢、无酒不敬，少了许多助兴的气氛。

1. 饮酒礼仪

酒文化是中华民族饮食文化的一个重要组成部分。酒是人类最古老的食物之一，它的历史几乎是与人类文化史一道开始的。我国酒的历史，可以上溯到上古时期。《史记·殷本纪》关于纣王“以酒为池，悬肉为林”，“为长夜之饮”的记载，以及《诗经》中“十月获稻，为此春酒”和“为此春酒，以介眉寿”的诗句等，都表明我国酒的兴起已有五千年的历史了。中国制酒源远流长，品种繁多，名酒荟萃，享誉中外。在一千年前的宋代，中国人就发明了蒸馏法，从此，白酒成为中国人饮用的主要酒类。酒渗透于整个中华五千年的文明史中，从文学艺术创作、文化娱乐到饮食烹饪、养生保健等各方面在中国人生活中都占有重要的位置。在中餐宴请中，饮酒大有学问。

敬酒也就是祝酒，是指在正式宴会上，由男主人向来宾提议，提出某个事由而饮酒。在饮酒时，通常要讲一些祝愿、祝福类的话甚至主人和主宾还要发表一篇专门的祝酒词，祝酒词内容越短越好。敬酒可以随时在饮酒的过程中进行。致正式祝酒词，就应在特定的时间进行，但不能因此影响来宾的用餐。祝酒词适合在宾主入座后、用餐前开始，也可以在吃过主菜后、甜品上桌前进行。

在饮酒特别是祝酒、敬酒时进行干杯，需要有人率先提议，可以是主人、主宾，也可以是在场的人。提议干杯时，应起身站立，右手端起酒杯，或者用右手拿起酒杯后，再以左手托扶杯底，面带微笑，目视其他人特别是自己的祝酒对象，嘴里同时说着祝福的话。有人提议干杯后，要手拿酒杯起身站立。即使是滴酒不沾，也要拿起杯子做做样子。将酒杯举到眼睛高度，说完“干杯”后，将酒一饮而尽或喝适量；然后，手拿酒杯与提议者对视一下，这个过程才算结束。

在中餐里，干杯前，可以象征性地和对方碰一下酒杯；碰杯时，应该让自己的酒杯低于对方的酒杯，表示你对对方的尊敬。用酒杯杯底轻碰桌面，也可以表示和对方碰杯。当你离对方比较远时，完全可以用这种方式代劳。如果主人亲自敬酒干杯后，应回敬主人，和主人再干一杯。如果因为生活习惯或健康等原因不适合饮酒，也可以委托亲友、部下、晚辈代喝或者以饮料、茶水代替。作为敬酒人，应充分体谅对方，在对方请人代酒或用饮料代替时，不要非让对方喝酒不可，也不应该好奇地“打破砂锅问到底”。别人没主动说明原因就表示对方认为这是他的隐私。

2. 饮酒的注意事项

1）众欢同乐

大多数酒宴宾客都较多，所以应尽量多谈论一些大部分人能够参与的话题，得到多数人的认同。因为个人的兴趣爱好、知识面不同，所以话题尽量不要太偏，避免滔滔不绝，而忽略了他人。要注意不要与人贴耳小声私语，给别人一种神秘感，会使他人受到冷落，而影响喝酒的心情。

2）结交朋友

大多数酒宴都有一个主题，也就是喝酒的目的。赴宴时首先应环视一下各位的神态表情，分清主次，不要单纯地为了喝酒而喝酒，而失去交友的好机会，要了解邀请方的目的，敬酒照顾大局。要想在酒桌上得到大家的赞赏，就必须学会察言观色，适时交流。

3）语言得当

酒桌上可以显示出一个人的才华、常识、修养和交际风度，有时一句诙谐幽默的语言，会给客人留下很深的印象，使人无形中对你产生好感。所以，应该知道什么时候该说什么话，语言得当，诙谐幽默很关键。

4）劝酒适度

在酒桌上往往会遇到劝酒的现象，有的人总喜欢把酒场当战场，想方设法劝别人多喝几杯，认为不喝到量就是不实在。以酒论英雄，对酒量大的人还可以，酒量小的就犯难了，有时过分地劝酒，会将原有的朋友感情完全破坏。

5）分清次序

敬酒也是一门学问。一般情况下敬酒应以年龄大小、职位高低、宾主身份为序，敬酒前一定要充分考虑好敬酒的顺序，分清主次。与不熟悉的人在一起喝酒，要先打听一下对方身份或是留意别人如何称呼，做到心中有数，避免出现尴尬的局面。敬酒时一定要把握好敬酒的顺序，如果在场有高身份或年长的人，要先给尊者、长者敬酒。

6）饮酒适量

酒席宴上要看清场合，正确估价自己的实力，不要太冲动，尽量保留一些酒力和说话的分寸，既不让别人小看自己又不要过分地表露自身，选择适当的机会，逐渐放射自己的锋芒，才能稳坐泰山。

3. 敬茶礼仪

茶是我们中华民族的国饮，位居世界三大饮料之首。在我国，自古就有以茶待客的风俗，客来敬茶是我国人民传统的、最常见的礼节。早在古代，不论饮茶的方法如何简陋，客人进门，敬上一杯热茶，即表达了主人的一片盛情。在我国历史上，不论富贵之家或贫困之户，不论上层社会或平民百姓，莫不以茶为应酬品。饮茶在我国不仅是一种生活，也是一种文化传统，并形成了相应的饮茶礼仪。在现代社会中，上茶仍是待客礼仪的重要环节，宾主双方把盏而谈，无形中活跃了气氛，增进了情感。所以，掌握一定的饮茶礼仪十分必要。

早在三千多年前的周朝，茶已被奉为礼品与贡品，到两晋、南北朝时，客来敬茶已经成为人际交往的社交礼仪。唐代颜真卿《春夜啜茶联句》中有“泛花邀坐客，代饮引清言”。唐代刘贞亮赞美“茶有十德”，认为饮茶除了可健身外，还能“以茶表敬意”、“以茶可雅心”、“以茶可行道”。当今社会，客来敬茶更成为人们日常社交和家庭生活中普遍的往来礼仪。我国有“浅茶满酒”的讲究，一般倒茶或冲茶至茶具的2/3到3/4左右，如冲满茶杯，不但烫嘴，还寓有逐客之意。泡茶水温也要因茶而异，乌龙茶需用沸水冲泡，并用沸水预先烫杯；其他茶叶冲泡水温为80℃～90℃，细嫩的茶末冲泡水温还可再低点。

敬茶要有礼貌。一定要洗净茶具，切忌用手抓茶，茶汤上不能飘浮一层泡沫和焦黑黄绿的茶末或粗枝大叶横于杯中，茶杯无论有无柄，端茶一定要在下面加托盘，敬茶时温文尔雅、笑容可掬、和蔼可亲，双手托盘，至客人面前，躬腰低声说“请用茶”，并用双手接过茶托。有两位以上的访客时，用茶盘端出的茶色要均匀，并要左手捧着茶盘底部，右手扶着茶盘的边缘；如有茶点，应放在客人的右前方，茶杯应摆在点心右边。上茶时应以右手端茶，从客人的右方奉上，并面带微笑，眼睛注视对方。以咖啡或红茶待客时，杯耳和茶匙的握柄要朝着客人的右边。此外，要替每位客人准备一包砂糖和奶精，将其放在杯子旁或小碟上，方便客人自行取用。当然，喝茶的客人也要以礼还礼，双手接过，点头致谢。品茶时，讲究小口品饮，一苦二甘三回味，其妙趣在于意会而不可言传。做客饮茶，也要慢啜细饮，边谈边饮，并连声赞誉茶叶鲜美和主人手艺，不能手舞足蹈，狂喝暴饮。壶中茶叶可反复浸泡 3 ～ 4 次，客人杯中茶饮尽，主人可为其续茶，客人散去后，方可收茶。总之，敬茶是国人礼仪中待客的一种日常礼节，也是社会交往的一项内容，不仅是对客人、朋友的尊重，也体现出自己的修养。

在国外，客来敬茶也早已成为普遍的习俗。中国的饮茶习俗对国外曾产生一定影响。日本人如中国人，对茶都很喜爱，日本民间以茶待客十分讲究礼仪，并形成“茶道”——一般是用粉状的碾茶放于“急须”（即茶壶）中，经热水冲泡后倾入一种特制的空茶碗饮用，并佐以糕饼等食品，以对客人表示敬意。在荷兰、英国、美国、法国等，以茶敬客也是最普遍、最常见的礼节。

二、案例讨论

（一）案例一

相传，清代大书法家、大画家郑板桥去一个寺院，方丈见他衣着俭朴，以为是一般俗客，就冷淡地说了句“坐”，又对小和尚喊“茶”！一经交谈，顿感此人谈吐非凡，就引进厢房，一面说“请坐”，一面吩咐小和尚“敬茶”。又经细谈，得知来人是赫赫有名的扬州八怪之一郑板桥时，急忙将其请到雅洁清静的方丈室，连声说“请上坐”，并吩咐小和尚“敬香茶”。最后，这个方丈再三恳求郑板桥题词留念，郑板桥思忖了一下，挥笔写了一副对联。上联是“坐，请坐，请上坐”；下联是“茶，敬茶，敬香茶”。方丈一看，羞愧满面，连连向郑板桥施礼，以示歉意。实际上，敬茶是要分对象的，但不是以身份地位，而是应视对方的不同习俗。如是北方人特别是东北人来访，与其敬上一杯上等绿茶，倒不如敬上一杯上等的茉莉花茶，因为他们一般喜好喝茉莉花茶。

讨论：

1. 试分析郑板桥的对联是什么意思。

2. 结合所学知识谈谈敬茶有哪些礼仪要求。

（二）案例二

老王是某企业的工程师，该人热情开朗，乐于助人，对工作认真负责，但他有一个毛病，就是在餐桌上特别喜欢劝酒，对别人的敬酒也“来者不拒”，所以一顿饭下来，经常醉得不省人事。公司里的同事聚餐时特别害怕和他坐在一起，有时甚至不邀请他。老王也经常纳闷为什么同事都对他“敬而远之”呢?

讨论：

1. 请结合案例分析为什么同事都对老王“敬而远之”。

2. 谈一谈饮酒应注意哪些事项。

三、情景训练

（一）情景一

每组两位同学分别扮演敬茶者与客人，注意敬茶礼仪的运用。

（二）情景二

元旦之际，某公司的销售部提前完成了订单，销售业绩又创新高。销售部李经理为激励团队的士气，同时感谢下属一年来的辛勤工作，特地在周末晚上邀请下属一起用餐。

请模拟用餐情景，每组选四位同学，其中一人扮演李经理，其他三位同学扮演被宴请的下属，注意用餐的位次礼仪、敬酒礼仪。

模块二　西 餐 礼 仪

一、基本知识

（一）西餐餐具使用礼仪

垫盘放在餐席的正中心，盘上放折叠整齐的餐巾或餐纸（也有把餐巾或餐纸折成花蕊状放在玻璃杯内的）；两侧的刀、叉、匙排成整齐的平行线；如有席位卡，则放在垫盘的前方。所有的餐刀放在垫盘的右侧，刀刃朝向垫盘。各种匙类放在餐刀右边，匙心朝上。餐叉则放在垫盘的左边，叉齿朝上。一个坐席一般只摆放三副刀叉。面包碟放在客人的左手边，上置面包刀（即黄油刀，供涂奶油、果酱用，而不是用来切面包）一把，各类酒杯和水杯则放在右前方。如有面食，吃面食的匙、叉则横放在前方。

广义的西餐餐具包括刀、叉、匙、盘、杯、餐巾等，狭义的餐具则专指刀、叉、匙三大件。

1. 刀

刀分为食用刀、鱼刀、肉刀、黄油刀和水果刀。正确的拿刀姿势是：右手握住刀柄，拇指按着柄侧，食指则压在柄背上。刀是用来切割食物的，不应挑起食物往嘴里送。用餐时，如果有三种不同规格的刀同时出现，一般正确的用法是：带小小锯齿的刀用来切肉制食品；中等大小的刀用来将大片的蔬菜切成小片；小巧的、刀尖是圆头的、顶部有些上翘的小刀，则是用来切开小面包，然后用它挑些果酱、奶油涂在面包上面。

2. 叉

叉分为食用叉、鱼叉、肉叉和虾叉。叉子的拿法有背侧朝上及内侧朝上两种，要视情况而定。背侧朝上的拿法和刀子一样，以食指压住柄背，其余四指握柄，食指尖端大致在柄的根部，太往前，外观不好看，太往后，又不太能使劲，硬的食物就不容易叉进去。叉子内侧朝上时，则如铅笔拿法，以拇指、食指按柄上，其余三指支撑柄下方；拇指和食指要按在柄的中央位置，如果太往前，会显得笨手笨脚。左手拿叉，叉齿朝下，叉起食物往嘴里送，如果吃面条类软质食品或豌豆时，叉齿可朝上。动作要轻，捡起适量食物一次性放入口中，不要拖拖拉拉一大块，咬一口再放下，这样很不雅。叉子捡起食物入嘴时，牙齿只碰到食物，不要咬叉，也不要让刀叉在齿上或盘中发出响声。吃体积较大的蔬菜时，可用刀叉来分切。

3. 匙

匙则有汤匙、甜食匙、茶匙。在正式场合下，匙有多种，小的是用于咖啡和甜点心的；扁平的用于涂黄油和分食蛋糕；比较大的，用来喝汤或盛碎小食物；最大的是公用于分食汤的，常见于自助餐。切莫搞错。汤匙和点心匙除了喝汤、吃甜品外，绝不能直接舀取其他主食和菜品；不可以将餐匙插入菜肴当中，更不能让其直立于甜品、汤或咖啡等饮料中。进餐时不可将整个餐匙全部放入口中。

此外，还应注意餐巾的使用与摆放，入座后先取下餐巾并打开，铺在双腿上，切不可将餐巾夹在衣领上；用餐时，可用餐巾的一角擦嘴，但不可用餐巾擦餐具；用餐过程中，如果想暂时离开座位，可将餐巾放在椅背上，如果用餐完毕，可将餐巾折好后放在自己前方的餐桌上。

（二）西餐用餐礼仪

在正式场合所用的西餐，其上菜顺序复杂多样，讲究甚多。

1. 开胃菜

开胃菜也称头盘、前菜。一般有冷盘和热头盘之分，常见的品种有鱼子酱、鹅肝酱、熏鲑鱼、沙拉、什锦冷盘等。在西餐里，开胃菜往往不列入正式的菜序。

2. 面包

面包（在开餐前5分钟左右送上），西餐正餐面包一般是切片面包，吃面包时，可根据个人口味，涂上黄油、果酱等。

3. 汤

汤可分为清汤与浓汤两大类，也具有开胃作用。品种有牛尾清汤、各式奶油汤、海鲜汤、美式蛤蜊汤、意式蔬菜汤、俄式罗宋汤、法式葱头汤等。正式喝汤时，才算正式开始吃西餐。

4. 主菜

主菜多为肉、禽类菜肴或海鲜。正式的西餐宴会上，一般为一个冷菜两个热菜，两个热菜中一个是海鲜，由鱼或虾以及蔬菜组成；另一个是肉菜，是西餐中必不可少的主菜，其中最有代表性的是牛肉或牛排，配以蔬菜，代表着此次用餐的最高水平。

5. 蔬菜类菜肴

蔬菜类菜肴通常为配菜，可以安排在肉类菜肴之后，也可与肉类菜肴同时上桌。蔬菜类菜肴在西餐中称为沙拉。与主菜同时搭配的沙拉，称为生蔬菜沙拉，一般用生菜、番茄、黄瓜、芦笋等制作。还有一类是用鱼、肉、蛋类制作的，一般不加味汁。

6. 甜品

西餐的甜品是主菜后食用的，可以算作是第六道菜。从真正意义上讲，它包括所有主菜后的食物，如点心、冰淇淋、奶酪等。

7. 水果

吃完甜点，一般会上一份新鲜水果。

8. 热饮

热饮一般为红茶或咖啡，以帮助消化。

从实际情况看，出于节约金钱和时间方面的考虑，西餐也在简化，通常，一般由下列五道菜肴构成：开胃菜、汤、主菜、甜品、咖啡。

（三）西餐酒水礼仪

西餐的酒水礼仪能令人在用餐的同时，享受一种优雅、浪漫和温馨。

1. 饮酒礼仪

酒是一种能够营造浪漫氛围的特殊饮品，所以酒在西餐中有着特殊的地位，不仅种类多，而且各有各的配菜，各有各的喝法。西餐中酒的种类有餐前酒、餐中酒、餐后酒。

1）餐前酒

大约在餐前30分钟左右时饮用。餐前酒大多在客厅里饮用，主要目的是为了开胃，也是为了等待有事迟到的宾客，以免尴尬。喝餐前酒比较随意，可以坐着也可以走动。男士通常喝的餐前酒一般是马丁尼（Martini），而女士一般喝雪莉酒（Sherry）——这是一种非常清淡的白葡萄酒。

2）餐中酒

餐中酒是在用餐过程中饮用的，专门为主菜而配，有红酒和白酒之分，指的都是葡萄酒。红酒是配“红肉”喝的，如牛肉、羊肉、猪肉等，红酒是不可以加冰喝的；白酒是配“白肉”喝的，如海鲜、鱼肉、鸡肉等，白酒要冰过喝。

喝餐中酒之前还有试酒仪式。传说这个仪式源于中古时期一种可怕的习惯。那时如果要暗杀别人，最常用的方法就是在酒里下毒药。所以皇家贵族饮酒之前都要请家奴来试喝，等十多分钟以后看家奴没事才敢喝。演变至今，试酒仪式不再是预防暗杀，而是一种增加用餐情调的优雅西餐礼仪。试酒者也改由主人亲自担当。

3）餐后酒

一般的餐后酒是白兰地，用一种杯身矮胖而杯脚短小的酒杯喝。喝餐后酒可以用手心温杯，这样杯中酒就更能散发出香醇的味道。也有人喜欢在白兰地中加少许的糖或咖啡，但不能加牛奶。

酒杯的使用有一项通则，即不论喝红酒或白酒，酒杯都必须使用透明的高脚杯。由于酒的颜色和喝酒、闻酒一样是品酒的一部分，一向作为评断酒的品质的重要标准，有色玻璃杯的使用，将影响到对酒本身颜色的判定。使用高脚杯的目的则在于让手有所把持，避免手直接接触杯肚而影响了酒的温度。用拇指、食指和中指并持杯颈，千万不要手握杯身，这样既可以充分欣赏酒的颜色，手掌散发的热量又不会影响酒的最佳饮用温度。

2. 喝咖啡礼仪

右手拇指和食指捏住杯把，把杯子轻轻端起；给咖啡加糖时，先用糖夹把方糖夹到咖啡碟的一侧，然后再用咖啡匙把糖加入杯中。喝咖啡前应仔细搅拌，待搅匀后饮用；喝咖啡时需把咖啡匙放在托碟外边或左边，只需将杯子端起饮用即可，不要将下面的碟子一并托起。需要注意的是，品饮咖啡不能用匙子舀，匙子是用来搅拌咖啡或加糖的。喝咖啡时也可吃些点心，但不要一手端着咖啡杯，一手拿着点心，吃一口喝一口地交替进行；喝咖啡时应当放下点心，吃点心时则放下咖啡杯。

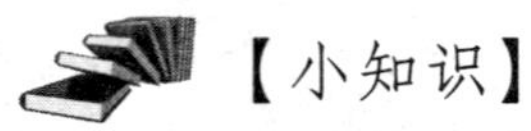【小知识】

烈性酒种类

国际上，通常把酒精度在40%vol以上的酒称为烈性酒，通常分为六大类。

（1）白兰地。从狭义上讲，是指葡萄发酵后经蒸馏而得到的高度酒精，再经橡木桶贮存而成的酒。白兰地是一种蒸馏酒，以水果为原料，经过发酵、蒸馏、贮藏后酿造而成。以葡萄为原料的蒸馏酒叫葡萄白兰地，常讲的白兰地，都是指葡萄白兰地而言。以其他水果原料酿成的白兰地，应加上水果的名称，苹果白兰地、樱桃白兰地等，但它们的知名度远不如前者大。

（2）威士忌。是以大麦、黑麦、燕麦、小麦、玉米等谷物为原料，经发酵、蒸馏后放入橡木桶中陈酿、勾兑而成的一种酒精饮料。广义上讲，“威士忌”是所有以谷物为原料制造出来的蒸馏酒的通称。

（3）金酒。又名杜松子酒，最先由荷兰生产，在英国大量生产后闻名于世，是世界第一大类的烈酒。金酒不用陈酿，但有的厂家也将原酒放到橡木桶中陈酿，从而使酒液略带金黄色。金酒的酒精度一般在 35%～55% vol，酒精度越高，其质量就越好。

（4）朗姆酒。是以甘蔗糖蜜为原料生产的一种蒸馏酒，也称为兰姆酒、蓝姆酒或朗姆酒。原产地在古巴，口感甜润、芬芳馥郁。

（5）伏特加酒。以谷物或马铃薯为原料，经过蒸馏制成高达 95% vol 的酒精，再用蒸馏水淡化至 40%～60% vol，并经过活性炭过滤，使酒质更加晶莹澄澈，无色且清淡爽口，使人感到不甜、不苦、不涩，只有烈焰般的刺激，形成伏特加酒独具一格的特色。

（6）特吉拉酒。又称龙舌兰酒，采用龙舌兰为原料，将新鲜的龙舌兰割下后，浸泡 24 小时，榨出汁来，汁水加糖发酵两天至两天半，然后两交蒸馏，酒精度达到 52%～53% vol，香气突出，口味凶烈，然后放入橡木桶中陈酿，色泽和口味更加醇厚，出厂时酒度一般为 40%～50% vol。

（四）西餐的位次礼仪

1. 位次排列的规则

排列西餐的位次，一般应依照一些约定俗成、人所共知的常规进行。了解了这些基本规则，就可以轻而易举地处理位次排列问题。

1）女士优先

在西餐礼仪中，女士处处备受尊重。在排定用餐位次时，主位一般应请女主人就座，而男主人则须退居第二主位。

2）恭敬主宾

在西餐礼仪中，主宾极受尊重。即使用餐的来宾之中有人在地位、身份、年纪方面高于主宾，但主宾仍是主人关注的中心。在排定位次时，应请男、女主宾分别紧靠着女主人和男主人就座，以便进一步受到照顾。

3）以右为尊

在排定位次时，以右为尊依旧是基本指针。就某一特定位置而言，其右侧之位理应高于其左侧之位。例如，应安排男主宾坐在女主人右侧，应安排女主宾坐在男主人右侧。

4）距离定位

一般来说，西餐桌上位次的尊卑，往往与其距离主位的远近密切相关。在通常情况下，跟主位近的位子高于距主位远的位子。

5）面门为上

面门为上，有时又叫迎门为上。它所指的是，面对餐厅正门的位子，通常在序列上要高于背对餐厅正门的位子。

6）交叉排列

用中餐时，用餐者经常有可能与熟人，尤其是与恋人、配偶在一起就座，但在用西餐时，这种情景便不复存在了。正式一些的西餐宴会，一向被视为交际场合。所以在排列位次时，要遵守交叉排列的原则。依照这一原则，男女应当交叉排列，生人与熟人也应当交叉排列。因此，一个用餐者的对面和两侧，往往是异性，而且还有可能与其不熟悉。这样做，最大的好处，是可以广交朋友。不过，这也要求用餐者最好是双数，并且男女人数各半。

2. 座次排列的规则

在西餐厅用餐时，人们所用的餐桌有长桌、圆桌、方桌。有时，还会以之拼成其他各种形状的餐桌。最常见、最正规的西餐桌当属长桌。下面，就来介绍一下西餐排位的种种具体情况。

1）长桌

以长桌排位，一般有两个主要方法。方法之一，是男女主人在长桌中央对面而坐，餐桌两端可以坐人，也可以不坐人。方法之二，是男女主人分别就座于长桌两端。

2）圆桌

在西餐里，使用圆桌排位的情况并不多见。在隆重而正式的宴会里，则尤为罕见。其具体排列，基本上是各项规则的综合运用。

3）方桌

以方桌排列位次时，就座于餐桌四面的人数应相等。在一般情况下，一桌共坐 8 人，每侧各坐两人的情况比较多见。在进行排列时，应使男、女主人与男、女主宾对面而坐，所有人均各自与自己的恋人或配偶坐成斜对角。

【小知识】

研究西餐的学者们，经过长期的探讨和归纳，认为吃西餐最讲究6个“M”。

第一个是“Menu”（菜单）。菜单被视为餐馆的门面，老板也一向重视，用最好的面料做菜单的封面，有的甚至用软羊皮打上各种美丽的花纹。

第二个是“Music”（音乐）。豪华高级的西餐厅，要有乐队，演奏一些柔和的乐曲，一般的小西餐厅也播放一些美妙的乐曲。

第三个是“Mood”（气氛）。吃西餐讲究环境雅致，气氛和谐。一定要有音乐相伴，有洁白的桌布，有鲜花摆放，所有餐具一定洁净。如遇晚餐，要灯光暗淡，桌上要有红色蜡烛，营造一种浪漫、迷人、淡雅的气氛。

第四个是“Meeting”（会面）。也就是说和谁一起吃西餐，这要有选择的，一定要是亲朋好友，趣味相投的人。吃西餐主要为联络感情，很少在西餐桌上谈生意。所以西餐厅内，少有面红耳赤的场面出现。

第五个是“Manner”（礼俗）。也称之为“吃相”和“吃态”，要遵循西方习俗，勿有唐突之举。特别在手拿刀叉时，若手舞足蹈，就会“失态”。

第六个是“Meal”（食品）。西餐以讲究营养为核心，至于味道那是无法同中餐相提并论的。

（资料来源：http：//blog. sina. com. cn/s/blog_6320d47f0100gkuk. html. ）

二、案例讨论

（一）案例一

小张错在哪

刘小姐和小张在一家西餐厅就餐。小张点了海鲜大餐，刘小姐则点了烤羊排，主菜上桌，两人的话匣子也打开了，小张边听刘小姐聊起童年往事，一边吃着海鲜，心情愉快极了，正在陶醉的当口，他发现有根鱼骨头塞在牙缝中，让他不舒服。小张心想，用手去掏太不雅了，所以就用舌头舔，舔也舔不出来，还发出啧啧喳喳的声音，好不容易将它舔吐出来，就随手放在餐巾上。之后他在吃虾时又在餐巾上吐了几口虾壳。刘小姐对这些不太计较，可这时小张想打喷嚏，拉起餐巾遮嘴，用力打了一声喷嚏，餐巾上的鱼刺、虾壳随着风势飞出去，其中的一些正好飞落在刘小姐的烤羊排上，这下刘小姐有些不高兴了。接下来，刘小姐话也少了许多，饭也没怎么吃。

讨论：

1. 结合案例谈谈刘小姐为什么不高兴了。

2. 案例中小张使用餐巾的方式对吗？餐巾的使用有哪些礼仪要求？

（二）案例二

如何用西餐

老张的儿子留学归国，还带了位洋媳妇回来。为了讨好未来的公公，这位洋媳妇一来到中国就诚惶诚恐地张罗着请老张一家到当地最好的四星级饭店吃西餐。

用餐开始了，老张为在洋媳妇面前显示出自己也很讲究，就用桌上一块“很精致的布”仔细地擦了自己的刀、叉。吃的时候，学着他们的样子使用刀叉，既费劲又辛苦，但他觉得自己挺得体的，总算没丢脸。用餐快结束了，吃饭时喝惯了汤的老张盛了几勺精致小盆里的“汤”放到自己碗里，然后喝下。洋媳妇先一愣，紧跟着也盛着喝了，而他的儿子早已是满脸通红。

讨论：

1. 请分析老张的儿子为什么满脸通红。

2. 请简述西餐中刀、叉、勺的使用方法。

三、情景训练

（一）情景一

张小姐和王小姐来到一家西餐厅，服务员热情地招待了两位客人，并向她们介绍了本店的特色菜，张小姐和王小姐分别要了一个套餐，服务员为她们准备好餐具。过了十分钟，第一道菜就上来了，服务员为她们铺好餐巾，愉快的用餐开始了。

请三位同学，分别扮演张小姐、王小姐、餐厅服务员，模拟用餐与服务场景，注意餐具的使用与西餐的用餐礼仪。

（二）情景二

根据以下情景，模拟扮演情境中的人员。

服务员布置餐具完毕，有两对夫妇来西餐厅用餐，服务员带领他们入座，点餐、上菜。

训练要求：餐具的正确摆放，正确的坐姿，点餐礼仪，上菜顺序，正确使用西餐餐具。

模块三　宴请礼仪

一、基本知识

宴请是指交往活动中出于某种目的需要而设宴招待来宾的仪式，它是常见的一种社交形式之一。

（一）宴请的形式

1. 宴会

1）正式宴会

这是有特定主题、规格较高的宴请形式。按西方的习惯，隆重的晚宴也就是正式宴会，基本上都安排在晚上 8 点以后举行，我国一般在晚上 6 点至 7 点开始。举行这种宴会，说明主人对宴会的主题很重视，或为了某项庆祝活动等。正式晚宴一般要排好座次，并在请柬上注明对着装的要求，其间有祝词或祝酒，有时安排席间音乐，由小型乐队现场演奏。

2）便宴

这是一种非正式形式简便的宴请，可分早餐会、午宴、晚宴。便宴气氛比较轻松、自然，多用来招待熟识的宾客朋友。有的便宴在家里举行也称为家宴，服装、席位、餐具、布置等不必太讲究，但仍然有别于一般家庭聚餐。便宴越来越多地用于官方宴请或公务往来活动。

2. 自助餐

自助餐，有时也称冷餐会，是目前国际上通行的一种非正式的西式宴会，在大型的商务活动中尤为多见。它的具体做法是，不预备正餐，而由就餐者自作主张地在用餐时自行选择食物、饮料，然后或立或坐，自由地与他人在一起或独自一人用餐。自助餐可以是早餐、中餐、晚餐，有冷菜也有热菜，连同餐具放在菜桌上，供客人使用。一般来讲，在自助餐礼仪之中，主要涉及以下六点：一是要排队取菜；二是要循序取菜；三是要量力而行；四是要多次少取；五是要避免外带；六是要送回餐具。

3. 鸡尾酒会

鸡尾酒会也称酒会。通常以酒类、饮料为主招待客人。一般酒的品种较多，并配以各种果汁，向客人提供不同酒类配合调制的混合饮料（即鸡尾酒）；还备有小吃，如三明治、面包、小鱼肠、炸春卷等。鸡尾酒会的形式活泼、简便，客人可以随意走动，便于人们交谈。举办的时间一般是下午 5 点到晚上 7 点。近年来，国际上各种大型活动往往都要举办鸡尾酒会。

（二）宴请的准备

宴请既然作为一种礼仪性的社交活动，实现其目的，自然是组织者所追求的目标。为了能使这种交际活动获得圆满成功，组织者在宴请前必须做好充分的准备工作。

1. 整体筹划

宴请的目的和规模通常是各不相同的，需要经过认真筹划，包括宴请的主题、对象、时间、场所、规模、费用等。

2. 拟订名单

首先，宴请需要有一个邀请范围，即需邀请哪些方面的人士、什么级别、请多少人、主方请多少人作陪等；邀请的范围确定以后，接下来就是拟订邀请名单，注意名单上要写明被邀请者的姓名、性别、职务等，并适时按拟订名单提前向对方发出邀请通知。

3. 确定宴请时间和场所

宴请的时间应安排在主宾双方都较为合适的时候，注意在时间的确定上，要避免对方的重大节假日、已有重要活动的时间或禁忌日。选择宴请的地点，要根据邀请的对象、活动性质、规模大小及形式等因素来确定。

4. 发出邀请

1）邀请形式

邀请有两种形式，即口头邀请和书面邀请。口头邀请就是当面或通过电话把这个活动的目的、名义及邀请的范围、时间、地点等告诉对方，然后等待对方的答复。书面邀请即给对方发送请柬（或称请帖），将宴会活动的内容告之对方。这样做，既是出于礼貌，也是对客人的提醒和备忘。

2）邀请的时间

各种宴会邀请时间一般以提前 3 ～ 7 天为宜。过早，客人会因日期太久而遗忘；太迟，会使客人措手不及，难于如期应邀出席。

3）发送请柬的注意事项

请柬上要写清宴请活动的目的、邀请范围、时间、地点，遇重大活动时要注明着装要求等；请柬的书写要注意行文格式，正文不用标点符号，文字措辞务必做到简洁、清晰、准确、及时。写名单时要再次核对，不得将客人名字写错；请柬发出后，要及时核实出席者情况，并做好记录，以便安排席位。

5. 确定座次

宴请活动中的桌次及每一桌的席次安排有严格的礼仪规范，特别是宴会，有中式和西式两种截然不同的排法。主办方对这种桌席排次的礼仪应该了如指掌，随时备用。宴会桌次的安排最为讲究。中国人习惯用圆桌，两桌和两桌以上桌次的安排有横、竖、花三种方式，可根据餐厅的不同形状来确定，长方形餐厅采用直排或横排利用率较高，而正方形餐厅采用花排则更为美观。不同桌次排次的各种变化，以参加人数的多少和餐厅的大小形状而决定。

1）桌次

按照惯例，桌次的主次以离主桌位置的远近而论。一般来说，右高左低；桌数较多时，摆放桌次牌。中餐餐桌通常采用圆桌。

桌次排列如图 4-1 所示。

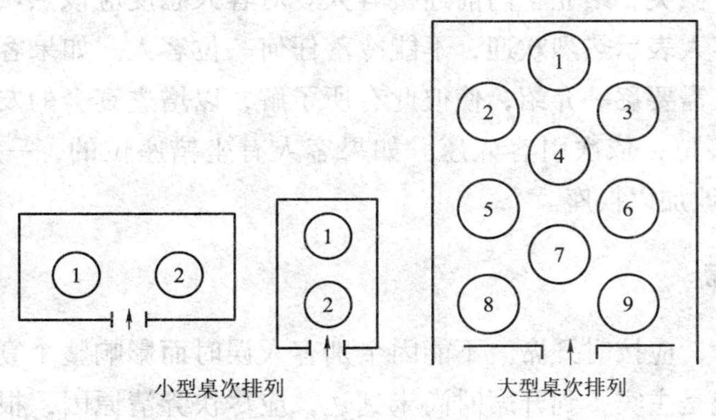

图 4-1　桌次排列

2）座次

按照我国的习惯，同一桌的座次高低以离主人座位远近而定。以右为尊，即主宾坐在主人的右侧。西方国家的习惯是男女穿插排列，以女主人为首，男主宾坐在女主人右侧，女主宾坐在男主人的右侧。

座次排列如图 4-2 所示。

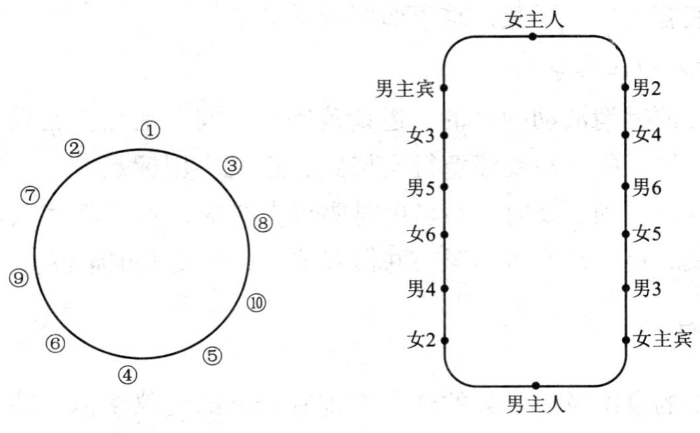

图 4-2

（三）宴请礼仪

宴请都有一定的主题和程序，主办者在宴会进行过程中更应该注意礼仪，热情好客，烘托热烈气氛，使宴请顺利进行。

1. 引客入座

作为主办者，在开宴前，应该准备妥当，衣冠整洁，精心打扮；当客人相继到来后，应面带微笑，站立于门前迎接客人。对客人态度应该热诚恳切，一视同仁，对所有的客人表示热烈欢迎，不能冷落任何一位客人。如果客人相互间有初次见面的，主人需要逐一介绍，使彼此有所了解，以增进宴会的友好气氛；然后按预先排好的座位，依次引客入座。如果客人有坐错座位的，一般应“将错就错”，或很巧妙地加以换座。

2. 按时开席

客人落座后，应按时开席。不能因个别客人误时而影响整个宴会的进行。如果是主要客人或是主宾，到开席时尚未到达，应尽快弄清原因，根据情况采取应急措施，并向其他客人表示歉意，并进行相应的解释。一般来说，宴会延迟的时间不该超过 15 分钟，万不得已时，最多也不能超过 30 分钟。等待过久，会使宾客厌烦，同时也会影响宴会气氛。

3. 致辞祝酒

在宴席中，主人是第一个敬酒的人。敬酒是敬完全席，而不应计较对方的身份。桌次多时，应按桌敬酒，不能顾此失彼，冷落一方。祝酒时，应由主人和主宾先碰杯，碰杯时应目视对方，以示敬意。人多时可同时举杯示意，但不一定碰杯。切忌交叉碰杯。当前流行的致辞祝酒礼仪是：主人在第一道菜上来后，即举杯邀请所有客人同饮，并致以简短的祝酒词。在祝酒词中，应该首先感谢各位客人的光临，并说明此次宴请的原因，最后请大家同饮。受传统“酒过三巡，菜过五味”说法的影响，一般由主人领三杯酒，然后由第二主人领酒或主人与各位客人及客人与客人之间相互敬酒。敬酒要适可而止，意思到了就行。对于确实不会饮酒的人，不宜劝其饮酒。祝酒词是宴会敬酒的必要礼仪。好的祝酒词能够活泼宴会气氛，增进彼此友谊，加深感情，同时达到宴请的目的。祝酒词的内容应随宴会的性质和宴会的目的而有所不同。

4. 活跃气氛

当前，不少餐厅设有“卡拉 OK”设备或“ KTV”包间。为了活跃气氛，以祝酒兴，可根据客人的兴趣和宴会的性质安排专人献歌，或由主人先唱，然后邀请客人献歌。选唱的曲目，应该与宴会的性质和内容相吻合。唱歌时应轮流献歌，不要一人唱得太多，同时音量不宜过响，以免过于喧闹，影响宾客兴致。

5. 介绍菜肴

在餐厅举办宴会时，每当上菜时，服务员一般都应主动报一下菜名。此时，主人应主动举筷邀请大家共同品尝。对于一些特色菜，则应介绍这道菜在色、香、味方面的特色，并请客人品尝鉴定。如是一些汤菜或需分食的菜，主人可站起来为客人分菜，或请服务小姐代为服务，分菜时必须注意分得均匀，以免有厚此薄彼、不一视同仁之嫌。

6. 亲切交谈

宴会进行过程中，主客双方应就彼此都感兴趣的话题亲切交谈。交谈的范围不妨广一些，主要应从增进友谊、加深了解等方面的内容考虑。谈话不要涉及一些彼此都避讳的话题。同时，对于有一定目的的宴会，也应该“只叙友情，不谈工作”，切不可把餐桌当作办公室，以免陷入僵局，使双方都不愉快。交谈时，主人要能控制局面，不断提出大家共同关心的话题，注意引发每个人的谈话兴趣，不要只和熟悉的人交谈，要让每个人都有谈话的机会，要让大家保持精神饱满，情趣盎然，使宴请的热烈气氛贯穿始终。

7. 宣布结束

当宴会进行到适当阶段后，主人应把握时机，宣布宴会到此结束。当然在宴会结束之前，应征求多数客人特别是主宾的意见。宴会结束最恰当的时机，是在宴会达到最高潮时戛然而止。从时间上讲，应该掌握在一个半小时左右，最多也不要超过两个小时。当宴会宣布结束后，主人应站在门口准备送客。送客时，要依依不舍地与客人亲切话别，并感谢众宾客的光临。如有礼物互赠时，应认真处理，当众赠送的礼物，应统一规格，以免产生误会。

二、案例讨论

（一）案例一

自助餐风波

周小姐有一次代表公司出席一家外国商社的周年庆典活动。正式的庆典活动结束后，那家外国商社为全体来宾安排了丰盛的自助餐。尽管在此之前周小姐并未用过正式的自助餐，但是她在用餐开始之后发现其他用餐者的表现非常随意，便也就“照葫芦画瓢”，像别人一样放松自己。

让周小姐开心的是，她在餐台上排队取菜时，竟然见到自己平时最爱吃的北极甜虾，于是，她毫不客气地替自己满满地盛了一大盘。当时她的主要想法是：这东西虽然好吃，可也不便再三再四地来取，否则旁人就会嘲笑自己没见过什么世面了。再说，它这么好吃，这会不多盛一些，保不准一会儿就没有了。

然而令周小姐脸红的是，她端着盛满了北极甜虾的盘子从餐台边上离去时，周围的人居然个个都用异样的眼神盯着她。有一位同伴还用鄙夷的语气小声说道：“真给中国人丢脸呀！”事后一经打听，周小姐才知道，自己当时的行为是有违自助餐礼仪的。

讨论：

1. 请问周小姐的行为有哪些不当？
2. 吃自助餐时应注意哪些礼仪？

（二）案例二

李俊为啥离开了酒店

刚刚大学毕业的李俊来到一家外资企业工作不久，恰巧赶上年底的企业年会，年会是在市内一家知名的五星级酒店宴会厅举行。涉世之初的李俊特别高兴，终于可以开开眼界了。宴会在傍晚五点半开始，因是下班高峰期，李俊所乘坐的公共汽车寸步难行，到达酒店时已经是六点钟了，他急匆匆满头大汗地推开宴会厅的门，找了一个空位坐下，此时总裁正在致辞。李俊环视了一下会场，男同事们身着笔挺的西装，女同事们身着晚礼服，宛如一个选美大赛，而他自己只穿了件普通的T恤和一条牛仔裤，宴会还没有正式开始，李俊就匆匆离开了酒店。

讨论：

1. 李俊为什么匆匆离开了酒店？
2. 参加宴会应注意些什么？

三、情景训练

（一）情景一

力德公司要在元旦之际，邀请新客户信华公司的代表参加中式晚宴，时间是12月28日，地点定在市中心的喜来登酒店。当晚，力德公司的总经理（A）、两位副经理（B和C）、两位办公室主任（D和E），以及信华公司的总经理（a）、销售部经理（b）、生产部主任（c）、技术部两位主管（d和e）参加了晚宴，请你以接待者的身份为他们安排座位。学生分别扮演相应角色入席。

（二）情景二

假设你所在的单位要举办一个50人的小型中餐宴会，试对此次宴会进行座次和席位的排列。

第五章

公共礼仪

训练目标

通过训练使学生理解公共场合礼仪的含义，理解为什么要尊重公共场合的礼仪，以及各种公共场合礼仪的具体要求，掌握公共场合的礼仪规范，成为一个遵守公德的合格公民。

礼者，人道之极也。

——荀子

案例导入

中国考察团在巴黎

一天傍晚，巴黎的一家餐厅来了一群中国人，老板安排了一位中国侍者为他们服务，交谈中得知他们是中国某县的一个考察团，今天刚到巴黎。随后侍者向他们介绍了一些法国菜，他们不问贵贱，主菜、配菜一下子点了几十道，侍者担心他们吃不完，何况菜价不菲，但他们并不在乎。

点完菜，他们开始四处拍照，竞相和服务小姐合影，甚至跑到门外一辆凯迪拉克汽车前面频频留影，还不停地大声说笑，用餐时杯盘刀叉的撞击声，乃至嘴巴咀嚼食物的声音，始终不绝于耳，一会儿便搞得杯盘狼藉，桌子、地毯上到处是油渍和污秽。坐在附近的一位先生忍无可忍，向店方提出抗议，要求他们马上停止喧闹，否则就要求换座位。侍者把客人的抗议转述给他们，他们立刻安静了。看得出来，他们非常尴尬。

现代社会，人们之间的各种交流活动愈来愈频繁。人们在公共场所接触的机会也增多了，这就要求人们必须树立良好的公德意识，讲究公共礼仪，遵守公共秩序。是否遵行公共礼仪，反映了一个人的品德、品位，影响他人对此人是否结交。

所谓公共场合的礼仪，简称公共礼仪，是指人们在公共场合约定俗成的表示尊重、维护和谐的规范与准则。公共场合的礼仪是社会公德的体现，是使用频率最高的礼仪。

模块一　交 通 礼 仪

在现代快节奏的生活状态下，人们生活要想离开各种交通工具是不可能的。交通工具犹如被加速了的双腿，使人们能够在极短的时间内到达工作岗位、谈判地点、旅游胜地，甚至是异国领域。人们在应用交通工具时，往往是和一群素不相识的陌生人一道同行，因此，在路途中也应掌握一定的礼仪。

一、基本知识

（一）行路礼仪

行走是我们在日常生活中不可或缺的，也是最常见的动作。掌握行走时的礼仪规范是十分有必要的。

1. 严格自律

（1）认真执行交通法规。在繁忙道路上行路时，必须遵守交通规则，认真执行交通指示灯的指示，服从交通警察的指挥。在人行便道和室内过道上行走时，要行走在便道和过道的右侧，不要逆行。行走速度适中，不要猛跑。要有耐心，不能闯红灯；不能到机动车道行走；不要翻越道路上设置的隔离栅栏。当穿越街道时，必须在十字路口沿“斑马线”穿过，不能图方便，斜穿过去。

（2）爱护公物。要自觉爱护公共场所的各种设施、物品。不可以攀折树木，践踏绿地，踩蹬雕塑，也不得在墙壁上或地面上信手涂鸦、划痕。

（3）保护环境。行路时，不应乱扔废弃物，不应边走边吃零食或吸烟；不得随地吐痰，也不得直接将其吐入垃圾箱，应于旁边无人时，将痰吐在纸巾里包好，然后投入垃圾箱。

（4）检点举止。与恋人、夫妻或朋友一起行路时不应该勾肩搭背、又搂又抱，表现得过分亲密。

（5）发现街头冲突应及时劝阻，不可围观、起哄。不得尾随外国人或异性身后或频繁顾盼，更不可对其进行骚扰。

（6）对于私人居所，不可贸然打扰，更不可在门口、窗口或墙头偷窥，干涉他人活动的自由。

2. 尊重他人的行路权利

在行路时，对于任何人即使是陌生人都要关心、帮助、照顾、体谅，友好相待。

1）彼此谦让

尊重他人的行路权利是必备的素养之一。当三人以上同行时，尽量不要排成一行肩并肩行走。必要时分散行走，或者稍作停留让后面行人先走。

行路时，若遇行人很多，不可故意拥挤，须礼让。一旦不小心踩到他人的脚或撞击到别人时，应首先道歉，面带微笑说一声“对不起”。

2）帮助老幼

当遇到老弱病残者应主动上前加以关心、帮助；不可视而不见，甚至讥讽呵斥。

3）言语适当

路遇熟人应当主动问候，对于他人的问候要及时给予友善的回答。对于问路者则应“问有答声”，尽力予以最大可能的帮助或为其带路。向他人问路则应使用尊称。

3. 保持距离

人际距离在某种情况下也是一种无声的语言。它不仅反映了人们关系的现状，而且体现着保持距离的主动者对另一方的看法。

人际距离有4种类型，在行路时，应针对不同的情况正确地加以运用。

（1）私人距离，又称亲密距离。它是指两人相距在0.5米之内的距离，适用于家人、恋人或至交之间。

（2）社交距离，又称常规距离。它是指两人相距在0.5～1.5米的距离，适用于交际应酬之时。

（3）礼仪距离，又称敬人距离。它是指两人相距1.5～3米的距离，适用于向对方表示敬重，或用于举行会议、庆典和仪式等。

（4）公众距离，又称大众距离或“有距离的距离”。它是指两人相距 3 米以外的距离，主要适用于同陌生人的相处。

4. 做举止优雅的行路人

下面，从道路上行进、漫步、出入房间、通过走廊、上下楼梯、进出电梯、通过拥挤之处及排队等方面进行论述。

1）在道路上行进

在道路上行进时要讲究多方面的礼仪，以体现自己良好的素质和修养，具体应注意以下几个方面。

（1）在道路上行进要自觉走人行道，不可走自行车道或盲道。

（2）右侧通行。不可逆行，逆行会扰乱交通秩序，这是造成交通事故的隐患。

（3）集体行走于街上时，应该单行行进，不可并排行走，不可左拥右抱、勾肩搭背。不要长时间高声说笑，应该话语轻缓，并且不要有过于激烈的身体动作，如用力挥臂、捧腹大笑等。当需要作短暂谈话时，一定要靠路的右侧，不要影响他人通过。

（4）女士优先。当男性与相识女性在街道上并行时，男性要自觉走在临近道路的一侧，“把墙让给女士”，体现对女性的尊重。

2）漫步

漫步又称散步，是一种休息的方式，不受时间、地点、速度的限制。

（1）独自漫步。个人漫步没有太多讲究，除了注意安全以外只要放松心情即可。此外，不要将随身听的耳塞放入耳内，随意大声哼唱，甚至不停摆动身体。

（2）多人漫步。多人漫步，特别是与尊长、异性漫步时，应该注意排列的顺序：通常的规则是以右为尊，以左为卑；以前为尊，以后为卑；多于三人并列行走时以居中者为尊。

3）出入房间

在正式场合，出入房间要注意以下礼节。

（1）注意顺序。通常应该请尊长、女士、宾客率先进出房间，并主动为其效劳，为其开关门。出入房间时若有人与自己反向而行时应该礼让对方。

（2）注意房门的开关。无论进出房门都应以手轻敲、轻推、轻拉、轻关，决不可用身体其他部位开门。

（3）注意面向。进出房门时都应该面向屋内之人，而不可背向对方。

4）通过走廊

通过室内或露天走廊，穿梭于房间之间时，应该注意必要的礼仪：一是单排行进；二是保持安静；三是靠右侧通行。

5）上下楼梯

上下楼梯时需要注意6个方面：一是单排行走，不要多人并排行走；二是靠右侧通行，左侧留给有急事的人快速通过；三是带路者在前，被引导者在后；四是不应停留在楼梯口交谈，给别人的行走带来不便；五是礼让尊长和异性；六是保持距离，注意安全。

6）进出电梯

进出电梯应该注意两大问题。

（1）注意安全。不可扒门、抢门或强行挤入。电梯超载时应主动退让；电梯出现故障时应该耐心等候，不可冒险行动。

（2）注意出入顺序。与陌生人同乘电梯，应按照排队的顺序依次进出。与熟人同乘电梯则应视电梯类型而定：有人管理的电梯应主动后进后出；无人管理的电梯则应先进后出，以便为别人控制电梯。

7）通过拥挤之处

在人多的公共场合难免要遇到拥挤的情况，此时应该注意以下4个方面。

（1）不要停留。在拥挤的地方应该迅速处理自己的事情，然后马上离开，不要在此聊天、休息。

（2）不要影响他人通过。通过拥挤之处不要与人拉手、挽臂、勾肩或搂抱而行。

（3）不要动作过大。通过拥挤之处身体动作要小，不要猛然挥手、踢腿蹬脚。

（4）不要高声谈笑。在拥挤之处与人交谈应该放低音量，不可大喊大叫，大吵大笑。

8）排队

排队是多人同时办事时分清先来后到的最好方法。在人们的日常生活中，人们无论办理公事还是私事都会经常遇到排队的情况，此时应该遵守必要的礼仪规范。

（1）主动排队。应该养成排队的良好习惯，不可破坏排队秩序，起哄或拥挤。

（2）遵守顺序。在排队时应该讲究先来后到，礼让尊长，自己不可以插队，也不可以让自己的熟人插队。

（3）保持距离。排队时，与前后左右的人应保持一定的距离，以尊重其隐私，切不可相互贴得过紧。

（二）驾车礼仪

随着生活水平的不断提高，越来越多的家庭拥有了私家车，很多人都十分钟情于汽车驾驶，驾驶车辆外出已不再是为了谋生，而是为了提高自己的生活质量和生活效率。在驾车时，每个驾驶者都必须牢记出行有礼，礼让三先（先慢、先让、先停），切忌不可忘乎所以、目中无人。在驾车技术、交通管理、安全驾车、礼让他人等方面，均要努力做好。驾驶礼仪体现在喇叭、灯光、过斑马线、停靠等几个方面。

1. 喇叭

喇叭就如同学校的铃声一样，不同的打法代表不同的意思。因此，要正确使用喇叭，不要故意利用喇叭搞恶作剧。下面是几种喇叭打法所代表的意思。

（1）一声短“嘀”表示打招呼，“谢谢!”“你好!”“我先走了!”用于别人在路口礼让你，在停车场里看到熟人、门口的保安给你敬礼等场合。如果别人看见你的话，可以用扬一下手代替。

（2）两声短“嘀嘀”，表示提醒他人——“注意，后面有车来了”。

（3）一短一长“嘀”、“嘀——”，表示紧急提醒别人“有危险!”

（4）一声长“嘀——”，表示催促前面的人让路或大呼“挡着路了，危险!”

2. 灯光

汽车的灯光犹如汽车的眼睛，它有两种功能：一种是照明，另一种是装饰。汽车各部位的灯光都代表了不同的用途，使用很讲究，既不可乱用，又不可不用，它的使用礼仪直接关乎行车的安全。

信号灯，通常包括两种：转向灯（双闪）和刹车灯。正确使用信号灯对安全行车很重要。转向灯是在车辆转向时开启，断续闪亮，以提示前后左右的车辆和行人注意。转向灯的开启时间要掌握好，应在距转弯路口100米左右时打开。如果开得过早会给后面车辆造成“忘关转向灯”的错觉，如果开得过晚又可能会使后面尾随车俩、行人毫无思想准备。刹车灯，一般亮度较强，使用刹车灯是用来告知后面的车，前面的车要减速或停车，让后面的车做好心理准备。如果此灯使用不当，极易造成追尾事故。

夜行示宽灯，又称“小灯”。有很多驾车者都认为“小灯”几乎不起任何作用，因此对小灯的运用不够重视。但是，小灯是用来显示车身宽度和长度的，保证了晚上行驶的安全。

夜行照明灯，又称“大灯”。大灯对于全车灯来说是“心脏”部位。合理使用大灯应做到会车时变成近光，会车后及时变回远光，以放远视线，弥补会车时造成的视线不清。通过交叉路口和进行超车时应以变换远近光来提示。正确使用大灯的同时，更要用小灯予以配合。

3. 斑马线

在驾驶途中，遇到红灯时，应该在斑马线外减速，最后停在 1 米之外。不能脚放在刹车上准备刹车，直到最后贴着行人才停下来。这样的行为对行人来说是极度不礼貌的，并且也容易造成不必要的麻烦。

4. 停靠

生活中有很多驾驶者都没有正确的驾驶意识。主要表现在随走随停。行人走路时可以左顾右盼，可以到处去寻找道路，自行车和行人一样，也可以随时停下问路。因为这两种情况占用道路少，不会妨碍交通。但是，汽车不同，体积庞大，停下后后面的车要绕过会影响至少两条车道。所以，随意地停靠车子是非常不道德的。

驾驶者在停靠车子时，最基本的常识是开转向灯。这么做是给后面的车一个提示，意思是说，你可以超过去了。如果前面的车子不那么做，后面的车会以为前面有突发状况，也跟着前面的车慢慢行驶。

【小知识】

《礼记》中的出行礼仪

为人子者，居不主奥，坐不中席，行不中道，立不中门。

《礼记·曲礼》中说：“行不中道，立不中门”，意思是不要在道路正中间行走，那样会妨碍他人行走；也不要在大门正中长久站立，那样既会影响别人进出，又显得狂妄。这与我们现代生活中所提倡的在公共场所乘坐扶梯靠右站立是一样的，也是为了不妨碍他人。

《礼记》中非常强调尊重他人的道理，尤其是尊重老年人。驾车见到老人必定行礼致敬，车子进入域邑，慢行不驰，生怕惊扰他人。回到自家的里巷，要向父老乡亲致意。在现代交通文明中，开车不要横冲直撞，到了人多的地方慢行，不鸣笛，遵循的正是尊重他人的道理。

（资料来源：儒学十三经之四《礼记》。）

（三）乘坐交通工具

1. 乘坐公共汽车

公共汽车是中国城市居民最常用的交通工具。平时上下班及双休日上街购物，通常都乘坐票价便宜的公共汽车。乘坐公共汽车，应讲究以下礼仪。

1）依次上车

在公共汽车起点站，乘客应自觉排队等候，依顺序上车。在中间站，车靠站停稳后要先下后上或从前门上后门下，应主动让老弱病残、妇女儿童先上。上了车的乘客应酌情向车厢内移动，不要堵在车门口，以免妨碍后面的乘客上车。

2）主动购票

乘客上车后应主动刷卡、购票或出示月票。下车前，应自觉地向售票员出示车票、月票。乘坐无人售票车时，应将事先准备好的钱币自觉投入箱内。

3）互谅互让

在车上遇到孕妇、病人、老人和抱孩子的妇女，有座位的年轻乘客应主动让座。当他人给自己让座时，要立即表示感谢。车上人多时，乘客之间难免拥挤和碰撞，乘客都应表现出高姿态，互相谅解。乘客还应尊重司机、售票员的劳动。此外，乘客应注意乘车安全。例如，不要在车上打毛衣，不要将雨伞尖对着他人，以免误伤其他乘客。

4）注意卫生

乘客在车上不要吸烟，不要随地吐痰、乱扔果皮和纸屑。随身携带机器零件或鱼肉等的乘客，应将所带物品包好，以免弄脏其他乘客的衣服。

2. 乘轿车礼仪

随着城市出租车的普及和私家车的增多，轿车已成为人们常用的交通工具。因此，乘客应当了解乘轿车的有关知识，讲究乘车礼仪。

轿车上的座位有尊卑之分。一般说来，车上最尊贵的座位是后排右座，其余座位的尊卑次序依次是后排左座、后排中座、前排右座。如果是专业司机开车，贵宾坐在后排右座。但是，如果是轿车主人开车，贵宾也可以坐在前排右座（即副驾驶座），以便交谈。亲友一同乘车时，男士和晚辈应当照顾女士和长辈，请他们先上后下，并且为他们开、关车门。女士上车时，如果穿着裙子，可先轻轻坐到座位上，然后把双腿一起收进车内。下车时，最好双脚同时着地，不要一前一后。乘出租车，若无特殊情况，乘客宜坐在后排。乘客应当尊重出租车司机，一般情况下，不要催促司机加快车速，也不要对司机的驾驶技术说三道四。乘客下车时，应向提供优质服务的司机道谢。

3. 乘火车礼仪

乘坐火车，应讲究以下礼仪。

1）对号入座（卧）

乘坐火车的旅客，应提前到火车站候车，排队检票上车。进车厢后应对号入座（卧），不可占用别人订好的座位（铺位）。

2）互相关照

旅客上车后，应迅速把携带的物品安放在行李架上，而不要把提箱、包裹等乱放在车厢通道上，以免影响通行。吸烟者不要在车厢内吸烟，必要时应在两节车厢连接处吸烟。旅客之间的寒暄、交谈应掌握好尺度，不要随便打听别人的收入等私事。与人聊天时，不要信口开河或大声讲话；打扑克牌时，也不要高声喧哗，以免影响他人休息。

4. 乘飞机礼仪

飞机是最快捷的运输工具，也是对乘客要求最严格的交通工具。乘坐飞机的礼仪也比较特殊。乘飞机的时间要求和安全保卫比其他交通工具的要求要严格得多。

要提前到达机场，留有充分的办理登机牌和通过安全检查的时间；按照规定，国内乘机应当提前 30 分钟（有的机场、航班需要提前 45 分钟）换取登机牌，所以提倡提前一小时左右到达，预留出排队等候的时间。乘坐国际航班提前到达的时间要多一些。

尽可能将大件行李托运，避免随身携带大件行李。登机后尽快放好物品，不要在通道上滞留时间太长。不要用手提袋或行李箱把置物架塞得满满的，造成其他后到的乘客无处可放行李。

尽快坐好，系好安全带，起飞与降落时关闭移动电话、手提电脑、激光唱机、调频收音机等电子设备。飞机平稳飞行后可以使用手提电脑。全程不可以使用手机。当空中小姐在为大家解说逃生方法时，要保持安静，不要因为自己已经非常了解，就视若无睹地与旁人大声喧哗。

坐在三人一排的位子上，看报时不要把报纸全展开来，这样手臂与手肘会占用旁人的空间，造成他们既不能移动，也不能看前面的景象。

有困难可以按铃请空中小姐帮助，接受服务时要尊重空中小姐。但应记住的是，空中小姐并不是专供你使唤的人，她们的任务是要使机上的每个人在旅途中舒适愉快，有任何紧急危难时能做出适当的处置，挽救生命。

要保持安静，不要高声谈笑。尤其是夜间飞行或身边有人休息时。可以跟身边的乘客打招呼或是稍作交谈，但应不影响到对方的休息，不要因为新奇就过多盯视、窥视素不相识的乘客，更不要与他人谈论令人不安的劫机、撞机、坠机事件。

使用盥洗室，要维护卫生，不要把里边弄得一塌糊涂，不顾及其他人的需要。使用盥洗室要抓紧时间，不要在盥洗室用很长的时间仔细刮胡子或者化很讲究的妆，造成想使用盥洗室的人焦急地在外面苦等。

在飞机场或候车室内都不能脱鞋；而在国际航班和火车上，可以脱下鞋充分地休息。脱鞋行为本身并不失礼，失礼之处往往在于因为脱鞋而“污染”空气。乘飞机应换上干净的鞋子和袜子。有汗脚的人最好自觉不脱鞋。

飞机停稳，等广播提示后再起立走动或拿取行李，以免摔落伤人，影响机上秩序。

5. 乘船礼仪

船只，是水上交通运输的主要工具，当人们在江河湖海上旅行时，大都优先选择乘客轮。客轮，指的是专门用以载客的机动船只。要想使自己的乘船旅行一帆风顺，心情舒畅，与其他乘客和睦相处，就必须遵守有关的乘船礼仪。对于乘坐客轮进行旅行的人，要注意安全、休息和交际这三大方向的礼仪问题。

1）乘船的安全

乘船旅行，安全第一，这一条对于任何乘客都不例外。因此，乘坐客轮时，务必具有安全意识，遵守安全规则，采取安全措施，尽一切努力，确保旅途平安。

在通常情况下，在乘船时必须顾及的安全问题，具体涉及以下几个方面。

（1）行李要符合相关规定。为了自己及其他乘客的安全，不要携带危险品及禁带的物品乘船。具体包括易燃品、易爆品、易腐蚀物品、枪支弹药、腐烂性物品、家畜动物，以及其他一切违禁品。为了确保安全，在登船之前必须接受安全检查，对此要积极配合，不要加以非议或拒绝。另外，所带行李的重量要符合有关规定，坚决不要超过标准。

（2）注意安全。上船，一定要按先后次序排队；有可能的话，应早到一些，以便在时间上留有余地。与长者、女士、孩子一起上船时，应请其走在前面，或者以手相扶。不要加塞、乱挤，产生有可能危害安全的诸多问题。下船时，要提前做好准备工作，与其他乘客要相互礼让，依次而下。与长者、女士、孩子一起下船时，可相扶之，或是请其走在自己身后。这样万一对方有个闪失，走在前面的自己还能对其有个照顾。上下船时，若不是通过舷梯，而是通过跳板或借助于小船，则切勿充英雄，装好汉，乱蹦乱跳；应该小心翼翼，确保他人和自己的安全。

（3）预防疾病。没有船上生活经历的人，尤其是身体虚弱的人，在乘船之前一定要预备好一些常备药和晕车药，以备急用。与此同时，在船上还应尽可能地多休息，不要随意走动。一旦晕船，应服用晕车药，如果发生呕吐，要马上采取措施，不要吐在船上，必要时可请医生帮忙。另外，若自己周围的人晕船、生病，要给予对方力所能及的帮助，不要若无其事或退避三舍。

（4）安全进行室外活动。在轮船上进行室外活动时，处处仍需以安全为重，切勿心存侥幸心理，自找麻烦。不要前去不宜去的地方，如轮机舱、救生艇及桅杆之上。如果海上风浪比较大，船会晃动得比较厉害，为了安全起见，尽量不要一人在甲板上徘徊。不是特殊情况，不管自己水性多么好，都不要擅自下水游泳。

（5）紧急事件。乘船旅行途中，如果发生了突发事件，如火灾、撞船、触礁、台风等，不要惊慌失措，要服从船员的指挥，安全撤离。安全必要时与其他人一道进行自救，共度危难。

（6）文明用餐。用餐时要和自己比较临近的人打招呼，但没有必要表现得过分热情，非要请对方吃饭，或将自己的食物分给对方吃。此外，在用餐时还要注意不要大声喧哗，不要宽衣解带，还要注意维护餐厅的卫生。

2）旅途的休息、交际

客轮的舱位是分等级的。我国的客轮船位一般分特等舱、一等舱、二等舱、三等舱、四等舱、五等舱等几种。客轮实行提前售票，每人一个铺位，游船也实行对号入座。船上的服务设施齐全，可以邀请其他乘客一起娱乐，但是一定要两厢情愿，不可强求。若房中其他乘客出门，也不要翻动同房乘客的物品。

乘船时要注意小节。如不要在船上四处追逐，不要在甲板上将收录机放到很大音量，不要在客房大吵大嚷，晕船呕吐去卫生间，遇上景点拍照时不要挤抢等。如果自己占据了良好位置也要考虑他人的心情，要适时让出拍照位置。

如乘高级客轮，在船上用餐时，晚餐须着礼服或深色西服，应避免穿短裤、拖鞋或泳装进餐。越洋巨轮分等级，其餐厅、走廊及其他各种设施之使用均有规定，须注意遵守。

乘坐江轮等普通轮船时注意有些乘客携带东西较多，要注意不要挡住通道，晚上更不要在甲板或通道上睡觉。

【小知识】

1. 不要在船头挥动丝巾或晚上拿手电乱晃，以免被其他船误认打旗语或灯光信号。

2. 要注意船上的忌讳，如不要谈及翻船、撞船之类的话题，不要在吃鱼时说“翻过来”或说：“翻了”、“沉了”之类的语言。

二、案例讨论

（一）案例一

杨澜的一次难堪经历

著名电视节目主持人杨澜曾讲过她在国外经历的一件事：她在一个发达国家排着长队等候上卫生间时，有几个看上去像是亚裔的女青年旁若无人地不排队直接进了卫生间，致使排队的人相当有意见。在这几个女青年离开卫生间时，忽然看见了正在排队的杨澜，便大声叫她，和她打招呼。当时的杨澜并没有想到她们是自己的同胞，感觉特别尴尬。正在排队的当地人，也知道了女青年的国籍，她们鄙视地说“Chinese”。杨澜说她自己当时的感觉是无地自容。

（资料来源：张丽娟．现代社交礼仪．北京：北京交通大学出版社，2009.）

讨论：

1. 亚裔女青年的什么行为致使排队的人相当有意见？
2. 杨澜为什么当时感觉无地自容？

（二）案例二

飞机上的遭遇

2005 年 2 月 26 日中超某足球队从澳大利亚经香港转机回国，四名队员分别坐在机舱通道两侧打牌。将腿放在通道上，几个人的手臂影响了旅客通过。乘务长出面干预，与队员激烈争吵起来。争执中，乘务长摔倒在座椅上，最后两名队员被带到香港警署，耽误了很多时间。该队队员还觉得自己“比窦娥还冤”。

（资料来源：李兴国．社交礼仪．北京：高等教育出版社，2006.）

讨论：这些队员“冤”吗？他们哪些地方不符合礼仪规范？

（三）案例三

饭桌上的交谈

饭桌上，有两名男子在畅言交谈着，其中一名长得人高马大的，另外一名则较为矮小，可谓鲜明对比。

只听大个子说道："现在路上真不太平，我那天去上班的路上，亲眼看见了一个走在斑马线上的行人被一辆飞驰而来的车撞了，当场血滴四溅。"

矮个子大吃一惊："不是吧？那哥们儿是不是色盲，没看清路灯啊？"

"哪里，我看得好好的，刚变为绿灯。其他车都停了，就那辆车不但没减速反而加速了，我猜他可能是想趁人群没启动前抢先过马路。"

"天啊，这年头儿，走哪都不安全。好好的'红灯停，绿灯行'，性命也不保……"

"就是说啊！可是，你的胳膊是怎么了，为什么缠着纱布？"

"哎哟！别提了，我都说了走哪也不安全。那天，我急着去上班，下了公交车后，眼看就要迟到了，公司就在路对面，可是有长长的护栏挡着，不能径直过去，反而还要绕一大圈。我索性学起了刘翔——跨栏！"

高个子瞪大了眼："结果呢？"

"结果？成功的话就不会成这样了。快到护栏的时候，我左手抓住护栏，飞身一跃……当时我的感觉很美妙，感觉自己就像轻功一样，也许是腿太短，也许是身体发福了，就在一只脚跨过去找好立脚点打算降落时，我发现，后面的那只脚勾到护栏了？那一刻，我就知道肯定要失败了。我的身体开始慢慢倾斜，我发现我再也控制不了自己的身体，它就像喝醉了酒一样，摇晃着与大地进行了亲密接触，但是，我极力守护着我的脸，所以用胳膊着了地。"

矮个子就像演讲一样讲着，然而，故事还没有结束，他说，最终他受到了行人异样的眼光不说，还被警察给教训了一番。

生活中有很多这样的人。他们不遵守交通规则，有的不在斑马线处过马路，有的红灯亮时也穿过马路，还有些酒后驾车，违规行驶引发交通事故的一些人，由于他们的"失礼"，使得很多无辜的生命受到潜在的威胁。

讨论：在你日常生活中有没有类似的事情或见过类似的事？应该如何避免？

（四）案例四

出租车司机的行为

一日午时，我在街头打的。上了出租车，见驾车者是个中年男子，两翼白发间生。“你是下岗职工吧?”我凭直觉问。“你说对了。”

出租车在他的驾驭下，十分平稳。一会儿，出租车拐进了一条略略窄了些的街道上，突然，他紧急地踏了一脚制动，完成了一次大幅度的减速。我很是受了一惊，将前倾状的身体恢复后，我有些不解和不悦地问：“怎么回事?前面没有什么危险嘛!”他歉疚地连声说道：“对不起，对不起!”便快速地瞥了我一眼，又补充道：“前面50米开外是个建筑工地，看，一群民工正在路边用餐，我怕车速太快，裹挟起的灰尘呛着他们……”

出租车慢慢地从民工身旁驶过，我有点不好意思。

讨论：我为什么有点不好意思?出租车司机做的对吗?

三、情景训练

(一) 情景一

根据以下情境请同学们扮演不同角色，把接待、探病的相关礼仪融于其中。

石小姐的嫂嫂顺利产下了一名婴孩，全家好不雀跃!生产当晚，石小姐在公司加班，没能到医院探望嫂嫂。隔天下班后，她便兴冲冲地去看她们母子。“探病总不能双手空空，什么都不带吧!”于是，石小姐买了一大捧康乃馨，祝福嫂嫂升格当妈妈。石小姐的嫂嫂见到漂亮的花束，心情十分愉悦，笑容变得非常灿烂。可是石小姐说：“花瓶呢，我去把花插好。”大家才发现病房里根本没有花瓶可供使用，只能在整捧花的上头洒点水，把它搁在墙角……

过会，嫂嫂的同事们来看望……

展开想像，设计人物性格角色，进行模拟表演。

(二) 情景二

设计一组场景——乘公交车场景、乘出租车场景、乘飞机场景，小组3～5人扮演不同角色，体会不同场合乘坐交通工具应遵守的礼仪。

(三) 情景三

模拟影剧院场景、观看球赛场景，体会相关礼仪。

模块二　其他公共场所礼仪

影剧院、体育场、商场、图书馆、公园等公共场所，是供各种社会成员进行活动的公共活动空间。在图书馆、博物馆、医院等公共场所活动应保持安静，在公共场所不仅要积极维护和发扬尊宠爱幼的传统美德，还要自觉遵守公共场所礼仪规范。

一、基本知识

（一）影剧院礼仪

到影剧院看电影、戏剧，是一种高尚的娱乐和美的享受，观众应当在高度文明的环境中观赏演出，每位观众都应当遵守影剧院内的公共秩序，讲究文明礼貌。

到影剧院以前，应穿上整洁、庄重的服饰，女士可化淡妆，男士也应当稍作修饰。

买票时，要排队，不要插队，也不宜请人代买。

进影剧院要提前几分钟到场，对号入座。看电影迟到了，可请服务员引导入座，行走时脚步要轻，姿势要低，不要在人行道上停留，以免影响他人。看戏迟到最好在幕间再入座，入座时身体要下俯，要向所经过的观众道歉，说一声："对不起。"如果别人坐错了你的位子，要轻声和蔼地再请他验看一下座号，不要引起争执。必要时可以请服务员帮助解决。遇到熟人，不要大声招呼，也不要挤过去交谈，点一下头、打一个手势就可以了。

观看时，不要吸烟，不吃带皮带核的东西，不随地吐痰，不乱扔杂物，不高声说话。要注意脱下帽子，身体不要左右摇晃，两腿不要抖动，更不要脱鞋子（引起别人讨厌）。观看已经看过的影剧，不要在下边讲解、介绍或评论。热恋中的青年，应当自重，注意端庄，在公共场合不要过分亲昵。

要尊重演员的艺术创造。观众的掌声是对演员的最好赞扬，会使演员受到鼓舞，发挥出更佳水平，使观众得到更好的艺术享受。演出中出现差错失误，不应嘘嘘起哄，在适当的时机给以更热烈的掌声（这掌声体现了对演员的谅解和鼓励）。演出结束时，要起立站在原位，热烈鼓掌，感谢全体演出人员的艺术创造和辛勤劳动。

看戏剧时，中途没有特殊情况不要离场。必须离开时，要等幕间；看电影时，不要在情节紧张、热烈时离场。离座时，要对周围之人轻声地说“对不起”、“劳驾”、“借光”等，压低姿势，轻步退场。

演出将结束时，不要提前起立退场，这会导致全场混乱，对演员十分不礼貌。散场时要慢慢依次退出，不要前挤后拥。

（二）观看比赛礼仪

赛场是个欢乐、火爆的地方。但是，如果没有文明礼仪的保障，高兴火爆之地，也会成为灾难之所、伤心之地。

1. 入场

观看比赛虽不用像到剧场那样刻意修饰仪表，但也应当服装整洁，穿背心、短裤是不适宜的。入场应先排队购票，有秩序地进场；如果迟到，应当尽量不影响其他观众。从别人身前经过要礼貌地请其“借光”；如果不小心踩到别人，要说声“对不起。”

2. 观看

入座后，要遵守赛场秩序，不抽烟，不吃带皮带壳的食物，不乱扔纸屑杂物，观看比赛要对双方的精彩表演加油叫好，适时恰当地叫好可以使运动员受到鼓舞，发挥出更好的水平。运动员失手或裁判员误判了，不要起哄、吹口哨，更不应该喊叫带污辱性的语言。对领先一方的精彩表演，要以热烈的掌声给以祝贺；对于落后的一方，也要为其呐喊助威，让他们在掌声中和呐喊声中受到鼓舞，不可对落后一方嘲笑奚落，“嘘”声不止。赛场上的气氛具有很强的感染力，这就要求观众要能够很好地控制自己的情绪，不能因为高兴或失望而做出一些比较极端的行为。例如，到赛场上进行裸奔，或向赛场上抛东西，这些做法都是没有修养的表现。

比赛结束，对双方的表演应报以热烈的掌声，表示谢意。自己支持的一方胜了，不要得意忘形，手舞足蹈；自己支持的一方败了，也不要埋怨运动员、教练，不要冷嘲热讽，甚至出言不逊。

3. 退场

比赛结束离开座位时，不要争先恐后，特别是在人流涌向出口时，更不要向前拥挤，应随着人流缓缓而出。出场后不要围观运动员，运动员的车辆从身旁通过时，要让开通路，为表示友好可以招手致意。

（三）购物礼仪

商店是一个城市精神文明的窗口，顾客与营业员互相尊重、互相体谅是双方文明相处的前提。到商店购物，要尊重营业员的劳动，要体谅营业员的辛苦，尽量减少对营业员的麻烦，使用文明礼貌语言。买东西，先看准样式、颜色、质量、价格等，合适了再请营业员拿来，看不清拿不准的可以先问一下。如果不合适，或者只是想看看，则不必麻烦营业员拿来。

呼唤营业员时，语气要平和，不要用命令式口气高声呼叫。当营业员正忙于接待其他顾客时，要耐心等待，不要急不可待地高声叫喊，指手画脚或手敲柜台。

挑选商品时，不要过分挑剔，时间过久会影响营业员为他人服务。对易污、易损商品要轻拿轻放，万一污损了，就应当买下来，或者赔偿。挑选后不满意的，可以请营业员把商品取回，并说一声："劳驾了"；挑选多次时，可以说一句："对不起！给您添麻烦了。"对态度不好的营业员，也不要与其产生正面冲突，这会有损自己的形象，必要时可以向其领导反映情况，请其来主持公道。

调换商品，应出示相关的凭证；如果是一些不可调换的商品，也不要强求。

（四）图书馆礼仪

图书馆是人类智慧的宝库，也是学习和交流知识、获取信息的场所。因此，要求读者在获取知识的同时，也应遵守图书馆的规章制度。读者上图书馆学习应衣着整洁，进入前应自觉关手机，不能穿背心、拖鞋进，要自觉遵守图书馆的规章制度，爱护图书馆的设施，保持环境安静和清洁卫生，严禁吸烟。

读者在图书馆学习要讲文明，讲礼貌，不要抢占座位，为自己或为他人划地盘。图书馆是公共学习场所，有空位人皆可坐，但欲坐在别人旁边的空位时，应有礼貌地询问其旁边是否有人。

在图书馆借还图书、进行微机检索、课题查询、复印，或在语音室听录音，在影像室看录像等，要按顺序排队。在图书馆，特别是在阅览室，走路要轻，最好不要穿钉铁跟的皮鞋。入座和起座要轻，翻书也要轻。与学友交谈时，应轻声细语；若需长时间讨论，应到室外交谈。

在图书馆学习和阅览图书、报刊时，应自觉爱护图书馆的公共设施和图书、报刊。阅览时不在图书、报刊上涂画或在图书、报刊上开"天窗"。查阅资料时，若遇到自己解决不了的问题，可以有礼貌地向图书馆咨询人员请教。

（五）公园游玩礼仪

公园是人们休息、娱乐的公共场所，无论春夏秋冬，许多离退休老人清晨来到公园，进行活动和早锻炼。白天，游园者来到公园观光赏景；黄昏时分，忙累了一天的职员们在公园的草径上漫步，借此消除精神疲劳；夜幕降临，一对对正处于热恋之中的情侣相会在公园的花前椅上，倾吐衷肠。每逢周末或节假日，一些家庭全家出动，去公园尽情享受和体会大自然的美。不少学生周末或节假日也来到公园僻静处看书学习。公园更是少年儿童的乐园。

每位在公园里活动和游玩的游客，都应当自觉保持公园的卫生和宁静。在公园内不要随手乱扔果皮、纸屑、饮料瓶罐，也不要高声喧哗、嬉笑打闹。利用双休日在公园游玩、野餐的年轻人和家庭，不要忘了将废弃物收拾干净。

游客还应自觉遵守公园的规章制度，爱护公园的花草树木和娱乐设施，不能攀树折枝、掐花摘果、践踏草坪，也不要在文物古迹上刻画、书写自己的名字。要知道，人靠建功立业名垂青史，到处涂抹自己的名字，只会在其他游园者心目中留下不好的印象。

游客在公园里游玩和活动，同样要讲风格，讲礼让，讲互助。白天，游客不要躺在公园的长椅上睡觉；夜晚，不要打扰人家谈情说爱。在景点拍照时，若需要请别人帮忙，应礼貌地说出来，请别人帮忙拍照后，别忘了道声谢。

不少公园里配备儿童游乐设施，如小滑梯、小转马、小秋千等，这是专供孩子们玩耍的。成年人可以在旁边兴致勃勃地观看孩子们玩耍，但不要抢占为儿童专设的游乐设施。例如，公园专门为孩子们准备的专用小秋千，有些成年人却坐在上面长时间不下来，让儿童们排着长队，眼巴巴地等待着。这样做不仅伤了孩子们的心，也极容易损坏这些儿童专用设施。

（六）医院礼仪

探望、慰问病人是一种礼节行为，出于情况特殊，所以更需要注意方式方法，交谈得当会使病人心神快慰，消除忧虑，有利于早日恢复健康；稍有不当，哪怕一句话、一个眼神，也会给病人带来不良影响。

1. 探视前

到医院探视病人前，要做一些准备，可向其家属友人了解一下病人的病情、心情、饮食、休息情况，以及家里的情况等，以便到病房后，有针对性地做些安慰。去时可以带些病人需要的东西，如书籍、食品、鲜花等。同时，还应了解医院允许探视的时间。此外，去医院时，女士不应该浓妆艳抹，应该换上清洁的服装，且服装不宜鲜艳刺目。

2. 探望

进入医院，要遵守医院规定，要在探视时间内进行探视，以免影响病人的休息和医院正常的工作秩序。

进病房时要先轻轻敲一下门，或轻轻开门进去。到病床前，先把礼物放下，见到病人，要同平常一样自然、平静、面带微笑，主动上前握手；不宜握手时，可探身表示慰问。见到病人治疗用的针头、皮管、纱布、绷带要表现出平静的样子，切不可表现出惊讶的神态，不然病人会增加精神压力。之后可坐在病人身旁或拿一个椅子坐下。坐下后，要亲切目视病人，先问一声："今天好些了吧？"或"今天精神好多了吧？"然后再关切地询问病人病情和治疗情况。交谈中，要让病人介绍情况，自己不要滔滔不绝地唠叨，要多讲些慰问、开导和鼓励的话，用乐观向上的语言给病人以精神上的鼓励，不要提及刺激病人的话题，多讲些愉快的事，使病人得到宽慰和快乐。

3. 告辞

探望病人的时间不宜过长，10 分钟左右即可起身告辞，顺便可问一下病人有什么需要帮助的，或有什么事要帮忙办理的。离开前嘱咐病人安心治疗，表示过两天再来看望。

当然，如果是危重病人，则不应作交谈，只是探视，简单而深情地安慰、鼓励，再向病人的亲属致意以后就可告辞；不便当着病人的面交谈的，可在其亲属送到门外时再谈，以免引起病人疑虑，加重病情。

（七）健身房礼仪

健身房是供人们锻炼身体的场所。在公共健身房活动，要讲究以下礼仪。

相互关照，不长时间独占器材。公共健身房内配备多项器材，分别用于锻炼身体不同部位的肌肉。鉴于此，一个人不要长时间霸占某一项器材，以免妨碍他人进行全身运动。此外，运动完毕，应将器材归回初始状态，计时计数归零。

爱护器材，保持器材干净。在锻炼时汗水弄湿了器材，应用毛巾等擦干器材。

保持安静，不大声喧哗。健身房是运动场所，应避免高声谈笑或大声喧哗。离开健身房前，应向指导教练致意，感谢他（她）的指导与陪伴。

二、案例讨论

（一）案例一

一位中年妇女拎着选好的大包小包的商品，穿过排队的长龙，径直走到收银台，插到刚结完账走了的顾客后面。收银员温馨提醒，请她到后面排队，她却大声责骂起来："没看到我拎这么多东西吗？这么重的东西你拎着站在那里等着试试看！"

后面的顾客都急得不耐烦，大声嚷嚷着：

"你推个手推车不就行了。想插队还这么多理由……"

"就是……这人怎么这么没素质……"

然而，在吵骂声中，妇女仍执意让收银员快些结账，还威胁说要投诉。

讨论：该妇女的做法对吗？正确的应该如何做？

（二）案例二

一位姑娘乘公共汽车时，不小心踩着了一位小伙子的脚，于是非常紧张地向小伙子道歉："对不起，我不小心踩了你的脚！"小伙子风趣地回答："不，是我的脚放错了地方。"看到小伙子如此宽容、豁达，姑娘如释重负地笑了。

公交车到了停靠站，上来一位老大爷，站在了一个小伙子的座位旁边，这个小伙子厌恶地转过头去，看窗外的风景。

讨论：你在乘坐公交车时碰到过类似情景吗？如果你碰到上述情况会怎么做？

（三）案例三

某日一个旅游胜地的四星级酒店接待了来自国外的一个旅行团，这个团里的人大多是四十多岁、终日泡在家中的家庭妇女，难得有机会出来随团旅游，所以兴奋的心情难以言喻。

这虽然是一家四星级的酒店，但却有着五星级酒店的服务。在这里，她们享受到了上帝般的待遇；最让她们兴奋的是，在所住的标准间中，有很多赠送的小礼品，就连洗手间内的洗发水和沐浴露也都是名牌的，每种都是用 2 升大的精美玻璃器皿装着，用手一挤就滑滑地出来了。在这里，她们可以得到完全的放松。

在酒店入住的几周里，酒店的服务人员发现了一个问题：那就是这个旅行团房间里的洗发水和沐浴露用得十分快。每天所要添加的量就要比别的房间多出几倍。后来，问题才搞清楚。

有一次，服务人员去打扫刚刚退房的客房，但进去后却吓了一跳，洗手间内，一个妇女在用一个饮料瓶子盛装洗发水和沐浴露。

原来，这个团的妇女看到酒店里免费供应的小礼品和洗化用品，“贪小便宜”的思想便滋生出来，于是，不管是自己房间内的，还是其他人的房间，只要看到房间内的其他客人退房了，房门还开着便会潜进去收集各种小礼品、洗发水和沐浴露。

最后，等到她们退房后，酒店人员又果然发现她们所住房间内盛洗发水和沐浴露的瓶子几乎都是空的。

讨论：这些人都有哪些不当行为？酒店住宿应遵行哪些礼仪规范？

三、情景训练

（一）情景一

根据以下情景分小组进行模拟训练。

1. 请你以主人的身份设计一个接待客户游览北京的计划，其中包括安排时间、地点陪同人员及参观地点的讲解介绍。

2. 请搜集北京主要景点的资料，如故宫、长城、颐和园等。

（二）情景二

模拟表演下面情景剧，体会公共礼仪，参照自己日常言行，努力提升自己的素养。

候车室里的故事

主持人：观众朋友们，文明礼仪是人类为维系社会正常生活而要求人们共同遵守的、最起码的道德规范，是一个国家社会文明程序、道德风尚和生活习惯的反映，是一个人的思想道德水平、文化修养、交际能力的外在表现。在接下来的系列片断中，我们每个人在公共场所中表现的一言一行，一举一动，都会折射出我们的文明意识和道德水平——

（火车鸣笛声，隆隆地驶入站台，由远至近）

车站播音员的声音：（画外）旅客们，由衢州开往北京520次列车进站进1道，请旅客们携带好自己的行李，检票进站……（重复一次）

说话间，一对年轻的情侣手挽着手，亲昵地有说有笑地上场，他们一边笑，一边旋转着舞步般轻盈地绕着长椅，最后开心地坐在长椅上。然后，从包里取出卤食、鸡爪、花生等，一边吃一边扔下方便面的袋子、果皮等，毫不顾忌。十分亲昵的你一口我一口喂食，吃完后，将剩下的倒地上。随后，男士斜倚靠在女士身上，双脚放在椅上，把座位挤占得满满的。

这时，一对老年夫妇肩背包袱相互搀扶着上场，左右环顾却找不着座。老人走到这对年轻人面前几次欲言又止，最后大爷说：小同志——

年轻人：（抬头看看，不屑）。

大爷："小同志——能让一让嘛？"

年轻人：（抬头看看，抬头看看，然后，双脚高抬起）。嘴角哼出："嗯——"

大爷看看，无奈地——这时大娘发出咳嗽声。大爷于是上前，"小同志，能让一下吗？她、她有……"

年轻人："碰我干什么？你有毛病呀？……"

大爷："是、是有毛病，她有毛病——"

年轻人："有毛病？有毛病到这里来干什么？有毛病到医院去喽，我看你真当有毛病……"（说罢，俩人继续调笑！）

大爷：（无助又无奈——只好佝偻着身子，相互依偎地站在一旁……）

主持人上场：见状十分生气地走到他们面前，大声道："喂，你们的东西丢了，刚才小偷把你们的东西拿跑了……"

年轻人：（站起）"什么？小偷？他们跑哪去了？"

主持人："往那去了，快去追呀——"

俩人连忙追去。这时，主持人走到老年人身边，（给音乐）关切地说："大爷大娘，来，你们这里坐！然后扶着大娘坐下，取出水给他们喝，照顾，询问……"

年轻人上场看到主持人："喂，你骗我干什么？我什么东西都没丢……"

主持人走向前："是啊，东西丢了不要紧，做人的良心和品德不能丢呀。敬老尊老是中华民族的传统美德，这个东西我们可千万不能丢，你们也会老，你们也会需要社会的关爱——"

年轻人（男士）还想争辩，女士拉了他一把，有些愧疚地对着他一扭头。小伙子看看这里望望那里，有点无措，鞠了一躬道："对不起。"然后对着女青年的方向："小丽小丽，（追去！）"

主持人：其实礼仪的内容涵盖着社会生活的各个方面，包括仪容、举止、表情、服饰、谈吐、待人接物等，在道德实践中我们每个人必须注意礼仪，使人们在"敬人、自律、适度、真诚"的原则上进行人际交往，告别不文明的言行。你看，天下雨了，我们的候车室里又会发生什么呢？

切光，一个军人坐在长椅上

（现场传来闪电、下雨声……）

一时髦女郎急匆匆上前，跺脚，抖衣服上的水渍，然后对着军人摔雨伞，看书的军人抬头看到，并没说什么！

时髦女郎：看看座位，再看看手中的雨伞，然后走到军人面前，把湿漉漉的雨伞放在椅子上，看看座位不够，道："兵哥哥——？"军人抬头看看后，欠欠身子让出了一点座。时髦女郎马上坐下，随后理头发，水花溅到军人的身上，自己毫无歉意！然后打开包拿出零食，又吃香蕉又嗑瓜子。香蕉皮扔在地下，用脚踢得远远的，瓜子壳乱吐——

这时，一个孕妇扶着腰慢慢上场，到了椅子前看看有人，便走到放雨伞的位置前，道："大姐，这里有人吗？"

时髦女郎："没人——"

孕妇："那——我可以坐下吗？"

时髦女郎：（有些不快）"让你坐？那我的雨伞放哪？"

孕妇："这……可我的身子不方便呀。"

时髦女郎："不方便？不方便还出来干什么？"

孕妇："你——。"

时髦女郎："干嘛？"（看看军人，然后哼唱道）：学习雷锋好榜样，忠于人民忠于党，爱憎分明不忘本——一边唱一边看着军人，声调怪怪的，表情异样！

军人：（有所悟，便拄起拐杖，站起对孕妇道）："同志，来，你坐——"

时髦女郎和孕妇（看到这一幕表情不同）。

孕妇："这！不行，还是你坐吧。"

时髦女郎："嗯——（有些将信将疑）现在假的东西多着呢，没事，你就坐吧！"

军人："你——"（生气）

孕妇："你，这怎么可以这样说？"

时髦女郎："我怎么啦？我是帮你要座位，你却说我，真是好心没好报——有本事，你不坐，哼！"

（正在这时，传来火车进站的播音，时髦女郎站起："不和你们一般见识。"欲走，正好踩在香蕉皮上，摔倒在地，军人没有扶她而是扶孕妇坐下。主持人上，扶起时髦女郎）

主持人："摔伤了吗？"

时髦女郎："啊哟啊哟地哼，还好还好，要是摔成残废那才惨呢。"

主持人：那倒未必，其实生活中，有些人身体虽然残疾了，但他的心灵却很健全；可有些人，身体虽然健全但心灵却不那么健康，你说哪个更好一些呢？……

时髦女郎：……啊哟，啊哟地下场。

主持人面向观众，“记得有一位哲人说过，在我们的生活中有些人身体是健全的，但却残疾了；有些人身体虽然残疾，但他却是健康的。希望我们在生活中既要拥有一副健康的躯体，又要拥有一颗美好的心灵。”

（资料来源：百度文库）

（三）情景三

根据以下故事，学生模拟扮演故事中的人物，体会当事人的心情，思考如果自已碰到类似事件应如何应对。

王薇毕业后就到宾馆上班了，在宾馆上班的半年多时间里，她经历了许多喜怒哀乐的事情。

有一件小事给了她很大教益。那是在不久前的一天早茶时，王薇刚上班不久，一位客人睡眼惺忪地来到她们餐厅，王薇热情地接待了他，拉椅请坐，问好后顺带问客人点茶，“请问，先生喝点什么?”“给我来杯绿茶吧!”“好的，请您稍等。”于是王薇便动作利索地给客人泡好了茶。可不知怎的当她刚要给客人斟茶时，那客人却很生气地说：“你是怎么搞的，我要的是咖啡，你给我茶干吗?担心我付不起钱啊?”王薇心一慌，明明你点的是茶，什么咖啡，不喝就算了，心里面不服气地想。但是当她刚想赌气走开的时候，突然想起在学校时所学的礼仪课和刚到宾馆培训时，老师对她说过，干服务行业，做一个合格的服务员，一定要有客人意识，把客人当成“上帝”，客人总是对的。也许是自己错了，不容多想。王薇马上带着歉意向客人道歉：“对不起，先生，我听错了，我马上给您换好吗?”这时客人却笑着说：“小姐，不用换了，你没有听错，我是故意的。我听朋友说，你们宾馆的服务在沈阳乃至辽宁是一流的，很好，耳听为虚，眼见为实。”王薇悬着的一颗心总算是放了下来，也为刚才的行动感到高兴，小小的一件事，如果当时王薇“想不通”，那就给宾馆丢脸了。

第六章

职场礼仪

训练目标

通过训练使学生了解面试前的准备；掌握面试中的各种礼仪规范，理解面试后续礼仪；掌握职场办公室内礼仪，办公室公共区间礼仪，以及处理好同事关系应遵循的礼仪规范，使学生在求职面试以及将来工作岗位上做一个有素养有涵养的人。

> 礼节乃是一封通行四方的推荐书。
>
> ——西班牙女王伊丽莎白

案例导入

小徐的面试经历

“第一次求职就成功了，很多人都觉得我很幸运，当然主要得益于自己‘诚信的简历’。”同样是应届毕业生，小徐算是最早找到工作的一批了。

面试在下午四点，肚子比较饿，别人都紧张地在走来走去，小徐却拿出巧克力来吃，一边闭目养神。对面墙上贴着一张 F4 上海演唱会的海报，作为周渝民的“追星族”，她心情格外的好。进去之后，面试官对她也很客气。

双方的交流在一种自然、平和的状态下开始。那天她和面试官除了讲到了她在国内核心期刊发表的论文、自己大学期间的成绩，更多的是讲到了她喜欢的巧克力，讲到了崇拜的歌星，讲到了她在上海电视台参与拍摄的短剧……这些经历足够让面试官了解她是一个兴趣广泛、精力充沛、热爱生活的人。

由于专业不是会计，而是经济学，她在简历上明确写出了自己没有在会计事务所工作或实习的经历，本来这是个劣势，面试官却认为她具备了一个会计师需要的品德：诚实……在她离开的时候，她拿到了面试官递过来的 offer，这样她成功了。

（资料来源：张先勇．当场打动主考官：求职面试的 128 个成功法则．北京：石油工业出版社，2005.）

模块一　求职面试礼仪

戴尔·卡耐基曾说过："推销自己是一种才华，一种艺术。有了这种才华，你就不愁吃、不愁穿了，因为当你学会推销自己，你几乎也可以推销任何值得拥有的东西。"求职应聘实际上是一种自我推销的过程。在应聘的过程中，要想力挫群雄，除了要掌握必要的面试技巧，还要遵从一定的礼仪规范，二者都是不可或缺的，甚至在某些情况下，求职面试礼仪还起着举足轻重的作用。求职礼仪是公共礼仪的一种，它是求职者在求职过程中与招聘者接触时应有的礼貌行为和仪表形态规范。它通过求职者的应聘资料、语言、仪态举止、仪表、着装打扮等方面体现其内在素质。它对于能否实现求职者的愿望、能否被理想单位录用起着重要的作用。

一、基本知识

（一）面试之前的准备

1. 心理准备

1）要知己知彼

知己当然是了解自己。可以通过自省，也可以通过家人、师长、朋友、同学的描述，将这些内容罗列出来，主要包括：

① 个人的兴趣、爱好、特长；

② 个人的优点和缺点；

③ 个人最喜欢做的事和最不喜欢做的事；

④ 专业成绩如何；

⑤ 历年来获奖或取得成就的情况；

⑥ 应用了什么技能才获得这些成绩；

⑦ 参加过哪些社会活动并取得什么样的成绩；

⑧ 最喜欢的社会活动；

⑨ 人际交往的情况；

⑩ 没做成的事情及原因。

知彼，就是了解用人单位的岗位。在了解自己的基础上，在求职前，我们还需对就业形势、相关的用人单位、所求工作的性质和内容以及求职面试的程序做充分的了解，这样才能做到化被动为主动，有的放矢，避免盲目性。经过分析自己、分析用人单位的岗位特点，求职者需要扬长避短，对招聘单位最欢迎什么样的人有一个初步的了解。

2）面试时要自信、冷静，有积极的心态

自信是实力的表现。有信心才会有热情和勇气，才会拿出百倍的精神去面对困难、克服困难。每一个求职者都应该是自信的，因为无论他们是即将毕业的大学生，还是有过一定工作经历的人，都具备了相应的知识和能力，再加上充分的面试准备，完全有理由相信自己能在面试中有良好的表现。

面试时，求职者会被要求回答各种各样的问题，因此，冷静的头脑、清晰的思路就显得尤为重要。

这些年来，就业难的问题日益突出，“僧多粥少”的现实情况不容许我们做等待机会的人，我们要有竞争意识，主动出击，以积极的心态去争取机会。

2. 简历和资料的准备

面试前，求职者应该提前把参加面试需要携带的东西准备好，以免遗漏。包括公文包、笔记本、文凭、身份证、各种证书、照片、笔、多份打印好的简历等。所有准备好的文件都应该平整地放在一个牛皮纸的信封里。

1）公文包

求职时带上公文包会给人以专业人员的印象。公文包不要求是很贵重的真皮包。但看上去应大方典雅，可以平整地放下 A4 纸大小的文件。

2）笔记本

在寄出简历的同时，应该把每个公司的招聘信息剪辑、编排，统一整理到一个求职记录本中，以便在收到企业面试通知时进行查询。当然，这个求职记录本还应记录即将参加或已参加过的面试时间、地址、联系人和联系方法，面试过程的简单记录、跟进记录等。此本应随时带在身上，以便记录或查询。

3）文凭、身份证和各种证书

准备好学历证书、身份证及所获奖励证书等备查文件的正本和复印件。如果面试时公司人事主管提出要查看一些文件的正本而面试者又没有带的话，是非常尴尬和不礼貌的，这是面试礼仪中最应该避免的疏漏。此外，如果有工作成果的证明、作品或者专利证明，务必带上，因为这是证明自己最好的“秘密武器”。

4）简历

简历，是求职的“敲门砖”，是求职者与用人单位的“第一次接触”，其对于求职的重要性不言而喻。对于用人单位来说，一个招聘信息的发布可能会吸引上千份的求职简历，然而这其中能得到他们眷顾的最多只有20%。职场如战场，求职就是一场战争，如何在千军万马中杀出重围，占领成功制高点，简历就是攻城拔寨的利器。制作简历要认真准备，恪守原则，强化细节，如此才能给用人单位留下良好的第一印象。

一般而言，求职简历的正文主要包括以下三部分。

首先，个人的基本情况介绍。

其次，个人的学历情况概述。主要包括学习历程、在校期间获奖情况、爱好和特长、参加过的社会实践活动、所任职务，以及承担的职务等。

最后，个人的工作经历。例如，介绍曾经工作过的单位名称、职位、个人工作成绩、培训或深造就学情况、工作变动情况，以及职务升迁情况等。

即使你的简历已使你获得面试的机会，约谈者也仍有可能再次收取一份，因此必须准备多份完整简历，这样做的目的主要有两个：一是面试前可能出现需要填写信息表格的情况，此时可取出作为参考；二是如果不止一个面试官，让他们每人一份简历，这可表现出你的细心和你对这次求职的重视程度。

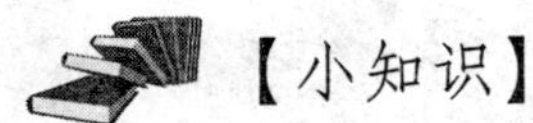【小知识】

简历有何礼仪要求

1. 称呼要得体

一般而言，接收你简历的人应该是单位里有实权录用你的人，要特别注意此人的姓名和职务，书写要准确，万万马虎不得。因为他们第一眼从信件中接触到的就是称呼，最初的印象如何，对于这份求职信件的最终效果有着直接影响，因而要慎重为之。因为求职信往往是首次交往，未必对用人单位有关人员的姓名熟悉，所以在求职信件中可以直接称呼职务头衔等。如“某公司负责人”、“某公司经理”、“某厂长”……记住你的目的在于求职，带有“私”事公办的意味。因此在称呼上一定要求严肃谨慎，不可过分亲近，以免给人以“套近乎”或阿谀、唐突之嫌。

2. 问候要真诚

问候是一种必不可少的礼仪，但是必须要让对方在你的问候中感到真诚。问候语可长可短，即使短到“您好”两字，也体现出写信人的一片真诚，而不是应景文章。

3. 内容要清楚、准确

正文是书信的主体，也就是你写这封信的目的。正文从信笺的第二行开始写，前面空两格。书信的内容尽管各不相同，写法也多种多样，但都要以内容清楚、叙事准确、文笔通畅、字迹工整为原则。此外，还要谦恭有礼，即根据收信人的特点、写信人与收信人的特定关系进行措词。

4. 祝颂要热诚

别看正文后的问候祝颂语只有几个字，但它却表示出了你对收信人的祝愿、钦佩，也有不可忽视的礼仪作用。祝颂语可以套用约定俗成的方式，如“此致”、“敬礼”、“祝您健康”之类，也可以另辟蹊径，即景生情，以更能表示出对收信人的良好祝愿。给用人单位领导写信，可写“求职者”或“您未来的部下”。在名字的下方，还要选用适当的礼告敬辞。

5. 信皮称呼用尊称

信皮的填写除了清楚、明了地注明收信人地址、邮政编码、姓名及发信人地址及姓名以外，还要恰当地选用对收信人的礼貌语词。首先要注意收信人的称呼。封皮是写给邮递员看的，因此应根据收信人的职衔、年龄等，写上“经理（或总经理）”、“厂长”、“人力资源部部长”、“人事经理”或“先生”、“同志”、“女士”等。此外，还要讲究“启封辞”、“缄封辞”选择。

3. 服饰和仪表准备

求职面试时，给人留下第一印象的往往是你的仪表服饰。第一次见面要力争给人以整洁、美观、大方、明快之感。主考官能够通过应聘者的服饰和仪表联想到其将来工作时的精神状态。着装得体、仪容整洁会给人以大方、精干的好印象；反之，不修边幅、蓬头垢面则会给人以懒散、不上进的感觉。

由于招聘单位的不同，对仪表服饰的要求也会有所不同。国家机关要整洁、端庄；涉外单位要漂亮、明快；工厂、企业要朴素大方。总结起来，服饰的基本要求是：整洁、大方、合身、得体，符合季节特点，符合年龄和个性气质，适合应聘职业的要求。仪表的基本要求是：干净、整洁。

在 IBM 面试中，最先被拒绝的人可能就是那些穿着以及言谈举止不合时宜的人，如穿拖鞋、牛仔裤的，说话带脏字或颠三倒四、意识显得不着边际的人。

1）仪容修饰要适度

仪容能给人造成直接而敏感的“第一印象”，美好的仪容总能令人敬慕和青睐。在面试时一定要注意自己的仪容美，赢得面试官的好感，促使面试成功。

求职面试时，妆容应以简洁、大方、亲切、自然为恰到好处。对于女性可以化一些淡妆，切记不可浓妆艳抹，或另类前卫，以免弄巧成拙。

修饰仪容的基本规则是：美观、整洁、卫生、得体。因此，无论男士还是女士在面试前一定要精心梳理，不必涂抹得过于油腻，要除去头屑和头饰中闪亮的饰物。如果戴有近视眼镜，应擦干净眼镜片。此外，女士一般不留披肩发，把头发盘起或梳扎为好；男上不留长发、烫卷发，在出发前最好刮刮胡须，这样显得非常精干。

2）仪表修饰要得体

面试时，合乎自身形象的着装会给人以干净利落、有专业精神的印象，男士应显得干练大方，女士应显得庄重俏丽。一般来说，面试时仪表修饰的基本要求是：整洁、庄重、正规。

应聘者的仪表必须干净、整齐，绝不能不修边幅。面试时所穿的衣服，务必无污迹、破损，尤其是衬衫的领口与袖口要确保洁白无瑕。

女士穿着切忌过分摩登，或是刻意追求怪异、新奇、性感，尤其忌穿露肩、露背、露腰的“三露”服装，可以选择整洁大方的套装；男士不能在面试时穿T恤、牛仔裤、运动鞋，一副随随便便的样子，最好准备一套合身、穿着舒服但并不很昂贵的深色西装。

3）正规

按常规来说，男士应该本着“三色原则”着深色西服，穿白色衬衫，系单色领带，穿深色线袜、黑色皮鞋；女士应着素雅套裙、肉色连裤长袜及黑色或与套裙配色的中跟皮鞋，最好不要佩戴首饰。

（二）面试礼仪

所谓面试，是指为了更深入了解求职者的情况、判断求职者是否符合工作要求而进行的招聘人员与求职者之间的面对面接触。礼仪能够体现出一个人的素质。这也是用人单位对求职者的考核内容之一。因此，求职者在面试时要严格遵守面试礼仪。

1. 面试前的礼仪

1）提前到达

一定要提前赶到面试地点，一般来说提前 10 ～ 15 分钟为宜（提前半个小时以上也被视为没有时间观念）。最好在面试前能够去一趟洗手间，再一次梳理一下头发，整理一下着装，擦拭一下皮鞋，对着镜子，给自己一个肯定、自信的微笑，然后轻松上阵。

2）等候期间的注意事项

进入面试单位，若有前台，则应开门见山说明来意，经指引到指定区域等候；若无前台，则找工作人员求助。记住，在询问或与他人交谈时，要使用“您好”、“请问”、“谢谢”等礼貌用语。

等候期间保持安静和正确的坐姿，不要来回走动，也不要和其他求职者聊天。

最好在进入面试单位之前就关闭手机或设置手机无声。在等待面试期间，不宜大声接听电话或忙碌发短信、玩手机游戏等。

等待期间，不宜抽烟和嚼口香糖（为保口气清新，可于面试前半个小时含一枚口香糖）。

3）轻敲门、慢关门（除非有专人引导）

如果没人通知，即使前面一个人已经面试结束，也应该在门外耐心等候，不要擅自进入面试房间。听到喊自己名字时，回答“是”或“到”，要清脆响亮。进入面试房间前要敲门，一般以两三下为宜。如果门是关着的，要以里面听得见的力度敲门，待听到“请进”时要回答“打扰了”方可开门进去；如果门是开着的，也要先轻轻地敲两三下门，在获得同意之后，再进入房间。

进入房间后，不要随手关门，要转过身去正对着门，用手轻轻将门合上。

4）学会等待、适时问好

合上门后，回过身将上半身前倾 30°左右，向面试官鞠躬行礼，面带微笑称呼一声“老师好”，然后报上自己的名字。如果事先从接待人员那里知道了面试官的姓名和职务，可在问好时礼貌称呼，有助于拉近求职者和面试官的距离。但如果不知道，千万不要乱称呼。

如果进门时面试官正埋头整理或填写资料，不要贸然和面试官打招呼，以免打乱他的思路。有时候，面试官会主动要求你先等一会儿。这个时候，你要表现出理解和合作，在一旁静静等待，千万不要东张西望，尤其不要对面试官手头的资料探头探脑。

5）握手

尽管有多种握手的方式，但求职者在面试时的握手，要力求专业，要传递给面试官自信、大方的感觉。因此，求职者要做到以下几点。

① 一般要等待面试官的手朝你伸过来，然后握住它。因为按照握手礼仪，先主动伸出手的应是主人、长辈。

② 握手时双眼要直视对方，面带微笑，同时保证你的整个手臂呈 L 形

（90°），有力地摇两下（不要太使劲摇晃），随后把手自然放下。

③ 握手时要确保手心是干燥温暖的。一只湿乎乎、冷冰冰的手不仅会引起对方的反感，还会让对方觉察到你过度紧张的情绪。

另外，最好不要用两只手去跟面试官握手，这是一种不专业的方式。

2. 面试中的礼仪

1）坐姿

在面试官没有招呼你坐之前，绝对不可以擅自坐下。等听到“请坐”时，要回答“谢谢”，方可坐下。入座后，不要坐满整个椅子，这样会显得太放松随意、漫不经心，也不要只坐椅子的边，这样显得你紧张拘谨、如坐针毡；最佳的方式是坐满椅子的2/3，上身自然挺直，略向前倾，双膝并拢，双手自然置于其上；切忌抖腿、跷二郎腿。有时，坐下时需要挪动椅子，一定要把椅子抬起来，轻拿轻放，千万不要拖动椅子致使发出不和谐的噪声。

2）举止

面试时，要注意你的举手投足。入座后，双手要摆姿势时，想像有一个和肩膀同宽的盒子放在自己的下巴和腰之间，将所有的手部动作都控制在这个范围内。不能将手臂交叉于胸前，不可挤响手指关节，不要拍手掌、玩手指，不能有挠头、摸耳、转笔、搓衣角、抖腿、看手表等小动作。女士更不能在说话时掩口，这会让面试官认为你的回答另有隐情。这些动作对于求职者来说，多是无意识的，但会给面试官留下不好的印象。

3）眼神

眼神可以传达一个人的自信，也可以表达出对对方的尊重。

在面试中，要重视眼神的运用。首先是视线的方向。

要正视对方。表达对对方的尊重，并不是直勾勾地盯着对方，而应把目光集中在对方眼睛和鼻子之间的三角形位置上移动，这样会让对方既感觉到重视又不会觉得你无礼。如果有其他面试官在场，说话时眼神也要照顾到他们，以示尊重。

其次是注视的时间。在留意倾听问题或回答时，可将坚定的、自信的目光停留在问话人脸上5～7秒。要避免长时间凝视，否则易给人无礼或呆板之感。也不要躲闪或回避面试官的眼神，以给人不自信的印象。也不要左顾右盼、东张西望，显得对所谈问题缺乏兴趣。更不要瞪视、斜视或眯着眼睛看面试官，这都是不礼貌的眼神。

4）微笑

微笑是最美的语言。面试中保持自然的微笑，能够消除紧张，展现你的自信，提升你的外部形象，还会增进沟通，拉近你和面试官的距离。

5）聆听

想要给面试官留下好的印象，一定要表现出认真聆听的样子，并适时以“是”、“对”、“我想是的”等作为回应。聆听是一种礼貌的表现，会让对方感觉到你对他的尊重和对谈话内容的重视。随意打断别人的说话或者抢着发言会令面试官觉得你不尊重他，从而对你留下无礼、急躁、轻浮，甚至缺乏教养的坏印象；而对求职者来说，没有听完面试官的话或者没听清楚就回答，容易答偏、答错。

6）谈吐

面试应答时要表现得从容镇定，不慌不忙，温文尔雅，有问必答。问而不语、毫无反应是很失礼的，虽然有时在应答中难免会碰到一时答不出的问题，但切忌一言不发，可以用几句话先缓冲一下：“这个问题我过去从没有认真思考过。从刚才的情况看，我认为……”这时脑子里就要迅速归纳出几条“我想”了，要是还得不出答案，就先说你所能知道的，然后坦率承认，有的东西你还没有经过认真考虑，切勿信口开河夸夸其谈。文不对题、话不及义，会给人以一种无内涵的感觉。面试官考你的并不一定只是问题的本身，如果你能从容地谈出自己的想法，虽然欠完整，很不成熟，也不致对全局产生恶劣影响。

求职者除了回答面试官的提问，有时为了及时了解有关情况，还应学会适时提问或询问。时间一般在面试基本结束时，问题要提得委婉得体，不唐突、不莽撞，不要引起面试官的反感。有时，面试官也会主动提出：“你有什么问题想问吗?”当遇到这样的问题，最不好的回答是：“我没有问题了。”你应该抓住时机，弄清自己还未弄清的问题，如“您能否介绍一下这个职位的工作范围?”“能否请您谈谈公司未来几年有什么发展计划?”等这类问题，显示出你对新工作的重视与关心。提问时切记，不要问一些太注重个人利益的问题，如“请问一星期休息多少天?”“是否有出国深造的机会?”“能解决住房吗?”“能否让我攻读硕士?”等。提问也有一个技术技巧的问题。提得好，会增加面试官对你的好感；提得不好，会让面试官觉得你太幼稚可笑，不但不能增加好感，有时甚至会产生反感。

3. 面试结束时的礼仪

1）察言观色，掌握面试收尾时间的“火候”

谁也没有给面试规定时间，但是应聘者心中必须牢记：面试是有限定的谈话，不可久留。

有些求职者为了最大限度地展示自己的优点，往往会在有限的时间内作口若悬河的演说，超出面试规定时间而不自知。而这会令面试官非常疲惫，因而不断做出看手表、变换姿势等动作。虽然面试的各个进程由面试官控制，但面试的每个阶段都有内容上的侧重，面试官的行为也会有一些微妙的变化，求职者要善于察言观色，领会面试官的无声语言，判断面试的进程，适时提出收尾，或留出时机让面试官从容收尾。

实践证明，成功的面试应有适当的节制，时间长了对应聘者不利。适时告辞，留下一段美好的回忆让面试考官品味，比拖延时间的疲劳战术要高明得多。

2）面试结束时要有礼貌

面试官示意面试结束时，应微笑、起立、握手道别，说“非常感谢给我的这次面试机会。我就静候佳音了。”“非常感谢，如果有幸进入贵单位服务，我必定全力以赴”之类的感谢话。并拿好自己的随身物品，走到门旁先打开门，转过身来有礼貌地鞠躬行礼，再次表示感谢和道别后，转身轻轻退出房间，再轻轻将门关上。如有人送，请对方“留步”。

3）离开考场不忘风度

走出面试房间后，在走廊及用人单位的其他场合，仍要保持安静、礼貌。切莫和人讲述过程，也不能马上打电话。不要兴高采烈地大声高叫，也不能无精打采地离去。遇到工作人员或接待人员，要主动点头致谢，并道别。

4）面试后不忘感谢

不要把面试结束当作是求职的结束。面试后用书信、邮件或电话方式表示感谢，费不了多少工夫，但很多人都意识不到这一点，也许机会便是这样错失了。因此，要把面试后表达感谢当成是面试礼仪不可或缺的一部分，加以重视起来。应聘归来后，最好在24小时内发出感谢的书信或邮件，内容要简洁，如果是书信，最好不要超过一页，信纸的质地要好，字迹要清楚，布局要美观，语言要得体。开头要提及你的姓名及简单情况，然后提及面试时间，并对面试官表示感谢。中间部分要重申你对该单位、该职位的兴趣，重申希望在该单位工作的原因和热忱，表明你能够胜任，也要谈到你在面试中的感受和收获。结尾部分可以表达你的信心或者愿意为该单位效劳的意愿。相信这样一封情真意切、文辞优美的答谢信能够助你更加心遂所愿。

应当说，面试的礼仪远不止这一些，有些用人单位甚至会刻意安排一些“陷阱”，以考察求职者在自然状态下的素质和修养。因此，求职者要把进入用人单位的第一步当作是面试的开始，一言一行都要慎之又慎。当然，要具备良好的礼仪，更需要求职者在平时就养成良好的习惯，做一个生活的有心人。

二、案例讨论

（一）案例一

一位教师带领学生前往一集团公司应聘，总经理是该教师的大学同学。工作人员为每位学生倒水，席间有位女生表示自己只喝红茶。学生们在有空调的大会议室里坐着，大多坦然接受服务，没有半分客气。当老总办完事情回来后，不断向学生表示歉意，竟然没有人应声。当工作人员送来笔记本，老总亲自双手递送时，学生们大都伸着手随意接过，没有起身也没有致谢。从头到尾只有一个同学起身双手接过工作人员递过来的茶和老总递来的笔记本并客气地说了声："谢谢，您辛苦了。"

最后，只有这位同学收到了这家公司的录用通知。有同学很疑惑甚至不服："他的成绩并没有我好，凭什么让他去而不让我去？"教师叹气说："我给你们创造了机会，是你们自己失去了！"

讨论：

1. 请结合案例分析这些同学失去机会的原因。
2. 这些同学有哪些行为是不合乎礼仪规范的？

（资料来源：张丽娟．现代社交礼仪．北京：北京交通大学出版社，2009.）

（二）案例二

小张是某大学中文系的学生，去年年底，她去广东找工作。在报纸上，小张看到有一家民办高中在招聘语文教师，决定去试一试。

因为是科班出身，简历筛选时，小张很快过关，一点也没觉得竞争激烈。等到面试时，小张才发现竞争对手竟有10人。对手们穿着正式，女孩子几乎全化着淡妆，相比之下，没有刻意打扮的小张显得很"土"，她觉得自己像"异端"，浑身不自在。

因为紧张，面试及试讲时，小张表现得很差。从讲台上走下来，看到听课老师心不在焉的表情，她知道自己希望不大。果然，公布的入选名单上没有小张。

晚上，她沮丧地回到借住的高中同学宿舍里，对同学讲起面试的情形。同学的话给了很大鼓励："你是因为心理素质不好，才会出现今天这种情形。其实，你应该相信自己的能力。实习时，你不是还被评为优秀实习生吗？"

当天晚上，小张打电话回学校，就自己的表现向导师请教，找出不足，定出应对之策。之后，小张才安心睡去。

第二天早上，小张接到该高中人事部长的电话，请她去高中进行第二次试讲。原来，面试时校长对小张朴素的穿着很有好感，觉得那样才符合教师的作风；另一方面，昨天去的应聘者个子都不高，而校长希望找一个个子稍高、有魄力的教师。于是，身高1.65米的小张虽然表现不突出，但却成为校长心目中的候选人之一，坚持要求再给她一次机会。

讨论：

1. 小张最终面试成功得益于哪些方面？

2. 在面试时应该保持怎样的心态？

（资料来源：张先勇．当场打动主考官：求职面试的128个成功法则．北京：石油工业出版社，2005.）

（三）案例三

一家公司准备聘用一名公关部长。经过笔试后，只剩8名考生等待面试。面试限定每人在两分钟内，对主考官的提问作答。当每位考生进入考场时，主考官问的是同一句话：“请把大衣放好，在我面前坐下。”然而，在考试的房间中，除了主考官使用的一张桌子和一把椅子外别无他物。有两名考生听到考官的话，不知所措；另有两名急得流泪；还有一名听到提问后脱下自己的大衣，搁在主考官的桌子上，然后说了句话：“还有什么问题？”结果这5名考生全部被淘汰了。

在剩下的三名考生中，一名听到主考官发问后，先是一愣，随即脱下大衣，往右手上一搭，鞠躬致礼，并轻声询问：“这里没有椅子，我可以站着回答您的问题吗？”公司对这位考生的评语是：“有一定的应变能力，但创新、开拓不足。彬彬有礼，能适应严格的管理制度，可用于财务和秘书部门。”另一名考生听到问题后马上回答说：“既然没有椅子，就不用坐了，谢谢您的关心，我愿听候下一个问题。”公司对此人的评语是：“守中略有攻，可先培养用于对内，然后再对外。”最后一位考生的反应是，当他听到主考官的发问后，眼睛一眨，随即出门去，把候考时坐过的椅子搬进来，放在离主考官侧面1米处，然后脱下自己的大衣。对主考官施礼，说了声“谢谢”。便退出考场房间，把门轻轻关上。公司对此人的评语是：“不说一词而巧妙地回答了考题；富于开拓精神，加上笔试成绩俱佳，可以录用为公关部长。”

讨论：

1. 请问那5名考生为什么会直接被淘汰？他们的哪些行为是不合乎礼仪规范的？

2. 求职者在面试时应该如何赢得面试官的青睐？

（四）案例四

某公司经理对他为什么要录用一个没有任何人推荐的小伙子时如是说："他带来了许多介绍信。他神态清爽，服饰整洁；在门口蹭掉了脚下带的土，进门后随手轻轻地关上了门；当他看见残疾人时主动让座；进了办公室，其他的人都从我故意放在地板上的那本书上迈过去，而他却很自然地俯身捡起并放在桌上；他回答问题简洁明了，干脆果断，这些难道不是最好的'介绍信'？"

讨论：

1. 经理话中的"介绍信"指的是什么？
2. 这些"介绍信"介绍了小伙子哪些优点？
3. 小伙子在应聘中遵守了哪些礼仪规范？

三、情景训练

（一）情景一

求职礼仪训练。全班分为若干小组，每组 5 ～ 7 人，分别扮演不同的角色，模拟面试场景，将面试前的准备、面试过程和面试后的内容浓缩到一起。通过仔细揣摩模拟场景，熟练掌握求职就业的基本礼仪规范。

（二）情景二

模拟表演以下情景剧，展开合理想像，设计人物性格，展现求职面试礼仪。

用人单位为了招聘到合适的人才，在招聘过程中使用各种招数。下面这个故事就是用人单位考验人的意志和毅力的招数，能够吃苦者经受住了考验，成为笑到最后的人。

某家企业招聘推销员，来了许多应聘者。然而，企业人事经理刚和大家见面，便说："对不起，电梯坏了。"于是，一部分人不慌不忙地待在一楼等修理电梯，另外一部分人拾级而上。可是，该企业位于第 32 楼，的确太难爬了，一些人半途而废，只有少数应聘者从一楼走到 32 楼。

结果，这些不怕累的应聘者被企业聘用。

（三）情景三

假如你是一位将要到某酒店应聘大堂经理的毕业生，请设计一份简短的自我介绍。分组演练，小组成员分别扮演应聘者和招聘主管，模拟训练后总结得失。

模块二　公司礼仪

办公室虽然是一个小小的空间，但却有一个大的公众环境。这里的一言一行都体现了你的自尊、你的才华、你的自信和你的发展状况。良好的礼仪不仅能树立个人和公司的良好形象，也关系到一个人的职业前程和事业发展。

一、基本知识

（一）办公室内礼仪

1. 保持个人空间的良好形象

让你的个人空间给人留下好的印象。每天要保持整洁有序。办公室是办公的地方，也是容易弄脏的地方。随时检查一下办公环境是否整洁，桌子上是不是堆满了文件和杂物。要将各种文件或材料按照日期或根据内容装订起来放到抽屉里或资料柜中，桌子上摆放的东西越少越好；抽屉里的东西也要摆放整齐，以便拿取方便。私人的物品和其他杂物可以放到自己的柜子里。

办公室的装饰也要符合自己和公司的特色。作为工作生活的场所，人们喜欢将办公室装点一下，以使它能反映自己的兴趣爱好或生活情趣，但是要注意它们的隐含意义，不要将有损于自己公司形象的装饰品放到办公室，如带有性别歧视的图画，这样不但没有达到装饰的效果，反而会起负面作用。

2. 办公桌上用餐礼仪

如今，尽管许多公司允许员工在办公桌上吃午餐，在办公室里用餐轻松自在，但有时应该注意其他人的感受，应注意以下几个事项。

（1）不要在午餐时忙着工作，尤其是边吃东西边工作，因为嘴里嚼着东西时说话是不礼貌的。另外，让别人看着自己在办公室忙着吃饭的样子也不太好。

（2）要注意吃完午餐后的卫生清理工作。桌面宜擦拭干净，不要的剩饭剩菜在办公桌上继续放着既不雅观也不好闻，所以要将餐具收拾好，如果用自带饭盆要洗干净，千万别放到办公桌上，以免影响办公环境。

（3）在办公室里用餐时要注意自己的吃相。

（4）尽量不要在同事吃饭时打扰他们，或让他们进行工作。

（5）尽量少吃发出很大声音的食物，像爆米花之类的食品；发出强烈味道的食物，如蒜、大葱等也要少吃。

3. 办公室谈话应注意事项

1）不要谈论薪水问题

同工不同酬是老板常用的手段，但如果用不好，就容易促发员工之间的矛盾，而且最终矛头会直指老板，这当然是他所不想见的，所以发薪时老板有意单线联系，不公开数额，并叮嘱不让他人知道。如果你碰上喜欢打听薪水的同事，最好早做打算，当他把话题往工资上引时，你要尽早打断他，说公司有纪律不谈薪水；如果不幸他语速很快，没等你拦住就把话都说了，也不要紧，用外交辞令冷处理："对不起，我不想谈这个问题。"有来无回一次，就不会有下次了。

2）不要谈论私人生活问题

千万别聊私人问题，也别议论公司里的是非短长。你以为议论别人没关系，用不了几个来回就能绕到你自己头上，引火烧身，那时再逃跑就显得被动。办公室里聊天，说起来只图痛快，不看对象，事后往往懊悔不迭。可惜说出口的话泼出去的水，再也收不回来了。

把同事当知己的害处很多，职场是竞技场，每个人都可能成为你的对手，即便是合作很好的搭档，也可能突然变脸，你暴露得越多越容易被击中。

3）不要讲野心勃勃的话

野心人人都有，但是位子有限。你公开自己的进取心，就等于公开向公司里的同僚挑战。僧多粥少，树大招风，何苦被人处处提防，被同事或上司看成威胁。做人要低姿态一点，是自我保护的好方法。

在办公室里大谈人生理想显然滑稽，打工就安心打工，雄心壮志回去和家人、朋友说。你的价值体现在做多少事上，在该表现时表现，不该表现时就算韬晦一点也没什么不好，能人能在做大事上，而不在大话上。

4）不要谈涉及家庭财产之类的话题

无论露富还是哭穷，在办公室里都显得做作，与其讨人嫌，不如知趣一点，不该说的话不说。就算你刚刚新买了别墅或利用假期去欧洲玩了一趟，也没必要拿到办公室来炫耀，有些快乐，分享的圈子越小越好。被人妒忌的滋味并不好，因为容易招人算计。

（二）办公室公共区间礼仪

1. 电梯间、楼梯礼仪

上电梯时（有专人控制的电梯），如果等候的人中有客人或有残疾人，应让他们先上，不要抢着上。伴随客人或领导来到电梯门前时，先按电梯按钮；等梯门打开时，可先行进入电梯，一手按开门按钮，另一手按住电梯侧门，请客人或领导先进；进入电梯后，按下客人或领导要去的楼层按钮。

上电梯后，如果是无人控制电梯，应该为你后面的人按住开门按钮或扶着门。如果有人为你扶门，要说“谢谢”。上电梯后，如果你后下，则站在靠后一点的地方比较合适；先上的人可靠边站在电梯门的两侧，最后上的人站在中间。

下电梯时，带有客人时，到达目的楼层，一手按住开门按钮，另一手做出请出的动作，可以说：“到了，您先请。”客人走出电梯后，自己飞快步出电梯，并热诚地引导行进的方向。

使用楼梯，主人应走在前面，以便主人到达目的地后迎接引导客人。

在拥挤的楼梯上，跟随着人流，不论上楼还是下楼一般都应靠右侧走。

走楼梯时不便交谈，最好等到达目的地后再谈，这样可以避免他人因不便交谈而感到尴尬。

2. 洗手间礼仪

在洗手间遇到同事不要刻意回避，尽量先和对方搭话。千万不要装做没看见把头低下，给人不爱理人的印象。

要保持洗手间清洁，马桶或小便池用后要冲水，要将马桶垫圈放下来，并保持垫圈表面清洁，用后把干净的卫生纸放回原处；用过的卫生纸扔入垃圾桶里。从洗手间出来不要忘了洗手。

在洗手间还要注意言谈礼仪。洗手间是公共空间，在卫生间里不要议论公事或议论别人，防止“隔墙有耳”，若被当事人或有关人员听到就会增添麻烦，严重者还有泄密问题。

（三）办公室同事关系礼仪

1. 与上级的关系

最基本观念：无论职务高低，人格上大家都是平等的。下级要尊重上级，但也要做到不卑不亢。

1）服从上级安排

工作中，对于上级的决定如果有不同意见，可向上级委婉地提出。若上级的决定已不可更改，要服从上级的安排。

2）注意与上级沟通

工作中要常与上级进行沟通，不失时机地与上级交换意见，让上级了解你的想法。只有经常与上级沟通，上级才会更深一步地了解你、重用你。

3）体谅上级

学会换位思考。上级在工作中由于受到主观、客观条件的限制，难免会遇到各种困难，下属应体谅上级的难处。不能轻易因为某些要求未得到满足而对领导产生不满。当领导遇到困难，必要时还要主动运用自己的才智，为上级排忧解难。这样，既可以避免与上级产生矛盾，又能密切与上级的关系，进而获得上级的信任。

4）要谦虚谨慎，尊重上级

工作中犯错误是难免的，上级也不例外。对于上级的缺点和错误下级要公正对待。当发现上级的决策、意见确有失误，不应直接点破（尤其当着众人的面），而是用征询意见的方式，向上级讲明其错误之处，并尽可能提供相关的资料，使上级心悦诚服地采纳你的意见。这样，不仅不会影响上下级关系，还会使上级发现你的才能，有助于你的发展。

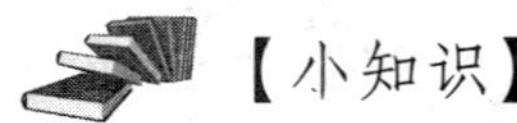【小知识】

办公期间忌讳的事情

1. 在办公的时候打扮自己。
2. 在办公室里随便抽烟，不顾他人的身体健康。
3. 随便借用别人的东西而不及时归还。
4. 过分炫耀自己的功绩、经历等。
5. 乱扔垃圾，不注意办公室的整洁。
6. 在办公的时候看小说等与工作无关的资料。

2. 与同事的关系

同事之间长时间相处，彼此关系是否融洽、和谐，不仅对工作环境有直接影响，而且对工作能否顺利进行影响也很大。与同事相处要注意以下几点。

1）注意称呼

人与人之间直呼其名是最亲切、最随便的一种称呼，但只限于长者对年轻人或关系亲密的人之间。年纪较小、职务较低的人对年纪较大、职务较高的人直呼姓名是没礼貌的，可称“老李”、“老王”，或以职务相称；反之，年纪较大、职务较高的人常对年纪较轻、职务较低的人称呼姓名。

2）尊重同事

尊重同事即尊重其人格。公务交往时，“您”、“请”、“劳驾”、“多谢”等礼貌用语要话不离口。不要轻易与长者、前辈和不太熟的同事开玩笑。切忌污言秽语，更不要讲低级庸俗的笑话（尤其在女同事面前）。话语中要避免涉及同事的隐私或短处。

尊重同事的人格，还包括尊重同事的物品。同事不在或未经允许的情况下，不要随便动用他人物品。如果确属急用，最好让其同事看到或留个便条致歉。

3）与同事紧密合作

请求同事帮助时要委婉地提出，不能强求；对方请求帮助时，要尽最大努力予以相助。对年长的同事要多学多问，对年轻的新人要多帮助、多鼓励。

4）公平竞争

工作中存在竞争，是不争的事实。我们提倡在工作上多进行公平竞争，因为公平的竞争能够促进工作的开展。在物质利益和日常琐事中则要少竞争，更不可贬低同事抬高自己，甚至踩着别人肩膀往上爬。

（四）辞职礼仪

辞职是一种艺术，当你决定辞职时，不仅对你自己有影响，造成一定的辞职成本，还很有可能对原公司造成一定的冲击，因此，一个成熟的职场中人，绝不能选择欺骗或逃避的方法来避免短暂的尴尬，因为这极有可能使你的长远的信誉受到影响。

出于礼仪方面的考虑，最好的做法如下。

第一步，直接跟主管提辞职，并且诚实地说明辞职的原因。

第二步，你应该与主管讨论，什么时候让同事们知道，以及如何将工作合理移交。有的公司为便于工作，有严谨的代理人制度，交接过程会简单一些。如果没有这样的制度，那你在走人之前有五件事是非做不可的。

（1）如果你想把属于自己的档案带走，交辞职信前就应该处理好。离开前匆匆忙忙地准备，难逃“瓜田李下”之嫌。

（2）任何资料要带走，先确认是否有知识产权问题，伤害原公司利益的事情不要做。

（3）若是进入原公司的竞争公司，尽量少谈原公司的竞争策略与业务机密。谈论这些虽然可能会暂时性地讨得新主的欢心，甚至可能因此提高自己的薪酬与职位，但更会因此而落个背叛与出卖的恶名。

（4）避免以负面方式谈论原公司，这会影响你在行业内的声誉。

（5）不要积极挖原公司的人进新公司，否则新公司虽然短期获益，却会令新公司对你渐生防范之心，怕你再度离职时再挖墙脚。

所以，纵使你对公司有强烈不满，离职也要低调。因为外人很难弄清楚到底发生了什么，不免让人质疑你的情商和为人处世的方法。既然想陈旧布新，不妨调整心态，一切向前看，这样，你才能在新的工作环境里有更好的发展。

二、案例讨论

（一）案例一

毕业生小李被推荐到某公司实习。在处理一份出口单据时，小李与他的师傅产生分歧。小李固执地将书本知识搬来，殊不知书本知识在应用中产生了变通。师傅一再耐心解释，可小李就是听不进去，最后竟然和师傅吵了起来。这次冲突使该公司领导对小李的印象大打折扣。最后的结果是，小李没有被该公司录用。此案例说明，年轻人工作上缺乏经验，应谦虚地向他人学习，自己有不同想法，可委婉地提出，心平气和地与他人交换意见，要避免小李的做法，将职场改为战场，自己的职业生涯还未正式开始便遭遇挫折，付出了惨痛的代价。

讨论： 小李犯了哪些错误？

（二）案例二

我们经理有午睡的习惯，平时我不敢进去打扰他午睡。这一段时间公司业务实在太忙，董事长经常亲自来电要材料，都是急件，必须立即到经理房间查找核对有关数据资料，经常在他午睡时，我还要进出他的办公室取送文件，有时一天中午还不止一两次。为了不把经理吵醒，每次我都轻手轻脚进出，开关门也轻轻地，生怕弄出声响，可出门带门时总会出现“咔嚓”一声的门锁响。我怕这烦人的“咔嚓”声吵醒经理，有时出门时就有意将门虚掩上，不让它出现“咔嚓”声。后来我发现经理经常在午睡醒后流露出对我打扰他午睡的不满，而我为了工作又必须进出经理房间，我有什么地方失礼吗？

讨论： 你是“我”的话，应该怎么做？

（三）案例三

张蕾是一家演艺经纪公司的文员，跟她搭档共事的是一个二十六七岁的女同事。这个女同事已经有过几年从事演艺工作的经历，凭着自己的一点资历就不把别人放在眼里。有一次，老板让张蕾和这个女同事一起完成一份企划稿子，张蕾因为是新人，就很谦虚地和她商量，她却冷冷地回应张蕾一句“别烦我，自己想自己的去。”可是没过一会儿，她实在想不出来什么好的方案，又过来跟张蕾说她的意思是什么什么，让张蕾写完了给她看。张蕾就按照她的意思，再结合自己的想法，很认真地把稿子写完给她看。可她看后就跟张蕾说这点不好，那点不好。要按照她的意图大改。

讨论：作为职场新人，碰到这样的同事应该如何相处？

三、情景训练

（一）情景一

模拟以下情景，展开合理想像，塑造人物性格，融汇办公室礼仪。

此情景剧的背景是公司蔡总准备升迁一个驾驶员，几个竞争对手和蔡总沟通的精彩场面。小汤强势很爱表现，小许爱拍马屁，小鲍踏实、低调、肯干，而蔡总就在沟通中选择平衡，面对不同风格的下属，办公室沟通就显得幽默、现实又不失情趣。

（二）情景二

模拟表演以下情景，体会办公室礼仪，想想怎么做一个受人欢迎的职场人士？

一天中午，突然听到一名员工大声喊："办公室里的冰箱坏了，带便当的同仁先看看自己的便当坏了没有，然后再送去蒸。"从那天起，各位员工都知道冰箱坏了，却没有人清理掉已经变质的东西。过了一个星期，刚好有外宾来，陈秘书要拿饮料招待客人，他一打开冰箱就闻到一股臭味，于是大声问到："冰箱坏了，是谁的东西没有清理？"在此后的一段时间，冰箱成了办公室的废物，谁也不碰。直到有一天林经理从外面回来，打算把带回来慰劳加班员工的水果存放在冰箱里时，才发现冰箱已经坏了，从冰箱里传出阵阵恶臭。于是，他动手把冰箱里里外外进行了清理。林经理想，冰箱买了还不到半年时间，怎么会坏呢？他仔细查看后才发现冰箱并没有坏，只是插头松了。问题解决了，同时也给员工带来反思。

光说不做是管理上的一大禁忌。在办公室，只会动嘴却不动手的人，是不受欢迎的人。

（三）情景三

把学生分成若干小组，模拟训练接待领导参观本公司。

第七章

大学生校园礼仪

训练目标

通过训练使学生掌握校园礼仪的基本知识和具体要求，具备一定的礼仪素养，在自己的日常生活和在职业生涯中显示出得体的举止，进而提高自己的综合能力。

外表的文明要同内心的文明一致，外表的整洁和文雅是内心纯洁和美丽的表现。

——【苏联】别林斯基

案例导入

一次面试

一次，有位老师带着三个毕业生同时应聘一家公司做业务员，面试前老师怕学生面试时紧张，同人事部主任商量让三个同学一起面试。三位同学进入人事部主任办公室时，主任上前请三位同学入座。当主任回到办公桌前，抬头一看，欲言又止，只见两位同学坐在沙发上，一个架起二郎腿，而且两腿不停地颤抖，另一个身子松懈地斜靠在沙发一角，两手攥握手指咯咯作响，只有一个同学端坐在椅子上等候面试，人事部主任起身非常客气地对两位坐在沙发上的同学说："对不起，你们二位的面试已经结束了，请退出。"

美国的《福布斯》杂志每年都要公布400位巨富的排行榜。这400位巨富中各式各样的人都有，然而他们都拥有一个共同点：优秀的人格素质。而礼仪正是塑造高品质、高素质人格的重要途径。对大学生而言，学习礼仪有助于培养优良的道德修养，有助于快速融入社会，获得和谐的人际关系。许多用人单位在招聘面试时都有意在礼仪方面进行考察，考察大学生的仪表仪容、言谈举止，甚至还在他们不经意处设置礼仪考题。那么对大学生来说，是不是只要在毕业前突击学习一下礼仪就可以了呢？当然不可以。礼仪的学习宜早不宜晚，应从小从家庭、学校和社会多方面进行渗透。而作为大学生，在校园期间就应注重礼仪修养，注重优良品行的形成。

模块一　与教师交往的礼仪

学生与老师交往时，要充分尊重老师，这种尊重首先体现在表面礼节上：路上遇到老师应主动向老师行礼问好并礼让；每次上课前主动把讲台擦干净，课间擦干净黑板；还包括与老师交谈时保持恰当的仪态和得体的谈吐等。这些看似简单的行为，体现了学生尊重老师的意识和受教育程度。

一、基本知识

（一）教室礼仪

教室是学生学习的地方，大家每天大部分时间都是在教室里度过的，它应是一个严肃的场所。因此，大学生应严格遵守教室的礼仪规范要求。

1. 整洁的仪容穿着

学生进入教室要保持仪容整洁，富有朝气。男同学不要胡子拉碴、发型怪异；女同学不要化妆，穿着奇装异服。夏天尤其不能穿背心、拖鞋到教室，也不能敞胸露怀。

2. 得体的体态举止

学生听课时坐姿要端正，不能吃东西、喝水、嚼口香糖、玩手机、听MP3。具体要求如下。

（1）入座时要轻要稳，坐在椅子上时至少要坐满椅子的2/3。女生入座时，若是裙装，应用手将裙稍微拢一下。入座后不要随意挪动椅子，发出巨大的声音。

（2）就座后双肩平正放松，两臂自然弯曲放在课桌上，两手不要交叉在胸前，不要抱起肩膀，也不要摊开双臂，趴在桌子上或者放在臀下。

（3）立腰挺胸，上体自然垂直。不要前倾后仰或歪歪扭扭，东摇西晃，也不要斜靠在椅子上。

（4）双膝自然并拢，双腿正放，垂直地面，双腿不要过于分开，也不要伸长，腿更不能不停地抖动。

（5）离坐时，要自然稳当，右脚向后收半步再站起来。

3. 整洁的卫生、秩序

（1）不要在黑板、墙壁、课桌椅上乱写乱画；不要在教室里乱扔果皮、纸屑、粉笔头，不随地吐痰；整理好自己的课桌和桌面，保持讲台的整洁。

（2）在教室里随时保持安静，维持良好的学习环境。课间不要追逐打闹，在走廊里行走时要靠右行，不要快速奔跑猛拐。

（二）课堂礼仪

（1）做好课前准备。如擦干净黑板、讲台，准备好粉笔，打开电脑、投影仪等设备等。

（2）上课铃声一响，学生应全体到齐，端坐在教室里，恭候老师上课。学生应当准时到教室上课。若因特殊情况，不得已在教师上课后进入教室，应先得到老师允许后，方可进入教室。

【小常识】

同学们起立向老师问候时姿态要端正，问候的声音要大声清楚，饱含深情。具体要求如下。

① 头正，双目平视，下颌微收，面容平和自然。

② 双肩放松，稍向下沉，挺胸、收腹、立腰，人体有向上的感觉。

③ 双手自然下垂于身体两侧，手指贴拢裤缝。

④ 双腿直立，并拢，脚跟相靠，脚尖分开成60°。

⑤ 气出丹田，声音自然和谐，富有感情。

（3）上课时，学生应集中精神，以饱满的情绪配合老师的节奏，积极思考，认真听好每一堂课。

（4）老师提问学生时，学生应当站起来回答。回答问题时，站姿、表情必须要大方，不要搔首弄姿或故意做出滑稽的举止引人发笑，说话声音要响亮、清晰，不要声音过低或吐字不清。答不上来的问题应表示歉意：“对不起，我还没考虑好。”在别人回答时，不应随便插嘴。别人答错了，也不应讥讽嘲笑。如要回答或补充问题，应先举手示意，并要在老师点到自己时，方可站起来答题。切不可坐在座位上七嘴八舌地发言，也不要抢先答题。

（5）学生向老师提问时，可分两种情况。

第一种情况，遇到疑难问题需要提问，首先要事先把要请教的问题写下来或者在脑海中整理好，以便明确地向老师提问；其次请教的态度要谦虚，不要随意打断老师的讲述，若遇到观点不同，可用征询语气委婉地说出自己想法，谦虚地与老师探讨，不要反问和质问老师。

第二种情况，向老师提意见。如果在听讲时发现老师讲话有误或有不当之处，最好不要马上发表意见，一是避免分散其他同学的注意力，影响授课质量；二是不要当众让老师难堪，这也是为人处世中一个基本的原则。在学习知识的过程中，我们都难免会因为这样那样的原因挑战权威、质疑老师。对老师毕恭毕敬、唯唯诺诺未必就是尊师，向老师直抒己见、表达不同的观点未必就是不尊师。只要遵守提问的礼仪，选择合适的时机以恰当的方式向老师提问，也能体现学生对老师的尊重。在向老师提意见时，一定要注意用礼貌、商量、交换意见的口气进行，不要武断地加以否定，更不能因为老师的失误或不足而在言语中表现出不屑一顾。

（6）课堂上应自觉关闭手机，或把手机调成振动、静音模式。手机是人与人之间传递信息、交流感情的工具，但应放在课后使用。作为一个学生，课上不用手机发短信或玩游戏不仅是对老师的尊重，更是人与人之间最起码的礼节。

（7）听到下课铃响时，若老师还未宣布下课，学生应当安心听讲，不要忙着收拾书本，或把桌子弄得乒乓作响，这是对老师的不尊重。待老师宣布下课，师生互道再见，老师离开课堂后，同学才能自由活动。

【小知识】

课堂回答问题应做到以下六个方面。

（1）先举手后回答。

（2）站姿要端正。

（3）目光注视前方，声音响亮，以全班同学都听得见为宜。

（4）回答问题要有条理，简明，尽量无语病。

（5）集体回答时，尽量和同学们声音一致，忌出异调怪腔。

（6）同学发言出错时，忌哄笑挖苦。

（三）自习课礼仪

自习课是指在教师不上课或不在的情况下，学生自主学习的方式。为了提高学习效率，自习课要保持安静，所以自习课的礼仪不容忽视。

（1）上课铃声一响，按时进入教室，动作要轻，与同学对视时可点头示意，切忌用语言问候交流。

（2）自习课是课堂教学的延续，任何与学习内容不相干的事情都不要在自习课中进行。

（3）说话、嬉笑、打闹、搞小动作都是自习课不容许出现的行为。

（4）自习课尽量不要走动，特殊情况出教室，需要坐在外边的同学起立让座时，应向其表示歉意并致谢。

（5）有问题需要问别人时，交谈一定要压低声音，不要影响别人。

（6）下自习时，不要大声喧哗，出教室门时，更不要拥挤。

（四）课外礼仪

在校园里，学生和老师相遇，通常应由学生主动先向老师行礼问好，并让道让老师先行。在进出门口、上下楼梯、等候电梯时和老师相遇，学生应主动招呼，请老师先行。在车、船、码头遇见老师，即使客人多、人拥挤，学生也应让老师先上车、船。

（五）办公室礼仪

办公室是老师备课办公的地方，是一个严肃安静的场所，同学到办公室去拜访老师、领导应注意有关的礼节。

1. 进出办公室的礼节

（1）学生进老师办公室一定要敲门，得到允许时方可进入。

（2）进入后轻关门，与视线所及的其他老师点头致意。

（3）注意不要坐在其他老师的座位上，也不要随便乱翻办公室的东西。

（4）事情办完，立即离开并与老师礼貌告别，出门轻轻带上门。

（5）到办公室找领导，一定要预约，并要按时到达。

2. 与老师交谈的礼仪

（1）认真倾听老师的讲话，与老师交流的时间应有50%以上，注视位置大致在老师的双肩与头的三角区，必要时点头应和老师的讲话。

(2) 跟老师说话时表情自然，感情真挚，音量适中。

(3) 交谈中少打手势，如果有手势，幅度应上不过肩、下不过腰。

(4) 保持1.5米左右的距离，太近和太远都是不礼貌的。

(5) 不要随便打断老师谈话，不要随意接听手机或收发短信，如果有急事需要先离开，应向老师表示歉意。

(6) 当你不赞成老师的观点时，不要直接顶撞，更不要反问和质问老师，应婉转地表示自己的看法，如可说“这个问题值得我考虑一下，不过我认为似乎……”等。

（六）拜访礼仪

1. 要先预约

充分考虑老师的作息时间，不要给老师带来不便。拜访时间不宜太早，白天避开吃饭和休息时间，晚上不要太晚。约时间的同时要说清楚拜访事由，让老师事先有准备。

2. 准时到访

不提前，不迟到。若提前去，别人没准备好，容易引起尴尬。而迟到是很不礼貌的事，因不可避免的原因不能按时到达，应想办法提前通知老师并诚恳道歉；通知不了老师，过后一定要专门道歉，争取谅解。

3. 礼貌登门

到了老师家门口要先按门铃或敲门，门即使开着也要敲门。按门铃或敲门时动作要轻，要有节奏的停顿，仔细听是否有回音。不要连续不断用力敲门。

4. 见面礼节

老师开门后要问候老师。若去不认识的老师家拜访应先确认老师的身份，然后再问候，作自我介绍，如说“你好，请问这是张老师的家吗?”“张老师在家吗?”“张老师打扰你了，我是管理系的学生，叫×××”。如果敲错门别忘了道歉。老师请你进门后你再进门。进屋后，屋里若有其他人应与其他人点头致意。

5. 拜访中的礼仪

进屋后东西不要乱放，老师请坐后再坐下，并向老师谢座。当老师递过茶来时，应起立，双手接杯道“谢谢”。与老师交谈时注意交谈礼节。

6. 拜访时间

拜访时间不宜太长，一般不超过 20 分钟为好。到吃饭、休息的时间时应告辞。有其他客人来访时应起立等待介绍，并适时告辞。不要老看表，让人觉得你急于想走；也不要在老师说完一段话或一件事后，立即提出告辞，这样会使老师觉得你不耐烦和不感兴趣。告辞时一般遵从“先谢后辞”的原则。老师相送，应及时请老师留步。

二、案例讨论

（一）案例一

上周，记者在上学早高峰时来到海淀区一所中学，发现学生们见到老师表现各异：大多数都会主动问好；也有部分人在看到老师迎面走来时，绕道而行；还有的学生一进校园就低头溜边快走；更有甚者，在老师从身边走过且主动叫到他的名字后，才不情愿地回一声“老师好”。

佟老师是这所学校高二年级某班的班主任。她告诉记者，大多数学生能做到主动和老师打招呼，但很多学生只和认识的老师打招呼，而遇到不教自己课的老师就不问好。还有的学生只挑自己喜欢的老师问好，不喜欢的老师就装作没看见。

“不是不想打招呼，只是有点怕老师。上周的英语考试我才考了 60 多分，我怕老师见了会问。”初二的小涛不好意思地说，“我觉得尊敬老师不一定要说出来，不向老师问好不代表我不尊重老师。”另一个高中男同学说：“有时向老师问好，老师好像没听见，要不就点点头，好像也没有什么反应。”

——北京晨报

讨论：

1. 上述情况在你所在的大学存不存在？
2. 见到老师，我们应该怎么做？

（二）案例二

下午上课时间，老师在讲台前滔滔不绝，学生在座位上正襟危坐，从前方一眼望到后，一群很听话的学生，时而低头整理，时而抬头望师，仿佛完全融入了课堂；但从后面望，一群“聚精会神”的学生陆续地做着同样一个动作——低头发短信，而所谓的抬头只是在等待下一条短信的来临。

面对越来越多的课堂“拇指一族”，老师和学生更多的是反感。一学生说：“我的同桌整天离不开手机，无论是上课下课，他总是在聚精会神地发短信，不知道哪来那么多短信要发，有时无聊了还玩手机里的游戏。虽然他把手机声音调到了振动，但是来短信时一振一振的，对我听课还是有影响。”一位老师说：“我不赞成学生拿手机，学生本身好奇心强，自控力差，拿个手机极容易分散听课的注意力。一些学生痴迷课堂发送短信息，不仅会严重影响自己的听课质量，也会使老师降低讲课的情绪。但现在家长对孩子很宽松，要就给买，学校也没办法。”言语中透出了些许无奈。

讨论：

1. 你在上课时，有用手机聊天、玩游戏或上网的经历吗？
2. 在现在信息化时代，我们该如何才能更好地维护课堂礼仪？

（三）案例三

几个同学，肩并肩有说有笑地走着，前面迎面走来一位老师，他们也不认识，但当这位老师走到这几名同学身边时，其他人还都是说笑，只有一位同学 A，恭敬地鞠了一躬，说了声“老师好”。老师当然也很高兴地回答了一句“你好”，别的同学都没哼一声。等老师过去了之后，同学 B 说那个同学有病，不认识的老师还给鞠躬，同学 C 说他根本是装样子，给别人看的。同学 A 没有反驳他们，只是说了一句：“做一个有礼貌的人是做学生的最基本要求。”

讨论：你是怎么看待上面这个现象的？

（四）案例四

小王打算周末去拜访老师，事先没有跟老师打招呼。到老师家的时候，发现老师家里还有其他客人，他觉得很尴尬，就连门都没进去，放下礼品就匆忙走了，老师在后面怎么叫，他都不理。

讨论：指出小王拜访礼仪中的不当之处，并说说正确的拜访礼仪。

三、情景训练

（一）情景一

某天傍晚，你约李老师去他的办公室讨论高数问题，李老师专门为你腾出一个小时的时间，可是突然你家中有了急事，不得不取消此次讨论，你要怎么和李老师说呢？

（二）情景二

校长让你去接待一位教授客人，并把他带领到校长办公室，你要怎么去做呢？

（三）情景三

模拟一堂课，请同学扮演老师、班长和其他学生，注意体现正确的课堂礼仪。

（四）情景四

假设你的老师生病在家，你和另一个同学打算去探访老师，请试着结合拜访礼仪做一次训练，其他同学充当评委，指出他们正确和不当之处。

模块二　与同学交往的礼仪

大学生具备良好的交往礼仪，不仅有利于交往的畅通，也体现着自身的文化修养。大学生良好的礼仪，不仅体现在与师长的交往上，也体现在与同学的日常相处中。

一、基础知识

（一）宿舍礼仪

宿舍是学生共同生活的场所，学生除了上课和就餐，其他的时间大部分都是在宿舍里度过的。所以，宿舍是反映学生精神文明和礼仪修养的一个窗口，一定要格外重视。学生要注意以下礼仪。

1. 生活礼仪

（1）遵守宿舍的规章制度和各项要求。

（2）集体生活要和睦相处。相互尊重，真诚友爱，乐于帮助同学，有团队意识和集体荣誉感。

（3）在宿舍里，要自觉遵守作息时间，按时起床，按时熄灯就寝。需早起时要提前向室友们打招呼，起床时要动作轻柔，尽量不出声响，并尽快离开宿舍。准时归宿、按时就寝，因事迟归（老师批准）时要努力把惊扰减少到最小。

（4）不要在寝室内高声喧哗、打闹、听录音机、玩牌等。

（5）爱护宿舍的公共财物及各种用品，主动打开水，搞好宿舍同学的团结，互敬互谅，严于律己，宽以待人。

2. 宿舍内的卫生

（1）保持室内外整洁，经常打扫地面，擦拭桌椅、橱柜和门窗，注意通风。

（2）起床要叠好被子，统一放在一定位置上，床上不放置其他物品，床单被套要定期清洗，保持干净、整洁。

（3）换下的脏衣服、脏鞋袜等必须及时清洗。干净衣服收入衣柜，应叠放整齐。

（4）自己重要的书籍和生活用品等，不要乱丢乱放，要放在自己的橱柜内，或整齐置放于书桌上。水杯、饭盒、热水瓶等，要统一整齐地放在规定的地方。

（5）不要随便在他人的床上坐卧。未经主人允许不要随便动用他的茶具、碗筷、毛巾等用具。

（6）严禁私安、私接电源和使用超功率灯泡、电烙铁及用电炉、电热水器。任何时候都严禁在寝室炒菜做饭。

（7）严禁在宿舍区随地大小便；如果是住楼上，严禁向楼下倒水。

3. 在宿舍里串门、接待亲友或外人来访

（1）应在受邀，或在得到该室其他同学允许时，才可以串门。进门后，应主动向其他同学打招呼，并且只能坐在邀你的同学的铺位上，不能随处乱坐。不能乱翻乱用他人物品。讲话声要轻，时间要短，不能坐得太久，以免影响其他同学的正常作息。

（2）到异性同学的宿舍去，除注意上述要求外，还要注意进门前要敲门，在得到该室同学允许后方可进去。要选择好时间，不要选择在多数同学洗漱时，更不要熄灯后过去。而且谈吐要文雅，逗留时间要更短暂。

（3）接待亲友或外人来访时，在进入前自己应先向在室内的同学打招呼。进室后，自己应主动为同学作介绍，如果是异性亲友或外人来访，自己更要先打招呼，说明情况，要在同室人有所准备之后再进。

（4）不要随便留人住宿，更不要留不明底细的人住宿，以免出问题。

4. 关心同学但不要干预别人私事

关心要有限度。集体生活中，每个人都希望保留自己的私人空间，如果过分热心于别人的私事，也可能会造成难堪的后果。正确的做法如下。

（1）不可翻看别人的日记、信件、手机。

（2）不可打探同学的隐私。

（3）当同学有亲友来访，谈一些私事时，其他同学要适当回避，不要在一旁暗听，更不要插嘴、询问。

（4）有同学离校去处理个人私事时，不打听、不暗访，只要确保他向老师请假了即可。

【小知识】

（1）同学间即使关系亲密，也不应随意打探对方的家庭情况。

（2）同学的物品不随意使用，别人托付的物品应保管妥当。

（3）同学的手机、电脑存有重要的个人信息，未经允许不得使用。在使用中不随便查看其他内容，用后及时归还主人。

(4) 同学生病应该给予适当问候，不要打探对方的具体病情、病因。

(5) 应提高个人信息资料自我保护和管理的意识。

5. 其他要注意的细节

(1) 严禁在宿舍里吸烟、酗酒、赌博。

(2) 不乱给同学起外号。

(3) 使用他人物品应该征求主人的同意，对他人贵重物品，如手机、电脑等，要格外爱护。借用物品提前约定好时间，定期归还。

(二) 其他交往礼仪

1. 聚会礼仪

在大学里，经常会组织同学聚会或同乡聚会，这是大家结交朋友、交流信息的途径。参加同学聚会时要注意以下礼节。

(1) 穿着整洁、大方得体，不吃带异味的食物。

(2) 准时到达聚会地点。

(3) 主动热情地与同学打招呼、交谈。

(4) 注意照顾女同学和其他同学。

(5) 注意自我介绍和介绍他人的礼节。

自我介绍时应放松表情，保持自然亲切的微笑；先向对方点头致意、问好；在得到对方友好回应时再从容大方地自我介绍，语气自然平和、明快；介绍内容应简洁明了，一般是简单介绍姓名、身份、单位，并加以寒暄语，如"我是管理系 2010 级的学生，叫×××，认识你很高兴。"

介绍他人是帮助同学互相认识的常用形式，其礼节如下。先了解双方是否有结识的愿望，特别是男女同学之间；让受尊重的一方先了解对方。所以介绍他人的顺序是：

① 把低年级的或年纪小的同学先介绍给高年级的或年纪大的同学；

② 双方年龄差不多，把与自己亲密的同学引见给另一同学；

③ 把一人介绍给众人；

④ 群体介绍按座位次序一一介绍；

⑤ 把晚到的同学介绍给早到的同学。

在介绍他人时，介绍人、被介绍人、中介人成三角之势，一般介绍人和被介绍人要站立，介绍人手心向上，四指并拢，拇指与四指约成 30°礼貌地示意被介绍人，眼睛看着要告诉的人，千万不要用手指指介绍人；介绍内容一般是单位、姓名、身份。有时为了向双方提供话题，还可介绍些特长、爱好。介绍完毕，被介绍的双方应立即相互问候。如可说“你好！认识你很高兴”。被介绍双方交谈后，中介人才可离开。

2. 舞会礼仪

在大学里，舞会是同学们结识朋友、增进交往、加深友谊、沟通信息的重要方式，也是同学们陶冶情操、锻炼身体、丰富文娱生活的重要方式，为此，要懂得舞会礼仪，使自己在舞会上尽显儒雅风度，增加吸引力。

1）舞会前的准备

（1）仪容整洁，穿戴大方得体。男同学应梳理头发、剃须，穿整齐的服装；女同学可以化淡妆，穿裙装。

（2）舞会前应洗澡，换干净衣服。

（3）不要吃带刺激性气味的食品，如韭菜、大蒜、酒等，舞会前最好嚼口香糖。

2）邀舞的注意事项

（1）通常由男同学主动邀请女同学跳舞。当走到女同学面前时，面带微笑，15°弯腰鞠躬，并礼貌说：“我可以请你跳这支曲子吗?”或者“请你跳个舞可以吗?”

（2）如果女同学有男舞伴在身边，一般不宜前往邀请，如需邀请需征得男舞伴的同意。

（3）如果自己带有舞伴，一般第一首曲子和最后一首曲子应邀舞伴共舞。

3）应舞时的注意事项

（1）男同学邀舞时，女同学应说“谢谢”或微笑起立走向舞池。

（2）拒绝男同学邀舞时应委婉而有礼貌。

（3）两位男同学同时邀舞时，答应一位，应对另外一位表示歉意。

（4）不要刚拒绝一位男同学的邀舞，马上就接受另一位男同学的邀舞。

4）跳舞时的注意事项

（1）标准的舞姿：整个身体始终保持平、正、直、稳，无论是进退还是转动都要掌握好重心；跳舞时男方用手扶住女方的腰肢，左手抬起使左臂以弧形向上与肩部水平线，掌心向上，拇指平展，将女伴的右掌托起；女方将左手轻轻放在男方右肩上，目光一般超过对方的肩往后看。

（2）共舞时男女双方应面带笑容，表情谦和悦目，给人以优美感；动作要协调舒展，和谐默契；如有交谈，声音要温和，音量要适中，不要旁若无人地大声谈笑。

（3）男同学要照顾女同学的舞步，如转圈、跳花要提醒一下。

（4）一曲终了，男同学应谢谢女同学并送回座位。

（5）两位女同学可以共舞，但两位男同学不可以共舞。

3. 与外国学生交往的礼节

不少大学都有外国留学生，与外国学生交往，要体现以下几个方面。

（1）按时守约。这是国际交往中非常重要的礼貌。因有不可避免的原因不能到达，应想办法提前通知并致以诚挚的歉意。

（2）仪表整洁得体。衣着要整齐大方，衣领袖口要干净，梳好头发，刮净胡子，修好指甲。

（3）举止要大方，言谈要文雅。交往前不要吃有刺激性的食物。不要询问婚姻、资产、工资等敏感话题。

（4）如果共同进餐，尊重外国学生的饮食习惯和付费习惯。

（5）尊重各国风俗习惯。不同国家、民族，由于不同历史、文化、宗教等因素，各有其特殊的风俗礼节，在社交交往中要予以重视。不要随意谈论国家的内政、外交、宗教等问题。

（6）送礼不必有太多谦卑之词，礼品不必太贵重，但包装一定要精美，送礼要公开大方。

二、案例讨论

（一）案例一

一位重点高校的学生说：“寝室中某位同学买了电脑，有时候就成了公用的，室友们有时问都不问就随手把机器打开，走时又不关机。这种行为非常令人反感。我觉得使用这样贵重的物品应该事先征得主人的同意，更何况电脑中有很多贵重的资料或者一些隐秘的文件，同学间应该彼此尊重，不能随意使用他人物品。”

讨论：你怎么看待宿舍中这类现象？

（二）案例二

你们宿舍约定好晚上进行宿舍大扫除，可是你忘记了，当你回到宿舍大家已经打扫结束了。

讨论： 你要怎么向大家解释呢？

（三）案例三

小丽是某高校女生，她和宿舍里的同学关系处得不好，尤其是和一名本地女生的关系非常僵，有一天晚上熄灯后，小丽在用台灯看书，那个本地女生提醒她早点睡，明天还要上课，小丽就熄了灯；第二天早上，这个女生起得很早，小丽认为她是在报复她，就提醒她说话小声点，结果两个人吵起来。这件事小丽并不觉得自己有错。最近小丽有幸入党，却是宿舍里唯一一个入党的，这件事使她完全被大家孤立起来。宿舍里的矛盾影响到了她的心理健康，认为自己做人很失败，与人相处都相处不好，更不用说其他的事了。

讨论： 你认为影响宿舍同学之间关系的因素有哪些？如果你是小丽，该怎么做才能和大家相处融洽？

三、情景训练

（一）情景一

夜深了，大家都要睡觉了，可是今晚你要开灯熬夜完成一项数学建模比赛，你要怎么和宿舍里其他同学进行沟通呢？

（二）情景二

某天中午，你最好的朋友来你的宿舍找你借钱买书，可是不巧你的钱只够你自己买书的了，你要怎么和他解释呢？

（三）情景三

你周末出门要借用朋友的自行车，可是上次你已经把她的车子弄丢过一次了，此次你要怎么开口呢？

（四）情景四

你昨晚把钥匙落在隔壁的宿舍里了，今天清晨才发现，现在你要用钥匙锁门外出，可是隔壁宿舍还没有起床，你要怎么做呢？

模块三　校内公共场所礼仪

校园公共场所是同学们生活、学习和娱乐的地方，每个同学都有责任维护它的秩序，应该自觉保持校园整洁，不在教室、楼道、操场乱扔纸屑、果皮，不随地吐痰；不在黑板、墙壁和课桌椅上乱涂、乱画、乱抹、乱刻；爱护学校公共财物、花草树木，节约水电；自觉将自行车存放在指定的车棚或地点，不乱停乱放，不在校内堵车；在食堂用餐时要排队礼让，不挤不插队，爱惜粮食，不乱倒剩菜剩饭。

一、基本知识

（一）参观礼仪

新生入学，各系往往会组织新生参观学校的图书馆、教学区等活动场所，这对于新同学迅速地熟悉大学校园，尽快地实现从中学生到大学生的转变有独特的作用。在参观过程中，要遵守参观礼仪，其具体内容如下。

（1）遵守纪律，听从指挥，提前集合好，或按时到达参观地点。

（2）听参观介绍时，要认真聆听，不要讲话，不要对带队的老师或高年级的同学品头论足。未经允许，不要随便走动和随意翻东西。

（3）提问时要有礼貌，听完解答后应表示感谢。

（二）图书馆礼仪

图书馆是借还书、自习的公共场所，在那里看书尤其要注重礼仪，讲究文明礼貌。要注意以下事项。

（1）进图书馆要衣着整洁，不要穿背心拖鞋。

（2）进图书馆要安静有序，不要冲撞喧哗，不要接听电话，走路时鞋子不发出声音，办理借还书手续要有秩序排队。

（3）查阅图书目录卡时，不要把卡片翻乱撕坏，也不应在卡片上涂画。

（4）爱护图书，轻拿、轻翻、轻放。不在书上注记或折页，不能因自己需要某些资料而损坏图书，私自剪裁图书是极不道德的行为。

（5）借阅图书应按期归还。

（6）在期刊阅览室看书，应逐册取阅，不要同时占有多份。阅后立即放回原处，以免影响他人阅读。

（7）去图书馆阅览室自习，进出阅览室时脚步要轻；就座时，移动椅子不要发出声音；手机关机或者设置振动、静音，不能在阅览室接听电话；阅读时不要发出声音，不要和熟人交谈，更不能喧哗、吃零食、扔废纸；不要在阅览室睡觉；不要为同学占座位，不把自己的包放在旁边暂时没有人的座位上；离开时把自己的东西收拾干净，废纸和用过的餐巾纸随身带走或丢入垃圾桶，将座椅轻轻靠拢书桌。

（三）食堂礼仪

大学校园里有不少食堂，同学们可以自主选择餐厅。在公共食堂就餐，要注意礼仪。

（1）如果骑自行车去食堂，要把自行车有序地停在停车区或停在不妨碍大家行走的地方，不能停在过道、食堂门口。

（2）有秩序地进餐厅，不要冲、跑、挤。

（3）排队购买饭菜，不插队、不拥挤。

（4）不要当着食堂工作人员的面，抱怨饭菜不好。如果有必要的话，可以婉转的语气去建议。

（5）骨、刺及无法吃的其他东西，不要随地乱吐，可以放到餐具里或吐到自己准备的其他盛具里。

（6）吃东西或喝汤时要小口吞咽，闭嘴咀嚼，尽量不发出响声。

（7）应该爱惜食物，不要随便剩饭、剩菜。如果有无法吃的饭、菜，要倒进指定的桶里，不要往洗碗池、洗手池里倒。

（8）如果和师长在一起吃饭，要请长辈先入座。

（9）和师长、同学以及熟悉的人在一起吃饭，先吃完时要说“大家慢慢吃”。

（四）观看电影的礼仪

（1）观看电影应提前入场，如在演出或电影开场后到场则应轻轻入座，穿过座位时姿态要低，脚步要轻，不要影响他人观看。对起身让座的观众要致谢。

（2）自觉遵守场内规则，不吃有响声的食物，不随地吐痰、乱扔果皮纸屑。

（3）观看时坐姿要稳，不要时常左右摇晃。不要把脚蹬在前排的座位背上，以免弄脏别人的衣服。

（4）节目演出或电影放映时要保持安静，不要大声讨论、说话。

（5）遇到咳嗽、打喷嚏时要用手帕捂住鼻口，以防飞沫溅到他人的身体上。

（6）演出或影片放映中不应随便走动，也不应随便退场，不得已退场，离座动作轻、身姿放低，不要站在过道或剧场门口。

（五）观看体育比赛应注意的礼仪

（1）提前入场，进场后尽快坐到观众席。有些场地、场馆对观众着装和穿鞋有特殊要求，应提前了解，做好相应准备。

（2）不带易燃易爆等危险物品及打火机、酒瓶、凳子、刀具等硬件物品入场；不带易拉罐等罐装物品入场；不带宠物入场。

（3）比赛时，不要随意走动，最好在比赛暂停或休息时再走动。

（4）观赛时应将手机关机或设置在振动、静音状态；在场地内不要高声喧哗，应举止文明，不随地乱扔杂物，禁止吸烟。

（5）观看比赛应对比赛双方一视同仁，持公平态度。

（6）拍照不要使用闪光灯，因为闪烁的灯光会分散运动员的注意力，影响运动员对空间高度和时间方位的判断，甚至可能造成比赛失误或者受伤。在运动员动作结束时鼓掌，才是得体而恰当的行为。

（7）要支持裁判员的工作。瞬息万变的体育竞技，难免出现判断失误，不应对裁判起哄无理。

（8）比赛中，若要提前退场，在不打扰他人的情况下尽快离开。比赛结束时，向双方运动员鼓掌致意。退场时，按座位顺序退场，向最近的出口缓行或顺着人流行进。应将饮料、矿泉水瓶、果皮果核杂物带出场外。

（六）集会礼仪

集会是学校经常举行的活动，一般在操场或礼堂举行。由于参加者人数众多，又是正规场合，因此要格外注意集会中的礼仪。

1. 升国旗仪式

国旗是一个国家的象征，升降国旗是对青少年爱国主义教育的一种方式。无论中小学还是大学，都要定期举行升国旗的仪式。升旗时，全体学生应列队整齐排列，面向国旗，肃立致敬。当升国旗、奏国歌时，要立正，脱帽，行注目礼，直至升旗完毕。升旗是一种严肃、庄重的活动，一定要保持安静，切忌自由活动，嘻嘻哈哈或东张西望。

2. 大会或典礼礼仪

（1）提前或准时到会场。作为大学生，最好集合排队，有序地入会场，不要三三两两、说说笑笑地进入会场。

（2）进入会场，按指定地点站立或迅速入座，保持站姿和坐姿端正，不要闲逛或大声招呼熟人。

（3）在等待学校领导和老师期间，应保持安静，不交头接耳，确保手机关机或静音。

（4）大会或典礼期间，不要随意进出，更不能接听手机或收发短信，应认真聆听大会发言，必要时给予掌声。

（5）如预先安排有自己的发言，可遵照会议组织者的安排发言。如会议发言是自由自愿的，可酌情决定发不发言；若发言，不可抢着发言，或随意打断别人的发言。

（6）大会结束，安静有序地退场，挪动座椅时动作要轻，不要发出刺耳的声音。

（7）会议期间，不得抽烟。

（七）校内行路礼仪

去教室、食堂、图书馆等地方及平时散步都离不开行路，行路也应遵守应有的礼仪规范。

（1）骑自行车要遵守交通规则，不可横冲直撞、速度过快，人多拥挤的地方要缓行，进出校门要下车，自行车应停放在指定的车棚或地点。

（2）在校园的道路上行走，不要三五人站成一排齐头并进，妨碍他人行路。

（3）在路上遇到老师、熟人和同学要主动打招呼，如需要交谈应站路边，不妨碍人们的行路和车辆的通行。

（4）维护校园的环境卫生，不要边吃边走，不要随地吐痰、乱扔果皮等杂物。

（5）行右礼让。在校园上下楼梯、楼道或街道行走时应自觉靠右行走，上下楼梯时或走在狭窄的通道时遇到师长老弱幼妇女应主动站立一旁，让其先走。

（6）行路时不要践踏草坪。

二、案例讨论

（一）案例一

某天中午，小王和同学一起在食堂吃饭。坐在小王边上的不相识的同学出门时顺手拿了小王的伞。

讨论：在生活中你有没有遇到过这种事，或者你有没有错拿过别人的东西？

遇到上述情况，小王该如何有礼貌地和这位不相识的同学说清楚呢？这位不相识的同学又该向小王说些什么？

（二）案例二

大学生小李在售票处排队买火车票，看看时间发现有一个非常重要的会议快到了，但火车票也必须今天买到。这时来了五个人，小李前面的人向他们招手示意让他们插队到前面，这么一来，等小李买到票就肯定不能准时到会了。小李忍不住提醒前面的人，并要求那五个人排到队伍的最后去。但这几个人都不予理会，还口出脏话。期间，其他排队人员对小李和那几个人之间的争议置若罔闻。小李受不了他们的语言侮辱，出手打了前面那个人一拳，结果被那几个人围殴了一顿。小李和这些人最终都被带到了火车站派出所。小李既没有买到票，又没能参加上那个会议。

讨论：你有没有遇到过类似的事情，或者看到过类似的事情？该如何避免？

（三）案例三

主席台上，专家的报告神采飞扬；主席台下，与会者聚精会神。忽然，坐在中间的一个理着小平头的人手机响了起来，他掏出了手机，旁若无人地与外界“沟通”上了，其声音分贝足以与台上的报告相抗衡。那自在的神态、那高亢洪亮的嗓门、那自顾自说的从容，让场内许多人投去不满、嫌恶、无奈的目光。可是，这样的目光，他一点也没有察觉到，依然我行我素，整个会场的气氛也被他破坏了。

问题：这个人的举动无疑是不符合会议礼仪的，那么怎么做才是正确的呢？

（四）案例四

在某大学图书馆书库里，几本崭新的图书被撕去了书页，其中一本已被撕成一页一页，书本的装帧已有些松散了。图书管理员说，他们经常会发现一些被撕去书页的图书，为了不影响其他人借阅，只能将图书下架。在期刊阅览室，一个学生看完《中国青年报》后想要放回原位。可能是忘记了原来的位置，他在几个报架前来回走了好几次，还是没找到。于是，他就将报纸放在了一个空书架上。而该书架上并没标注《中国青年报》的报名。阅览室中放着一个白色三层架子。图书馆一位工作人员说，为了让图书正确归位，读者看完后可以将书放在架子上，由工作人员自己去摆放，但有些读者并没有将书放在架子上。

讨论：

1. 结合自己的经历，谈谈你所在的大学图书馆里有哪些不符合礼仪的现象。

2. 如何提高大学生在公共场合的素质，加强礼仪观念？

三、情景训练

（一）情景一

你来到自习室，发现已经没有空余的位置坐了，可有一名同学为他没有来的同学占了空位，你要怎么做才能让他把空位让给你呢？

（二）情景二

放学时间，你在公共教学区不小心撞倒了一名艺术学院的女生，使她的艺术作品损坏，你该怎么做呢？

（三）情景三

你在图书馆找一本《父与子》的书，当你欣喜地找到最后一本时，却发现另外一名同学也要借阅这本书，你要怎么做呢？

（四）情景四

某天下雨，你和同学下课后来到食堂，排队的人绵延不绝，你要完成放书包和伞还有打饭的事情，你在排队的过程中衣服还被其他同学弄上了油渍，你该怎么办？

（五）情景五

你悠闲地走在校园里，随手扔了一个垃圾，被一位外国的老太太看见，并要求你马上把垃圾扔回垃圾桶中，你该怎么做呢？

第八章

商务礼仪

训练目标

使学生掌握商务联络礼仪、会议礼仪、谈判礼仪和产品营销礼仪的基本知识，把握商务联络礼仪、会议礼仪、谈判礼仪和产品营销礼仪的基本程序和注意事项，并能够灵活运用相关知识分析和解决问题，养成在商务活动中守礼、用礼的好习惯。

一个人的礼仪，就是一面照出他肖像的镜子。

——歌德

案例导入

酒店为何员工流失严重

某酒店是一家三星级外资酒店，以前在社会和旅游业界有较好的声誉。但最近，酒店的经营状况不尽如人意，员工的流失情况极其严重。为了解员工流失的原因，该酒店特向与其已经有三年合作关系的当地一所高校酒店管理系相关专家进行咨询（酒店管理系主要为该酒店提供酒店管理方面的知识培训，酒店则安排部分酒店管理系学生定期实习）。在预约当日，两名专业教师受酒店管理系委派，到该酒店了解具体情况，协助酒店改进员工管理工作。经与人事部总监某女士就员工工作情况进行了短暂交谈，又向分管人员了解情况并召集部分在岗的员工谈话后，他们基本掌握了一些情况。近中午12点，为不给酒店添麻烦，两位教师向主管人员告辞，刚走出酒店大门，一个眼熟的身影走过。朝其背影看了看，教师主动说道“哦，总监下班了。”结果该女士竟然视而不见，擦身而过。于是，两位教师突然悟出员工为何不安心在这家酒店工作的原因：作为酒店重要部门的人事部，在接待协助酒店工作的教师两个多小时内没有人倒上一杯水；作为酒店高级管理人员的总监连基本的礼貌也不懂。由此可以看出这家酒店的服务接待工作做得不好，直接影响酒店良好形象的塑造，酒店经营管理失败。

（资料来源：罗树宁．商务礼仪与实训．北京：化学工业出版社，2010.）

商务礼仪的本质是要求通过某些规范化的行为表示人际的真诚、尊重、敬爱、友好、体谅，是人的社会关系的体现，而企业形象的塑造需要每一位员工的共同努力，员工只有将这些规范性的要求内化为自己的一种本能意识，才能获得顾客信任，塑造良好的形象。

模块一　商务联络礼仪

一、基本知识

（一）电子邮件礼仪

电子邮件是在传统邮件的基础上衍生出来的网络应用，它是运用互联网络向交往对象发出的一种电子信件。使用电子邮件进行对外联络，不仅方便快捷，不受篇幅限制，而且可以降低通信费用，特别对远距离的国际通信交流和大量的信息交流，其优势更是明显，使用者越来越多。因此，电子邮件的礼仪，也必须引起我们的关注。

1. 收发电子邮件的程序

1）制作邮件的程序

一般制作邮件包括以下程序。

（1）制作新邮件。填写收件人信息，收件人信息直接关系到邮件能否顺利到达，所以，在添加收件人的过程中，通常按不同的性质分为收件人（指定邮件的主办人）、抄送人（将邮件的副本通知某人）、密件抄送人（隐藏邮件的收件人）。收件人收到邮件时，三者均显示收件人信息，收件人可以看到抄送人的信息，收件人和抄送人却无法看到密件抄送人的信息。

（2）制作邮件内容。邮件内容的输入，包括邮件抬头信息、正文和落款，另外还有附件或项目等。邮件内容的简单编辑和修饰主要包括文字和段落的修饰、背景的修饰等。

（3）发送电子邮件并检查发送情况。① 选择邮件账户并发送邮件。② 检查邮件发送结果。发送结果一般从两个方面进行检查：一是从导航窗格的相应文件夹进行检查；二是已经设置了回执的邮件，会自动提供通知，并返回相应邮件。

2）处理邮件的程序

一般处理邮件包括如下程序。

（1）接收邮件。一般用户设置为默认在线方式，即可收到新邮件，并将邮件存放在收件箱中，同时显示到达通知，以提醒查看。

（2）阅读邮件。收件人查看邮件时，可采用不同的方法，包括纵横阅读、浏览主题、自动阅览和分组查看等方法。

（3）答复、转发及标记邮件。收到的邮件，有的需要回答一些问题，或告知一些情况，那么就需要答复邮件。答复可从邮件视窗中选择某一邮件条目进行，如可以在打开的邮件窗口中处理。转发邮件，常用于将自己收到的邮件转给其他相关人员，所以处理转发邮件时，通常需要选择收件人的地址，转发中将自动携带原邮件的附件。

2. 收发电子邮件的礼仪

电子邮件上的错误，或滥用电子邮件可能导致写信者一系列严重后果。所以要时刻记住下面几点。

1）规范书写格式

电子邮件和平常的书信一样，称呼、敬语、签名均不可少。电子邮件内容要明确，语言要简洁、准确，邮件必须有明确的主题，以便让收信人一看就明白来信的主旨。写完以后还要认真检查有无错误，因为发出去的电子邮件代表一个人的知识水平和文化修养，如果发出去的邮件错误百出或不规范，就给人以粗心、不礼貌和没修养的感觉。

2）正确及时收发邮件

电子邮件发送不要正文栏空白，这样不仅不礼貌，还容易被收件人当作垃圾邮件删除掉。重要的邮件可发送两次，以确保发送成功。发送完毕，可用电话或手机短信告知收件人，让其阅读。收件人得到电子邮件应尽快回复。如果暂时没有时间，先短信回复。告诉对方收到邮件，随后详细回复。

3）注意使用中的安全性

电子邮件是计算机病毒的重要传染源和感染病毒的主要渠道。收发电子邮件，要注意远离计算机病毒。最好在发送邮件前用杀毒软件杀毒，同时要定期清理收件箱、发件箱、回收箱，空出有限的邮件空间，接受新的邮件。

此外，因为在公司的计算机上写作、发送或接受的每一封邮件，无论是通过公司内部网络还是因特网传输，实际上都是属于企业经理的，他有权阅读，你要意识到你的邮件是企业里任何人都可以阅读的。邮件没有任何秘密可言。因此，邮件内容要符合法律、道德和企业文化。坚决不用电子邮件作为媒介传送任何不好的信息，也不要用来发布严重的抱怨批评。由于电子邮件可以很容易的被复制、改变和伪造，因此，依赖电子邮件传输重要信息都是有潜在危险的。一旦发出，电子邮件就不在你的控制范围内了。

（二）电子商务礼仪

电子商务是一种新型的、发展迅速的商务活动方式，是随着电子计算机的普及和互联网的发展而发展起来的。它好似一股浪潮，迅速席卷了整个世界，甚至影响到我们的生活方式。很多生产、流通、消费等领域的企业，都已认识到电子商务的重要性，纷纷开展或准备开展电子商务。

1. 电子商务的含义

电子商务，顾名思义，其内容包含两个方面：一是电子方式；二是商务活动。所以，广义的电子商务指的就是利用简单、快捷、低成本的电子通信方式，交易双方不谋面地进行的各种商贸活动，如企业通过打电话、发传真的方式与客户进行的贸易活动；而狭义的电子商务，则是指通过电子数据交换和互联网来完成的各类商业活动，如网上购物、网上订票、网上跳蚤市场、邮局电子汇兑、银行电子记账、转账和异地汇兑、自动提款机和自助银行、零库存的工厂订货管理系统以及公司和工厂管理运作系统等。简言之，电子商务就是在网络上进行的商业活动。本书探讨的是狭义的电子商务。

2. 电子商务的礼仪规范

由于电子商务活动与传统的商务活动不同，在电子商务活动中，就应当遵循电子商务礼仪。电子商务礼仪是指，应用互联网从事商业活动的过程中应遵循的礼仪规范，概括起来主要有以下几点。

1）注重诚信，信誉第一

诚信是商业发展的根本，也是商务礼仪的基本原则。电子商务与传统的商业活动相比，对诚信的要求更高，因为电子商务是非面对面的交易，相应的法律法规还没有完全成熟，从业人员必须遵守诚信原则，才能提高消费者的信任，使贸易顺利成交。诚信原则要求电子商务企业的广告必须可信，产品质量必须可靠，企业提供的服务也必须及时和完美。切忌在收到顾客的订单和账款后不理不睬，或服务不到位。毕业于麻省理工大学的物理博士张永青在北京开办了“e 国网络公司”，承诺从接到网上订货到送货上门只用一小时，种种大胆承诺在科学的管理下成为现实，他的公司也因此信誉极好而发展极快。

2）实事求是，规范交易

商家注重卖场的一贯形象，同商务人员注重自己的外在形象一样，都是对交易方的尊重，是一种基本礼仪。作为一种商业活动，电子商务的网页设计相当于传统商业公司的店面和橱窗，是否清晰、整洁、别具一格，将直接影响顾客对网上店铺的态度。而网页上的商品图片是公司给顾客的第一印象。一幅模糊的商品图片给人的感觉非常不好，就像实际店铺里的商品摆放杂乱、粗俗低劣，不能引起顾客的兴趣并赢得顾客的信任。美观、清晰的网页设计，既能引人注目，又能方便顾客购买。所以，访问者对网站的第一印象是网页设计，而后才是内容。

尽管网页设计追求个性、创新，讲究艺术性，网上交易也是一种全新的、前所未有的方式，但电子商务的核心还是要进行商业贸易，这种商业贸易的本质还是严肃的、科学的，必须遵循传统商业活动的一般规律。在电子商务活动中，无论是从网页上的货品介绍、交易中的讨价还价，还是到成交后的货款支付、送货时的交接服务，在商家和顾客之间、经销商和供货商之间，都要通过网络进行语言交流。尽管目前在博客上、论坛里流行着很多时髦的网络语言，但在电子商务活动中，还是要使用规范的语言来表达。这样做的目的，一是为了表示尊重对方；二是为了表示态度严肃认真；三是为了避免产生歧义和由此引发的不必要的纠纷。这也是一种礼仪的需要。

3）遵守法规，保证安全

电子商务的在线交易给人们带来效率的同时，也带来不安全因素。因为在线交易是全球性的，而且买家和卖家、卖家和卖家之间很多都只是对着电脑屏幕说话，不是面对面的交易，这就容易给拍下来不买或是恶意投诉的买家以及同类商品的其他不道德卖家提供可乘之机。对于买方，如果信用卡密码被盗或泄露，从而可能导致资金流失，如果卖方是虚假的，可能会造成付了钱而得不到货的局面；对于卖方，存在着未能识别电子伪钞，或者向不真实买方付货的问题。因此，电子商务要求网络提供安全解决方案，如加密机制、签名机制、存取控制、防火墙、防病毒等安全保护措施，这与传统的商务活动有很大的不同。

为了维护一个良好的网上购物环境，很多电子商务的经营者都作出了积极的、有效的努力。如淘宝网就建立了诚信认证系统和“支付宝”这一中介工具，使淘宝网在交易前、交易中和交易后，都很好地实现了对诚信问题的监管，有效杜绝了可能发生的网络诈骗。由中国电子商务协会牵手制定的《网上交易平台交易服务规范》（征求意见稿）已经出台，国家有关部门也正在加强相关法律法规的建设工作，对网上交易过程中的消费者保护、电子合同履行、隐私权保护、信息安全、违法和不良信息的监控、信用管理等领域，尽量作出相应的规范，以保证网上购物的安全。

同时，每个从业人员都应自觉地做一个守法公民，自觉遵守国家的法规政策，适时申请工商注册并及时缴纳相关税款。不要经营国家法律法规明文禁止经营的商品，也不要钻法律的空子或打擦边球。

4）讲究效率，及时回访

信守时间，是与人交往的基本礼节。在商务活动中，遵守时间约定，也是赢得顾客、争取持续发展的礼仪要求。一次按时送货上门，可能换来长期的回报，因为顾客的口碑宣传比广告的效果要好得多。所以在收到顾客的订单和汇款后，应该快速有效地处理订单，并提供良好的客户服务，及时准确、保质保量地送货上门。为了保证货品的数量和质量，必须找到效益好、品质高的供货商；为了保证送货上门的准确及时，必须拥有一个效率高、信誉好的物流管理中心，并和他们建立起长期的友好合作关系。这样做，即使要花很大的人力、物力、财力，也是非常值得的。因为只有充分发挥每个合作方的积极作用，时间和质量才有所保证，才能拥有坚实的基础。

对于曾经购买过商品的顾客，可以利用网络保留相关信息，定期对其进行回访。网上交易的方式，使这种定期回访变得极为方便。如在发货后不久就询问顾客是否收到、在一个月询问顾客是否满意、在两个月后询问是否有建议或者有没有其他需要的商品等，让顾客感受到重视和关怀，既表示出店主的礼貌周到，又可以培养他们的消费习惯。顾客一旦习惯了在固定的店面买东西，就相当于拥有一个义务的宣传员。而这样做的成本非常低，何乐不为。传统的商业活动也非常重视与顾客沟通情感，但要及时有效地定期回访顾客，则需要花费很大的人力、财力和时间。所以，电子商务应该充分发挥自己的优势，认真执行这一礼仪规范。

二、案例讨论

（一）案例一

×月×日，市民张某向××派出所报案称，5 月 31 日下午，他在家中上淘宝网时，看到了一则加盟买卖手机充值卡的广告，称其“零风险，高利润”。经与对方联系，张某汇出了 1.3 万元加盟费，但第二天，对方就失踪了。

讨论：你如何评价张先生的遭遇？

（资料来源：杜明汉．商务礼仪：理论、实务、案例、实训．北京：高等教育出版社，2010.）

（二）案例二

始于 2008 年的全球经济危机让越来越多的消费者开始转变消费行为，热情拥抱“宅经济”。人们出于节约成本的考虑，或是人性懒惰的原因，一些能在家里点点鼠标、敲敲键盘完成的消费行为，已逐渐取代人潮拥挤的外出购物。近段时间以来，大大小小的购物网站销售火爆，2009 年第一季度比 2008 年第四季度增长了 150% 以上，有的甚至达到了 350%。

讨论：为什么全球经济让越来越多的消费者热情拥抱“宅经济”？

（资料来源：杜明汉．商务礼仪：理论、实务、案例、实训．北京：高等教育出版社，2010.）

（三）案例三

某天上午，胡女士的计算机突然弹出一则消息，提示胡女士中了大奖。单击登录后，胡女士被对方一步步套牢，最终经不住近 20 万元奖品的诱惑，从保证金、个人所得税到手续费、公证费，先后 5 次汇出 5 万元后，才意识到上当。

讨论：怎样才能提高网络的安全性，建立诚信的网上交易？

（资料来源：杜明汉．商务礼仪：理论、实务、案例、实训．北京：高等教育出版社，2010.）

（四）案例四

张先生：

您好，我是北京雅致人生管理顾问有限公司的王艳。很高兴能够认识您，并有幸将我们公司介绍给您。我们公司的培训主要以素质技能技巧为主，曾经成功地为IBM/HP/SUMSUNG/微软、中海油、大唐移动、北京移动、信息产业部电信研究院服务过，欢迎您访问我们公司的网址：WWW. YAZHI-LIFE. COM，对我公司有更多的了解。附件是我们公司擅长的培训课程及讲师简历。请您查收。

如有任何问题或者建议，请您随时与我联系。

希望我们能达成互补，在未来有合作的机会。

感谢您对我们工作的支持。

祝您工作开心快乐！

北京雅致人生管理顾问有限公司

项目经理：王艳

以上是一封北京雅致人生管理顾问有限公司王老师写给郑州惠尔企业管理咨询有限公司张老师的信函邮件

讨论：请根据收发电子邮件的礼仪，评价一下这份电子邮件。

（资料来源：杜明汉．商务礼仪：理论、实务、案例、实训．北京：高等教育出版社，2010.）

三、情景训练

（一）情景一

美国计算机网络组织为用户制定的10条戒律：① 不用计算机伤害别人；② 不干扰别人的计算机；③ 不窥探别人的文件；④ 不用计算机进行偷窃；⑤ 不用计算机作伪证；⑥ 不使用或复制没有付钱的软件；⑦ 未经许可不可使用别人的计算机资源；⑧ 不盗用别人的智力成果；⑨ 应考虑所编程序的后果；⑩ 应以深思熟虑和慎重的方式使用计算机。

参照美国计算机网络为用户制定的10条戒律，结合企业电子商务的实践和我国目前电子商务的网络环境，为企业制定电子商务礼仪规范。

划分小组，每5人为一组，小组成员认真讨论后，制定企业电子商务礼仪规范。操作步骤如下。

（1）老师提前在课堂上提供相关资料，并布置任务。

（2）划分小组，每 5 人一组，明确分工和任务要求，小组成员共同讨论工作思路。

（3）根据分工，网上查找相关资料，互相交流信息，全面了解电子商务礼仪规范的基本内容。

（4）走访 2 ～ 3 家有电子商务业务的，与工作人员面对面交流，了解企业目前在电子商务业务中存在的主要问题是什么，特别是从礼仪规范方面应注意什么，对调查资料进行详细记录。

（5）根据网上查找资料和对企业的实际调查，小组成员认真讨论后，列出基本礼仪规范要求（不少于 10 条），并用事例说明该礼仪规范的作用。

（6）实训过程中要求小组成员要礼貌和气，团队合作，有创新思路，能制定出一个实用的电子商务礼仪规范。

（资料来源：杜明汉．商务礼仪：理论、实务、案例、实训．北京：高等教育出版社，2010.）

（二）情景二

王强参加了公司刚刚举办的夏令服装产品展览会，会上王强与很多经销商建立了良好的关系。虽然展览会只有一周时间，但很多经销商那种对市场的分析判断能力、对消费者的消费趋势研究和对未来希望合作的诚意，都让王强深深感动。作为刚从事商贸工作的他，十分希望能结识更多的朋友，为公司作出更大的贡献。他觉得展览会结束了，但与经销商的关系还要维系。想写一份电子邮件，把自己的这种心情表达出来。

请帮助王强书写一份电子邮件。

（1）要求教师帮助同学，认真分析王强要表达的主要思想。

（2）要求学生参照一些类似的电子邮件格式和礼仪规范，书写电子邮件。

（3）根据学生书写的邮件，选出三份在班上交流，老师要对交流的电子邮件进行点评。

（资料来源：杜明汉．商务礼仪：理论、实务、案例、实训．北京：高等教育出版社，2010.）

模块二　商务会议礼仪

商务会议活动是多种多样的。有些常规例会在礼仪方面无特殊要求，只要做好必要的准备工作，确保会议顺利召开就行；有些会议本身就具有礼仪性质，会议的规格越高，会议的礼仪要求就越讲究，如洽谈会、发布会、展览会、茶话会等。商务人员只有对会议活动的礼节要求、组织过程了如指掌，才能做好会议的组织工作。

一、基本知识

（一）会议的特点

会议是有组织、有领导地商议事情的一种活动。有效的会议是提高管理工作效率的重要辅助手段，其目的在于讨论问题、沟通信息、统一协调、进行决策。会议具有以下四个特点。

（1）会议是有议题的。会议的议题即会议的主题，开会就是要围绕议题各抒己见、集思广益、解决问题。

（2）会议是有组织的，是企业某个部门或管理者为了解决某些问题或进行某项活动而组织召开的，是有目的、有任务、有具体要求的。这些具体要求，在会议通知中通常有详细的说明。因此，必须有组织地进行协调、安排，并为会议的召开处理好日常性、事务性的问题。

（3）会议是有步骤的，即会议有明确的议程。一次成功的会议，必须事先精心安排，并采取必要措施，确保会议在召开时能井然有序地进行。

（4）会议是有领导的，所有正式的会议都必须有专人负责、专人主持。大型会议还必须成立会议领导小组。实际工作中开得较多的有两种形式的会议：一种是政策性的研究会，它主要是确定目标，制定规划，研究对策，以及为统一认识而做的学术交流会议。如行政会、学术报告会，这种会议不能搞一言堂，要发扬民主、百家争鸣；另一种会议是执行性的协调会议，主要是布置任务、协调矛盾、组织实施等，这种会议要有议有决，会议组织者要有主见、有权威，每件事情都必须落到实处。如经营会、产销会、专题会。

（二）会议的准备礼仪

任何会议都必须有办会者、会议主持者、发言者和聆听者四种人。不同的人在参加会议前都要有所准备。

1. 办会者

很多情况下，商务人员要亲自办会。所谓办会，就是从事会务工作，即负责从会议的筹备工作直至会议结束的一系列具体工作事宜。在会议筹备阶段主要有以下几方面的工作。

1）建立组织

召开一个会议要有许多人参与组织和服务工作。这些人要有明确的分工，各负其责。建立各种小组，使他们在各组织的统一指挥下独立开展工作。一般由大会秘书处负责整个会议的组织协调工作。秘书处下设秘书组、总务组、保卫组等组织机构。秘书组负责会议的日程和人员安排，文件、简报、档案等文字性工作。总务组负责接待、食宿、交通、卫生、文艺和其他后勤工作。保卫组负责大会的安全保卫工作。根据会议规模的大小、性质，还可增设其他小组。

2）明确任务。

全体工作人员应当明确会议的目的、要解决的问题，还要明确自己的工作任务及具体要求，尽心尽责做好工作。

3）确定与会人员

确定与会人员是一件很重要的工作，该到会的一定要通知到。确定与会人员可以采用以下方法：第一，查找有关档案资料；第二，请人事部门提供资料；第三，征集各部门意见；第四，请示领导。大型会议还要对与会人员进行分组，便于分头讨论，组织活动。

4）发出通知

名单确定后即可向与会人员发出通知，便于他们做好准备工作。有时准备工作量大，而距离开会时间还远，可先发一个关于准备参加会议的预备通知。接近开会时，再发正式通知。通知一般用书面形式，内容包括会议名称、开会目的、内容、与会人员应准备的材料、携带的东西、日程、期限、开会地点、报到日期、路线以及差旅费和其他费用等问题。与会人员接到通知后，应反馈有关参会人员的信息，以便大会制证、排座、安排食宿等。

5）会议签到

为掌握会议人数，严肃纪律，凡大型会议或重要会议，通常要求与会人员在入场时签名报道。

6）餐饮安排

举行较长时间的会议，一般根据与会者来自的区域和民族习惯，安排食宿。

注意尊重有特殊要求者的餐饮习惯。

7）预算

根据参会人员的人数、时间及会议其他耗费，编制会议预算，以确保会议的顺利召开。

2. 会议主持者

会议主持者是会议的总指挥，其在会议前所要做的主要是落实议程。议程是指会议进行时所应遵循的既定顺序。凡属较正式的会议，其议程大都事先进行认真的讨论和拟定。一般情况下，会议的主持人无权变更会议的议程，尤其是重要议程，无论遇到什么情况，主持人都必须想方设法履行职责，以确保会议按照既定进行，因此，会议主持人必须熟悉议程，只有熟悉了议程，才能在会议进行时熟练地驾驭会议，并能应付一切突发性问题。一般正式会议的议程包括以下内容：

① 宣布开会；

② 全体起立，奏国歌；

③ 领导讲话（或作主题报告）；

④ 分组进行讨论，或进行大会发言。

⑤ 总结发言；

⑥ 宣布散会。

此议程基本框架难以变动，但在具体环节上，主持人可根据情况和经验做随机调整。

3. 发言者

发言者是指在会议上演讲、报告、讲话的人。大会发言者要求做到以下两个方面。

1）仪表整洁

发言人的仪表，往往会在其出场之时给听众留下深刻的印象，所以在发言之前，发言人一定抽出时间，对其个人仪表进行修饰。如头发要梳理整齐，男士要剃去胡须；着装要干净、整洁大方。

2）发言内容要周全

发言者在会上发言主要是阐述个人观点、见解。因此，发言内容是听众关注的重点。准备发言稿时，要了解听众的思想状况、文化程度、职业特点和心理需求。发言稿要观点明确，中心突出，态度明朗，主张合理，层次清楚，逻辑缜密，以理服人。发言在给定的时间内进行，在充分发表个人见解的同时还要尽可能地抓住听众的注意力，使听众听得清、印象深。要达到这样的效果，就要在发言稿准备好后，进行预讲演，邀请一些听众发表意见，多次修改演练，做到心中有数。

4. 聆听者

聆听者即听众，就会议的决策而言，听众一般并非主角，但是离开他们的自觉配合，会议也是很难取得成功的。听众在会前准备主要包括以下几点。

（1）接到会议通知后，做好参会准备，安排好自己的工作、时间等。

（2）要预备好必要的辅助工具，如纸、笔、录音机、计算机等。

（3）要仔细阅读会议下发的材料，了解会议情况，掌握会议宗旨。

参会者参加会议时要按通知要求准时出席会议，参加本地举行的会议，一般应提前5分钟以上进入会场，以便有一定的时间进行个人准备，如签到、领材料等；参加外地举行的会议，最好提前一天报道，熟悉会议环境和情况。

（三）参与会议人员的礼仪

1. 办会者的礼仪规范

在整个会议期间，办会者应注意以下礼仪规范。

（1）做好接待

会议举办期间，一般应安排专人在会场内负责迎送、引导、陪同与会人员。对与会的贵宾、老弱、病残、孕妇、少数民族人士、宗教人士、港澳台同胞、海外华人和外国人还需重点照顾。对与会者的正当要求应有求必应。

（2）现场服务

会上要安排专门的服务人员负责斟茶倒水，或事前放置足够的饮用水，做到卫生方便。

（3）会议记录

凡是重要的会议，均应进行现场记录。其具体方式有笔记、录入、录音、录像等。可单用某种，也可交叉使用。由记录员做会议记录时，对会议名称、出席人数、时间地点、发言内容、讨论事项、临时动议和表决选举等基本内容力求做到完整、准确、清晰。

（4）编写简报

有些重要会议，在会议期间就要编写会议简报。编写会议简报的基本要求是"快"、"简"、"准"。"快"就是讲究时效性，在第一时间要将会议内容报告出来；"简"就是要求文字简练；"准"就是准确无误。

（5）处理材料

根据工作需要与有关保密制度的规定，在会议结束后应对与其有关的图文、声像材料进行细致的收集整理。该存档的存档，该销毁的销毁。

（6）协助返程

会议结束后，其主办单位一般应为外来参会者提供返程的便利。例如，为对方订购返程的机票、车票、船票提供短途交通工具等。当团队或特殊与会者离开时，还要安排专人为其送行、帮助托运行李等。

2. 主持者的礼仪规范

落实议程、控制时间、掌控会场、完成预期的任务是主持者的职责。

（1）主持者要按事先协商好的议程组织会议，努力确保会议按照既定议程进行。

（2）主持者要认真掌控会议时间。一要掌握好起止时间，会议开始时要宣布会议时间，时间一经确定，与会者和会议工作人员就应遵守。二要限制发言时间。任何会议，每位发言者都要有规定具体明确的发言时间，并通知本人。主持人在发言人发言之前最好再关照一下，限定时间长度；或者用技术的手段提醒发言人。如果会议时间较长，一般应在会议中间安排一定时间休息，以供与会者活动手脚、处理私事。凡举行会议的时间超过 1.5 个小时，就应在期间安排一次长约 15 分钟的休息，并在休息前宣布休息时间，确保下面会议的进行。

（3）主持者要善于掌控会场气氛。在会议进行期间，主持者掌握会场的能力大小，往往会影响到会议的成败。会议主持者要善于掌控会场气氛。一是要认真落实会议议程，在会议进行过程中要特别注意多看、多听、认真观察会议进行的情况和现场的情绪反应，及时地发现问题、解决问题。二是要善于调节气氛，主持者要根据现场情况采取一些措施，调节现场气氛，使会议保持良好的状态。一般当嘉宾出席会议发言之前，要进行适当介绍，发言人发言结束后，主持人应领头鼓掌，以带动全场听众响应。

3. 发言者的礼仪规范

在会议上要做一名受人尊重或受人欢迎的发言者要注意以下几点。

（1）要求发言的内容适合听众，语言简单明了，朴素具体；幽默诙谐、耐人寻味；通俗易懂，生动形象又富有哲理。

（2）要情感真实。在发言时，要以自己的真情实感去感染听众、打动听众。

（3）在现场发言时要自谦自重，要有与听众平等沟通的意识，要注意临场水平的发挥。发言人在上台发言时，要向主持人与其他听众欠身致意，并进行问候；在发言的整个过程中，语言、动作、表情都要尊重听众；发言结束时要道一声“谢谢”。

（4）宽待其他发言人。有时在会议上进行发言的人士，其见解不同，在个别时候会出现各执一词、针锋相对的情况。遇到他人的观点与自己相左时，要善于求同存异，以理服人。发言时要对事不对人。

4. 参会者的礼仪规范

要提高会议效率，既要靠会议主持人、组织者的积极努力和得力的措施，同时也要靠全体参会人员的自觉和认真态度。参会人应做到以下几点。

1）保持安静

在会议进行期间，全体与会者都应当自觉维护会场秩序，保持会场安静，为发言人的讲话与参会者的倾听创造一个良好的氛围。

2）不要逃会

参加会议要有始有终，这是对组织者的起码尊重，万一有特殊原因，需中途离去，要例行请假。必要时还要说明原因，并为此致歉。

3）聚精会神

会议期间，会议参加者都要聚精会神地聆听他人的发言，要认真汲取他人的精华，借鉴别人的演讲艺术。

4）记录要点

会议参加者有条件的都要尽可能地对他人的讲话要点进行记录，以便会后学习及传达、交流会议精神。

二、案例讨论

（一）案例一

小江在学校时什么会议都不愿意参加，能躲就躲，实在躲不过了，就到最后一排打瞌睡。进了公司后，他发现与学校相比，不仅会议的频率高了，而且他也没办法躲了。作为职场新人，会议室的布置基本上由他一个人承包了。如果单单是布置一下会场，或者做些会议记录，小江虽然有点不情愿，但也毕竟不是什么难事，小江总能应付得过去。有一次，公司为了联络各经销商的感情，准备召开一次重要的商务会议，于是让小江负责选择会议的地点。小江马马虎虎，没有认真考察会议室的许多细节，没有认真准备与会议相关的事宜。结果开会那天，因为会议室太小，椅子不够，有些人只能站着开会，这样就挡住了别人的视线，致使他们不能看到主持人正在翻动的图表；空调也启动不了，窗户也打不开，所以室内闷热。有的人生气得走了，业务经理非常不满意，小江也觉得很没有面子。

讨论：小江的马虎给企业形象造成了什么影响？本案例对你有何启发？

（资料来源：贾志强．人一生要懂得的10个商务礼仪．北京：中国书店，2006. 引文经过改编）

（二）案例二

某公司会议注意事项有如下规定：如果会议的参加者有残疾人，那就给他们特殊照顾，事先了解他们的需要，如把要用电器设备的残疾人，安排在电源较近的地方；对于聋哑人员和严重听力障碍者，应安排在能看见发言者的地方，或者安排手语解说员；对于坐轮椅的参加者，应考虑其方便入场，有必要时帮助其入座，并保证方便出入；如果有盲人或者视力有障碍者参加会议，应准备盲文材料，或者坐在他旁边的人尽量帮他做一些描述，不要让他们受冷落。

讨论：该公司会议注意事项符合企业伦理要求吗？并说明理由。

（资料来源：杜明汉．商务礼仪：理论、实务、案例、实训．北京：高等教育出版社，2010.）

（三）案例三

公司年度销售工作总结大会召开在即，前一天小何和业务部门的同事一起布置会场，最后摆放座签时，部长特意嘱咐小何，“左大右小”，小何自以为明白了，先将董事长的名签放在主席台的中间位置，然后依次是总经理、副总经理分列其左右，不过小何摆放时，是面对着主席台摆放的，这样一来左右正好颠倒过来了。

第二天会议召开，就座时，总经理也没看主席台上的标签，习惯性地坐到了董事长的左侧，坐下后他发现标签上写的不是自己的名字，总经理自我嘲笑地和副总经理换了位子，似乎并没在意。但台下的小何却浑身不自在，特别是部长投来的埋怨眼神，他心里真是懊悔不已。

讨论：你以为小何懊悔什么？你从中汲取什么教训？

（资料来源：贾志强．人一生要懂得的10个商务礼仪．北京：中国书店，2006. 引文经过改编）

（四）案例四

某公司就自己新开发的一个新产品系列，想通过新闻发布会形式推向市场。时间安排在周一上午10点钟。眼看时间就到了，可是前来参加新闻发布会的媒体代表只有三四家，总经理非常焦急，询问负责发放通知的办公室主任小王，小王说：“我都通知到了呀。”总经理想了一下又问：“你是怎么通知的？”小王说：“我给各媒体一一打了电话，他们也答应要来参加，可谁想到他们都没来。”总经理听后气不打一处来，但只是瞪了半天眼睛，没有发火。他拍着自己的脑袋说：“这也怪我没交代清楚。”

讨论：

(1) 你认为小王负责通知记者这件事上有什么过失？

(2) 总经理说自己没有交代清楚，是说没有交代清楚什么？

（资料来源：贾志强．人一生要懂得的10个商务礼仪．北京：中国书店，2006. 引文经过改编）

三、情景训练

（一）情景一

云翔公司每年的年终岁末，都会组织全国乃至全球的经销商到公司参加公司的年度会议。在会议上，公司会对当年成功和失败方面的案例进行剖析，并邀请当年销售业绩突出的经销商代表进行经验总结。此外，在会议上还要安排各种娱乐活动。

全班分为若干小组，每组5～6人，根据上述材料所述会议场景，分别拟定不同的角色，运用所学的会议基本礼仪规范来扮演不同的角色。

（二）情景二

某公司面对世界金融危机的影响，市场营销发生了重大变化，为了有效应对金融危机，减少损失，拟开一次应对金融危机、扩大内需的会议。请你帮助起草一份会议邀请函。

根据以上情景，请草拟一份会议邀请函，主要事项包括议题、研讨内容(3～5项)、会议形式、参会对象、会议时间、参加会议费用、会议交流资料、交通（接站、返程票预订）、联系地址、联系人、参会报名表等。通过训练，让学生熟悉会议邀请函的一般内容，并对有关细节加以关注。

模块三　商务谈判礼仪

随着我国经济的迅猛发展，尤其是加入 WTO 后，我国各企业和单位所面临的国际商务谈判越来越多。谈判是一种进行往返沟通的过程，其目的是为了就不同的要求和想法而达成某项联合协议。谈判又是一系列情势的集合体，它包括沟通、销售、市场、心理学、社会学、自信心及冲突的解决。商务谈判的最终目的是双方达成协议，使交易成功。

一、基本知识

（一）商务谈判的含义

所谓谈判，一般含义是指在社会生活中，人们为了满足各自需要和维护各自的利益，双方妥善解决某一问题而进行的协商。曾有人说："生活本身就是一系列无休止的谈判。"这也是不无道理的。而商务谈判，是指谈判双方为实现某种商品或劳务的交易，对多种交易条件进行的协商。随着商品经济的发展，商品概念的外延也在扩大，它不仅包括一切劳动产品，还包括资金、信息、技术、服务等。因此，商务谈判是指一切商品形态的交易洽谈，如商品供求谈判、技术引进与转让谈判、投资谈判等。

商务谈判是两个紧密相连的过程。谈，是双方充分阐述其追求的目标、利益要求，应承担的义务和享有的权利及建议意见等；判，则是对各方共同认可的事项的确认。谈是判的基础，判是谈的结果。

商务谈判是一项跨政治、经济、技术、法律、心理、文化、礼仪等诸多学科知识的综合性经营活动，因而商务谈判活动本身就是很复杂和微妙的，在谈判中发生争论、冲突、僵持甚至投机和利用都是难免的。谈判中需要各方不断协商沟通信息，不断调整自己的交易条件。谈判是谈判者知识、信息、修养、口才、风度的综合较量，所有企业都希望通过谈判满足自己的利益要求，又不损害与对方之间的关系。所以任何一场成功的谈判，双方都应该是胜利者。

（二）商务谈判的准备礼仪

1. 确定谈判人员

商务谈判在某种程度上是双方谈判人员的实力较量。谈判的成效如何，往往取决于谈判人员的知识方面和心理方面的素质。因此，谈判之前，最好先了解和判断对方的权限。谈判人员接触的对象可能有业务代表、业务各级主管、经理、副总经理、总经理甚至董事长，依企业的大小而定。这些人的权限都不一样，谈判人员应尽量避免与无权决定事务的人谈判，以免浪费自己的时间，同时也可以避免事先将本企业的立场透露给对方。

其次，商务谈判常常是一场群体间的交锋，单凭谈判者个人的丰富知识和熟练技能，并不一定就能达到圆满的结局，要选择合适的人选组成谈判班子与对手谈判。谈判班子成员各自的知识结构要具有互补性，从而在解决各种专业问题时能驾轻就熟，并有助于提高谈判效率，在一定程度上减轻主谈人员的压力。

2. 收集谈判信息

谈判前应对谈判主题、内容、议程做好充分的准备，制订好计划、目标及谈判策略。知己知彼，百战百胜。在谈判准备过程中，谈判者要在对自身情况作全面分析的同时，设法全面了解谈判对手的情况。自身分析主要是指进行项目的可行性研究；对手情况的了解主要包括对手的实力（如资信情况），对手所在国（地区）的政策、法规、商务习俗、风土人情及谈判对手的欺诈行为。因此，谈判人员必须了解商品的知识、市场及价格、品类供需情况、本企业情况、本企业所能接受的价格底限与上限，以及其他谈判的目标，一定要把各种条件列出优先顺序，将重点简短地写在纸上，在谈判时随时参考，提醒自己。

3. 安排谈判地点

一般来说，较大型谈判场所可轮流在双方所在地也可设在中立的第三方处，而小型谈判的场所可以随意些。如果轮到己方做东，则要安排好对方的食宿，了解对方的风俗习惯，努力为对方设置一个舒适的生活环境，使对方拥有一个良好的心境，有利于谈判的顺利进行，而且也符合起码的待客之道。

在安排谈判地点时，东道主不仅应该布置好谈判厅的环境，准备好相关的用品，而且应该注重特别重视礼仪性很强的座次问题。举行双方谈判时，应使用长桌或圆形桌子，宾主应分别坐于桌子两侧。以门为标志，若桌子横放，则面对正门的方向为上，应属于客方，背对正门的方向应属于主方。若桌子纵放，则应以进门的方向为准，左侧为上，右侧为下，左宾右主为好。各方的主谈人员应在自己一方居中而坐，其余人员则该遵循左高右低原则，依照职位高低，至近而远依次在主谈人员的两侧就座。假如需要翻译人员，应安排其就座在仅次于主谈人员的位置或主谈人员之后，并以此次序布置环境，排放座签。

4. 注重谈判人员的素质

谈判前应整理好自己的仪容仪表，穿着要整洁正式、庄重。男士应该刮净胡须，穿西服必须打领带；女士穿着不宜太性感，不宜穿细高跟鞋，应化淡妆。

谈判代表应通晓相关知识。除了国际贸易、国际金融、国际市场营销、国际商法这些必备的专业知识外，谈判者还应涉猎心理学、经济学、管理学、财务知识、外语、有关国家商务习俗与风俗习惯以及与谈判项目相关的工程技术等方面的知识。较为全面的知识结构有助于构筑谈判者的自信与成功的背景。

此外，作为一个商务谈判者，还应具备一种充满自信心、具有果断力、富于冒险精神的心理状态，只有这样才能在困难面前不低头，风险面前不回头，才能正视挫折与失败，拥抱成功与胜利。

（三）谈判过程中的礼仪

1. 自我介绍要谦虚

自我介绍既不可傲慢无理，也不可过于拘泥。要考虑大家是同行，是平等关系，应以轻松自然的方式，落落大方地说明自己的简历。在尚未正式进入谈判正题时，相互之间的寒暄语，要选择容易引起对方共鸣的话题，同时又与正题无关。

2. 谈判语言要得体

谈判者的体态语言影响着整个谈判的氛围。如目光一直注视双眼与前额之间的三角部分，不要飘忽不定。这会使对方认为你是认真严肃的、充满诚意的。如果能在谈判中始终保持这种凝视，你就能把握谈话的主动权和控制力。此外，谈判人员的手势和脚的动作，也会传达出无声的信息。如在握手时，你的手心朝上，对方感觉你可以被他支配；否则反之。一般来讲，人在平静时脚尖是静止的、着地的；而在紧张时，则会自然抬高。参加谈判的人员需要仔细观察。

3. 谈判现场要灵活

谈判中有时会出现冷场，突然之间使双方感到无话可说时，就需要东道主灵活处理。如果是双方就某个话题的商谈告一段落，而需要谈判的话题还有很多，则应灵活地变换话题，创造热情友好的氛围，使谈判继续顺利进行；如果双方确定已经无话可说，谈判无法进行下去，就应终止谈判，或休息一段时间再进行。

4. 谈判要注意礼节

在谈判中要注意语言的文明和礼貌，讲话要做到彬彬有礼，落落大方。讲话完毕要向大家致意，以表示讲话完毕，并对倾听者表示感谢。绝对禁止使用粗俗的语言，也不应随意歪坐在椅子上，或伏在桌面上。一定要保持谈判现场的严肃庄重气氛。

5. 与外商谈判时要注意尊重其风俗习惯

对其一些不同的礼节，应采取宽容和理解的态度，同时要注意保持自己的尊严。

二、案例讨论

（一）案例一

我国某进出口公司与泰国一家公司洽谈钢丝网和瓦楞钉生意。谈判一开始就不顺利，双方提出的交易条件相差甚远，中方有意放弃。有一天，中方公司副总经理李鼎贺上街购物，无意中发现泰国公司总经理徐先生在街头象棋摊边观棋，一副饶有兴趣的样子，李鼎贺心里一动。这天黄昏，李鼎贺戴着一副精工制作的象棋来到徐先生下榻的宾馆："下一盘棋怎样？"年过半百的徐先生居然像孩子一样高兴。原来，徐先生出生于象棋世家，儿子又酷爱收集各种各样的象棋。一场酣战下来，双方意犹未尽，李鼎贺醉翁之意不在酒，又和徐先生谈事业、成就、亲情、家世，徐先生对李鼎贺大为赞赏，当即表示："能和你这样的人交上朋友，这笔生意我少赚一点也值得！"两天后，生意在徐先生下榻的宾馆谈成了。

讨论：李鼎贺从象棋沟通感情，最终谈判成功这件事，你受到什么启发？

（资料来源：姜利军．商务谈判．北京：中国物资出版社，1998.）

（二）案例二

李先生带领着自己的一行人马来到事前预订好的谈判地点，这时，谈判的另一方也迎面走来。李先生处于地主之谊，身体略前倾，面带微笑地把自己的右手伸了过去，同时他的眼睛注视着谈判对方的带头人。这时候，对方也快步走上前来，在走动的过程中，微笑着握住了李先生的手，并说："李先生您好，我是某公司的业务经理，张春生。"同时，他左手在上衣口袋里掏出了自己的名片，随后双手递了过去。

李先生在接名片的同时也客气地说："张先生，您好。"他也把自己的名片递了过去。然后他们进了谈判室。就座后，李先生说："张先生真是年轻有为，年纪轻轻就坐上了经理的位置。"张先生应声答道："李先生过奖了，早闻李先生大名，今日得见，真是幸会幸会啊。"

李先生微笑示意，接着介绍自己团队的人员，之后，张春生也一一把自己的人员做了介绍。不过，在介绍到一名员工的时候，自己的手机突然响起，他拿起手机，转身向门外去了，并没有征求李先生这方的许可。张春生接完电话回来后，连声道歉，李先生不动声色，微笑着说："没关系，没关系的。"其实，他已经看出了对方这次谈判准备得不是很充分。

在接下来的谈判中，果然没有让李先生失望，张春生对李先生提出的价格虽然感觉有些高，但他并不知道如今市场上的价格究竟是多少。李先生则说："这已经是很低的价位了。"张春生便信以为真。

谈判协议签订的时候，李先生心中狂喜，因为他以高出市场价很多的价格签下这份商务协议。

讨论：张春生在谈判过程中接电话，符合商务谈判职业道德吗？为什么？
（资料来源：贾志强．人一生要懂得的100个商务礼仪．北京：中国书店，2006.）

（三）案例三

我国某冶金公司要向美国购买一套先进的组合炉，派高级工程师俞存安与美商谈判。为了不负使命，俞存安做了充分的准备工作，他查找了大量有关冶金炉的资料，花了很大的精力对国际市场上组合炉的行情及美国这家公司的历史和现状、经营情况等调查得一清二楚。谈判开始，美商一开口要价150万美元。俞存安列举各国的成交价格，使美商目瞪口呆，终于以80万美元达成协议。当谈判购买冶炼自动设备时，美商报价230万美元，经过讨价还价到130万美元，俞存安仍然不同意，坚持出价100万美元。美商表示不愿意继续谈下去了。把合同往俞存安面前一扔，说："我们已做了这么大的让步，贵公司表示仍不能合作，看来你们没有诚意。这笔生意就算了，明天我们回国了。"俞存安闻言轻轻一笑，把手一伸，做了一个优雅的"请"的动作。美商真的走了，冶金公司其他人有些着急，甚至埋怨老俞不该扣得这么紧。俞存安说："放心吧，他们会回来的。同样的设备，去年他们卖给法国只有95万美元，国际上这种设备价格100万美元是正常的。"果然不出所料，一个星期后美商又回来继续谈判了。俞存安向美商点明了他们与法国成交的价格，美商又愣住了，没有想到眼前这位中国人如此精明，于是不敢再报虚价，只得说："现在物价上涨的厉害，比不得去年。"俞存安说："每年物价上涨指数没有超过6%，一年时间，你们算算，该涨多少？"美商问得哑口无言，在事实面前不得不让步，最后以 101 万美元达成了这笔交易。

讨论：俞存安在谈判中对谈判对手进行了分析、判断、比较，准确把握了谈判的主动权。请你分析为什么他能做到这些。

三、情景训练

（一）情景一

天意公司要与某公司进行关于双方合作相关事宜的谈判，委派年轻能干的吕先生带队进行商谈，吕先生去了不久，对方就打电话来要求换人，否则谈判终止，将不再合作。天意公司的负责人很惊讶，恳请对方解释原因。对方说，吕先生来后，和他们进行谈判时，跷着“二郎腿”，仰靠沙发；当他们谈自己的想法时，吕先生不是玩弄自己的笔，就是东张西望。对方说“虽然事情不大，但是我们不愿意和这种人合作”。

全班分为若干小组，每组 5 ～ 6 人，分别结合上述材料扮演不同的角色，模拟谈判场景。并结合所学谈判礼仪知识谈谈上述材料中吕先生在谈判中出现的问题。

（二）情景二

甲公司一行 7 人来到乙公司进行商务谈判，请结合所学谈判礼仪相关知识，模拟谈判礼仪场景。全班分为若干小组，每组成员分别扮演不同的角色，将谈判前的准备、谈判过程等内容融于一体。通过仔细揣摩模拟场景，熟练掌握商务谈判的基本礼仪规范。

（三）情景三

宏远商贸公司与前进造纸厂关于包装纸箱的合作谈判。

班级同学分成若干组，每组 6 ～ 7 人。以小组为单位，分成甲方、乙方，进行一次模拟谈判。课前应做好谈判前的各项准备工作，通过情景模拟来掌握谈判的基本技巧。

模块四　产品营销礼仪

随着社会主义市场经济的发展，企业之间的竞争日益激烈。竞争也从价格竞争等硬实力竞争转向服务、质量的提升等软实力，营销技巧、营销礼仪等引起了商务企业广泛的重视。特别是营销礼仪，它可以塑造营销人员完美的个人形象，给顾客留下良好的第一印象，让营销人员在营销开始之前就赢得顾客的好感。

一、基本知识

（一）营销礼仪

营销是属于市场实现的范畴，是商务企业最显著、最独特的经济职能。产品营销不单纯是商品与货币的交换过程，还包含着商务企业与消费者之间人际情感的内容。因此，产品营销过程中，除了应有为扩大销售而吸引消费者的注意、积极产品营销外，还应借助娴熟的接待技巧、规范的礼仪，融洽与顾客之间的关系，赢得顾客的理解和信任。所谓营销礼仪，是指在产品营销过程中，营销人员应遵循的各种礼仪规范。

1. 产品营销的准备

产品营销人员工作在第一线，每天直接和成百上千的顾客打交道，他们仪表举止是否规范，不仅关系到个人形象，而且关系到企业形象。为此，要从以下两个方面做好准备工作。

1）预测客户的需求

营销人员在接待顾客之前，应先预测顾客可能有哪些方面的需求，然后根据顾客需求做好准备。顾客一般有三方面的需求。

（1）信息的需求。主要是指营销人员要具备营销产品的相关知识，包括同类产品目前市场销售的趋势、产品质量及功能构成等方面的知识。只有产品知识丰富了，才有可能为顾客提供满意的服务。

（2）环境需求。营销环境的好坏直接关系到吸引顾客的多少。好的营销环境应包括：营业场所要有顾客休息的地方，天气热时要有冷气开放，营销过程等候时间较长时可提供一些报纸、杂志供顾客翻阅，商场还应提供优雅的背景音乐，使顾客在购物时开心舒适。

（3）情感的需求。顾客都有被赞誉、同情、尊重等方面的情感需求。营销人员需要去理解顾客的这些情感。商务企业就应从理念、行为、产品服务等方面尊重顾客。在理念方面，主要是企业的行为机制、行为规范、行为模式的涉及与选择，要从方便顾客、节约顾客的购买成本角度考虑；在产品方面，必须保证销售产品的质量、产品的功能、设计包装和产品价格适合顾客，让顾客满意；在服务方面，在营销过程中让顾客称心；在售后服务方面让顾客放心；在营销环境、方便性等方面让顾客满意。只有这样，商务企业才能真正理解顾客、尊重顾客，不断为顾客提供满意的服务，企业才能不断发展并掌握市场的主动权。

2）注重个人形象

很多营销专家都共同认为“营销产品之前先营销自己”。因为顾客首先接受的是营销人员，然后才会接受产品。所以，营销人员要与顾客打交道，就要先给顾客留下美好的印象。

（1）穿着要整洁。在营销活动中，最先映入顾客眼帘的是营销人员的衣着服饰。一般来说，衣着打扮直接反映出一个人的修养、气质和情操。穿戴整齐、干净利落的营销人员容易赢得顾客的信任和好感。

（2）说话要有艺术。在营销过程中，营销人员应处处使用服务语言。服务语言是营销工作的基本工具。使每一句营销用语都发挥它的最佳效果，就必须讲究语言的艺术性。营销人员应特别注意词语的选择和表达。如果能预先做好营销语言的练习、积累，将有助于赢得顾客的好感，达到最佳的销售效果。

（3）举止要得体。好的行为举止是营销人员言行一致、表里如一的反映，是尊重顾客的表现。营销人员在日常生活中就应多注意个人修养，多积累知识，或积极参加一些礼仪培训，让自己的一言一行都能表达出心中的那份真诚。

2. 产品营销的流程

商务企业日常经营中最重要的就是营销商品，一切活动都围绕着营销做文章。产品营销取得成功，主要靠的是营销人员严格执行营销流程和营销活动中的各种礼仪规范。营销流程包括以下几个方面。

1）主动接近顾客

当有顾客临近时要在第一时间内（争取在30秒内）与顾客打招呼。向顾客打招呼可采取点头微笑，并同时说“欢迎光临”等礼貌用语，然后让顾客从容、轻松浏览挑选商品。不同类型的顾客采取不同的接近技巧：对于确定型顾客（买客）应尽快提供服务，尽快完成任务，尽快完成交易；对于半确定型顾客（看客）应态度热情，耐心周到，并揣摩其心理，启发引导其购买行为；对于不确定型顾客（游客）应满腔热情，留给他们良好的印象，欢迎他们再来光顾。

2）主动促成交易

当顾客产生购买欲望时对商品不停地鉴赏，手拿商品考虑并四处张望，找营业员询问时，或者顾客在寻找其他商品时，营销人员就要保持良好的姿态，做好成交的准备；或让顾客认真考虑，细作比较，自主决定是否购买；或根据你的专业眼光留意到顾客的喜好，为顾客提出购买建议；或聆听顾客的反应，找出顾客的购物动机然后再做促销；或鼓励顾客继续选购其他商品。

3）处理顾客异议

当顾客对所介绍产品提出异议时，应当做到以下几点：

① 要认真了解产生异议的原因；

② 以冷静和友善的态度回应，应保持轻松、微笑和信心，用心倾听顾客的意见；

③ 无论事实怎么样永远不要对顾客说“不，你错了”，或类似的语言；

④ 尽快提出解决异议的办法，要按照企业的规定，并站在顾客的立场上尽量满足顾客的要求，与顾客达成共识，迅速采取补救行动。

4）成交

当顾客选取商品后，营业员对照商品逐项填写一式三联的销售凭证（收银联、专柜联、顾客联），销售凭证填好后交给顾客，向顾客提示收银台位置，请顾客交款，并为顾客暂存选好的商品，顾客交完款后交回销售凭证，销售人员认真审核收银记录，无误后存放专柜联，将商品交给顾客。

5）跟进与道别

当顾客购买商品后，售货员要微笑着用双手把商品交给顾客，感谢顾客购买本商场商品，并提醒顾客带好随身物品，妥善保管好销售凭证顾客联、信誉卡、保修卡等凭证，以便商品出现质量问题时退换；也可适时鼓励顾客去商场其他部门看看，或向顾客介绍连带商品。最后以“您走好”、“欢迎下次再来”等文明用语道别。

即使顾客没有成交，也要用微笑的眼神与顾客接触，或鼓励顾客再选购其他商品，或礼貌地邀请顾客下次再来。

3. 产品营销的礼仪

营销人员直接面对顾客，其言行举止对顾客有很大影响，因此，在整个营销活动过程中，营销人员与顾客交往要注意以下几点。

1）礼貌称呼

营销人员对顾客应使用表示尊敬的文明礼貌用语，如“请”、“您”、“谢谢”、“再见”、“欢迎下次光临”等。对一般顾客可称“同志”，对老人应称呼“老大爷”、“老大娘”、“老师傅”、“老伯”等，对儿童可称“小朋友”、“小弟弟”、“小妹妹”，对外宾、华侨酌情称“先生”、“女士”、“夫人”等。

2）百问不烦，百挑不厌

顾客购物时，由于对商品不熟悉，难免会向销售人员咨询。答复顾客的问题，是营销人员责无旁贷的职责。对于顾客提出的问题，营销人员要热情回答、耐心解释。在顾客挑选商品时要耐心接待，满足顾客自由挑选的愿望。

3）讲究语言技巧

营销人员在为顾客服务过程中，要讲究语言艺术，努力做到语言准确、委婉、中听。语言准确是指表达的意思完整、正确，尽量避免引起不必要的误会。语言委婉是指对特殊的顾客，接待语言要有艺术性。如销售员在接待购买服装的顾客时，对体态较胖的男士，可称其“魁梧”；对体态较胖的女士可夸其“丰满”，避免说其“太胖”等语言。语言中听是要根据顾客的举止、心态运用适当的接待语言。例如，当顾客走进柜台浏览商品时，销售人员可向顾客致意，也可以先问“您想看什么？”而不要劈头就问：“您要买什么？”这样无形中给顾客施加了心理压力，结果顾客可能草草作出放弃购买的决定。

（二）人员推销礼仪

1. 人员推销的含义

人员推销是指企业通过派出销售人员与一个或多个可能成为购买者的人交谈，说服购买者购买某种商品和劳务的过程。人员推销是一项专业性很强的工作，是一种互利互惠的推销活动，它必须同时满足买卖双方的不同要求，解决各自不同的问题。人员推销不仅是卖的过程，而且是买的过程，即帮助顾客购买的过程。推销人员只有将推销工作理解为顾客的购买工作，才能使推销工作进行得卓有成效，达到双方满意的目的。为顾客服务不仅是推销人员的口号和愿望，而且也是推销人员本身的工作要求。换句话说，人员推销不是推销产品本身，而是推销产品的使用价值和实际利益。顾客不是购买产品实体，而是购买某种需要。推销人员不是推销单纯的产品，而是推销一种可以解决某些问题的方案。能否成功地将产品解释为顾客需要的满足，成为解决顾客问题的方案，是推销成败的关键因素。

人员推销是一种专业性和技术性很强的工作。它要求推销人员具备良好的政治素质、业务素质和心理素质，以及吃苦耐劳、坚忍不拔的工作精神和毅力。

人员推销是一种具有很多人为因素的、独特的促销手段。因此，推销活动中要注意推销礼仪，人员推销较适合于推销性能较复杂的产品。当销售活动需要更多的解决问题和说服工作时，人员推销是最佳的选择之一。

2. 人员推销的准备

当推销人员具备了一定的素质后，进行推销还需有一个准备的过程。这个过程包括以下几个方面。

1）掌握顾客的相关资料

推销人员面对的顾客是千差万别的，每个顾客又都认为自己是最重要的。因此，推销人员一定要尽可能地了解对方信息，在了解的基础上“投其所好”，采取恰当的方式接近对方，使对方觉得你很尊重他、重视他。所以要建立顾客档案，详细记录顾客的姓名、性别、年龄、职业、教育背景、生活水平、购买能力、社交范围、个人喜好等。

2）与顾客见面要先预约

推销人员登门拜访之前要先用电话预约。电话预约只是安排一次约会，而非完成一次交易。因此，在打电话交谈中，要使顾客明白完成这次购物能给他带来的好处，而不必在电话中传递更多的信息。在预约见面时，推销人员应本着为顾客服务、替顾客着想的原则，尽量由顾客决定约见时间。对于集团用户，推销员在打预约电话时必须了解单位的作息制度，尽可能避开对方工作高峰和公休时间。预约见面地点的基本原则是方便顾客，最佳地点是顾客的居住地附近或工作地。推销人员一旦约好时间和地点，就必须按时到达，切忌失约或迟到，让顾客白白等候。

3）准备好产品的有关资料

这方面的资料主要包括企业简介、产品说明书、产品价目表，还要准备订货单、合同书、自己的名片。资料齐全且规范，给人的印象就是办事可靠，有经验，所以推销人员在拜访客户之前一定要检查资料是否备齐。

4）注意自身形象

顾客第一眼看到的就是推销人员的外在形象，而推销人员又是与人打交道的工作，穿戴整齐、言谈有理、举止得体的人容易赢得他人的信任和好感；衣冠不整、言语粗俗、不拘小节则会让人反感，不愿与之接触。因此，推销人员要仪表大方，举止得体，给顾客一个好印象，赢得顾客的好感和信任。

3. 人员推销的礼仪

1）注意仪表

仪表是人的外在表现，人们对一个人的第一印象往往来自他的仪表。推销人员从事的工作要求，推销人员必须常修边幅，注意仪容，着装要庄重，走路、说话、办事要稳重，面部表情自然，常带微笑，这样才能赢得顾客的信任，受到客户欢迎。

2）增加知识储备

知识的力量是无穷无尽的。推销人员必须积累关于所推销产品的知识。包括产品的构造、功能、用法、价格、维修、使用注意事项，与其他竞争对手相比的优势等；熟悉本企业的相关知识，包括企业的经营方针、规章制度、销售政策、定价策略、交货方式、付款方式等；还要了解本企业在同行中的地位等；掌握有关市场营销知识，如市场营销的策略和技巧、推销的手段、洽谈技巧、签订合同的注意事项等；还要具备一定的心理学、社会学知识以及一般礼仪常识。只有积累了丰富的推销知识和技能，才能根据不同类型的顾客采用不同的推销技巧，运用得体的礼仪，建立与顾客的信任关系，实现推销目标。

3）增加职业敏感性，善于发现准顾客

推销人员在工作或生活中，要有职业敏感性，随时发现准顾客，随时发现机会。在平日里，要注意观察、留心身边的人，要牢记在任何情况下都不要得罪与你打交道的人，尤其是你的顾客，因为他们的身后有无数准顾客。

4）加强语言艺术的修养

对于销售人员来讲，语言艺术修养包括：引起顾客注意的语言艺术，介绍商品的语言艺术，诱导购买的语言艺术，消除疑虑的语言艺术，积极应变的语言艺术。推销人员的语言艺术修养好，对准确有效地传递推销信息、唤起注意、激发兴趣、促成交易、实现推销目的，以及维护良好的客户关系，都具有不可估量的作用。

二、案例讨论

（一）案例一

在日本的某商店曾经发生过这样一件事：一位女顾客在商品店看到一件漂亮的夏季西装，觉得十分满意就买下了。可是就穿了一天之后，发现这件衣服虽然质地柔软，手感也好，但一出汗就与皮肤贴在一起，而且还容易起皱，因此，这位顾客就不想穿了。但衣服是花24万日元买的，她也不愿意忍气吞声地就这样算了，于是就拿到商店去提意见。她向接待的女售货员说明了情况，售货员看了衣料之后，非常有礼貌地道歉说："确实给您添麻烦了"，并且没有丝毫不满的表情，马上退还了全部货款。这位顾客带着一种莫名其妙的歉意走出了商店。20分钟后，当她再次经过那家商店时，看见售货员正在脱下橱窗内模特儿穿着的和她退还的那件一样料子的夏装，商店这种强烈的责任感和以顾客为中心的态度，使这位女顾客深受感动。几天以后，商店又直接给这位顾客打来电话，向她说明其布料含有20%的聚酯纤维，此布料做夏装确实不适合，并再次向她表示歉意。

讨论：商店这种做法说明了什么？

（资料来源：杜明汉．商务礼仪：理论、实务、案例、实训．北京：高等教育出版社，2010.）

（二）案例二

一年夏天，推销员小刘浓妆艳抹、衣着时髦地来到顾客家上门推销产品。她敲开门后立即自我介绍："我是来推销××消毒液的。"当主人正在犹豫时，她已进入室内，拿出商品说："我厂的质量好，×元一瓶。"顾客说："我从来不用消毒液，请你介绍一下消毒液有何用途？"小刘随即往沙发上一坐，对顾客说："天这么热，你先打开空调，我再告诉你。"顾客不悦地说："那算了，你走吧，我不要了。"小刘临走时说："你真傻，这么好的东西都不要，你会后悔的！"

讨论：为什么顾客没有接受小刘推销的商品？

（资料来源：杜明汉．商务礼仪：理论、实务、案例、实训．北京：高等教育出版社，2010. 改编）

（三）案例三

黄某是某机电集团销售公司总经理，经过短短的几年拼搏，业绩逐年上升，成为公司集团的标兵。谈起成功之道，他说："首先，就是要善于观察事物、发现问题、寻找商机、寻找目标客户；其次，是在找到目标客户之后，要善于拜访，一次不行两次，两次不行三次，一直到成功为止；最后，是要学会与目标客户沟通，聆听顾客的需求和抱怨，仔细解释我们的服务、宣传我们的文化。"一次，他得知一家大企业正计划购进一批机电设备，为了让这家企业使用自己的产品，他便连续8个月近40次登门拜访，不厌其烦地向顾客解释产品的优点，介绍集团的服务，宣传企业的文化。最终，他不仅把与这家企业首次合作"搞定"，而且使该企业成了集团公司的黄金客户，每年都达成百万元左右的订单。黄某不仅注重销售，而且注重服务。他请来专业工程师担任技术服务主管，建立客户服务网路，配备多名专职客户服务员，随时为客户提供优质的服务。目前，他带领的公司销售业绩以每年平均40%以上的速度上升，被评为推销精英。

讨论：请分析机电集体黄总经理推销成功的主要原因。

（资料来源：杜明汉．商务礼仪：理论、实务、案例、实训．北京：高等教育出版社，2010.）

（四）案例四

盛夏的一天，张太太家的门铃突然响了，正在家中做家务的张太太打开门一看，迎面而站的是一位戴墨镜的年轻男子，但却不认识。于是张太太狐疑地问："您是?"这位男士也不摘下墨镜，而是从口袋中摸出一张名片，递给张太太："我是保险公司的，专门负责这一地区的业务。"张太太接过名片一看，确实是推销员，却打心底让她反感，便说："对不起，我不买保险。"说着，就要关门。这位男士动作却很敏捷，已将一只脚迈进门内，一副不礼貌的样子："你们家的房子装修得这么漂亮，真令人羡慕，可是天有不测风云，万一发生个火灾什么的，再重新装修，势必要花费很多钱，倒不如你现在就买份儿保险。"张太太越听越气，光天化日之下，竟然有人诅咒她的房子，于是硬把年轻男子赶了出去。

讨论：推销员的行为符合企业伦理要求吗？谈谈你的看法。

（资料来源：刘小清．营销礼仪．大连：东北财经大学出版社，2004.）

（五）案例五

乔治·吉拉德是当今美国排名第一的汽车推销员。有一次，一位名人向乔治买车，乔治推销一种新型车，眼看就要成交了，对方突然决定不买了。对方为何突然变卦呢？乔治百思不得其解，到了晚上十一点，他忍不住拨了电话给这位名人，这位名人对他说："今天上午你没有用心听我说话，我提到儿子即将进大学就读，我提到儿子的功课成绩与他将来的抱负，我以他为荣，但你没有任何反应。"乔治不记得对方曾说过这些事，因为他当时根本没注意听。对方又说："我看得出来，你正在与另一名推销员讲笑话，这就是你失败的原因。"

讨论：指出乔治·吉拉德在推销汽车中的失礼之处，并谈谈本案例对你的启发。

（资料来源：杜明汉．商务礼仪：理论、实务、案例、实训．北京：高等教育出版社，2010.）

三、情景训练

（一）情景一

根据以下场景选取两个小组，分角色模拟表演。生动形象地展示营销礼仪。

人物：妈妈，儿子，某服务员。

地点：某大卖场。

场景一

儿子：妈妈！电子词典在哪儿啊？

妈妈：我也不知道，这个卖场这么大，方向都搞不清楚，问一下服务员吧！请问电子词典在哪儿卖呀？

服务员甲：在二楼。

妈妈：二楼怎么走？

服务员甲：你往前走，看一下指示就知道了。

妈妈：你就不能说清楚一点吗？我要知道，就不用问你了！真是的！

场景二

儿子：妈妈，电子词典在哪儿啊？

妈妈：我也不知道，这个卖场这么大，方向都搞不清楚，问一下服务员吧！

服务员乙：欢迎光临。

妈妈：请问电子词典在哪儿卖呀？

服务员乙：电子词典在二楼家电精品区。

妈妈：请问二楼怎么走？

服务员乙：您往前走，会看到摆放家具的区域，往左边转，您就会看到手扶电梯。上了楼右转就可以看到卖相机、随身听的区域，那儿就是了。

妈妈：谢谢您！

服务员乙：祝您购物愉快！

（资料来源：林雨萩．跟我学礼仪．北京：北京大学出版社，2006.）

（二）情景二

根据以下场景，学生两人一组，其中一人是A，扮演销售人员；另一人是B，扮演顾客。进行模拟训练，体会和融合营销礼仪。

场景一

A现在要将公司的家电产品卖给B，而B则想方设法地挑出本商品的各种毛病，想制造僵局机会。A的任务是一一回答B的问题，努力化解僵局，即便是一些吹毛求疵的问题，也要努力让B满意，不能伤害B的感情。（家电产品可以从电视、冰箱、洗衣机等你熟悉的产品任选一种）

场景二

假设B已经将本店的商品买了回去，但是商品现在有了一些小问题，需要进行售后维修，A的任务仍然是解决这些问题，提高B的满意度。

（资料来源：杜明汉．商务礼仪：理论、实务、案例、实训．北京：高等教育出版社，2010.）

第九章

仪典礼仪

训练目标

使学生掌握庆典仪式、剪彩仪式和签约仪式的概念，把握庆典仪式、剪彩仪式和签约仪式的基本程序和注意事项。能够运用所学的理论知识，进行相关案例分析，提高学生应对相关情景的能力，从而掌握仪式活动的礼仪，巩固社交礼仪及个人仪表礼仪。

> 人无礼则不生，事无礼则不成，国无礼则不宁。
>
> ——荀子

案例导入

请来水上大世界

某娱乐中心最近开了一家露天水上游乐园，开业之日，其浩大的声势引起人们的瞩目，中心安排了20多辆造型逼真的彩车，在市区内的主要街道巡游。彩车上“去夏威夷太远，请来水上大世界”的横幅标语令人跃跃欲试，音响中播送着动听的乐曲和水上游乐园的介绍。不同的彩车上还分别安排了军乐队演奏、泳装模特表演、歌舞演出等节目，吸引了无数行人驻足观看。彩车队途经市区几处广场时，还停下来集中进行节目表演，并配以礼仪小姐发放宣传材料、赠送招待券等活动，给市民留下了良好的印象。当地多家媒体报道了水上大世界开业的消息。

（资料来源：杜明汉．商务礼仪：理论、实务、案例、实训．北京：高等教育出版社，2010.）

仪式是指在特定场合举行的、具有专门程序、规范化的活动。在商务活动中，常见的仪式包括庆典仪式、剪彩仪式、签约仪式等。仪式礼仪是指在举行特定仪式时所要遵循的礼仪规范。仪式礼仪主要包括仪式准备阶段的礼仪规范、现场组织阶段的礼仪规范以及参与人员的行为礼仪规范等。

模块一　庆典仪式礼仪

庆典仪式是指围绕重大事件或重大节日而举行的庆祝活动仪式。随着经济迅速的发展、社会的进步，能够形成惯例的节日也越来越多。庆典仪式的目的，是为了激发某种感情，鼓舞斗志，宣传教育，扩大知名度和影响，树立良好的公众形象。因此，社会组织也利用各种事件举行庆典活动来扩大宣传和影响。

庆典仪式必须符合礼仪规范，才能收到预期效果。庆典仪式中的礼仪，一般来说都是约定俗成的，并随着时代的发展不断地创新，不断地丰富，不断地发展。

一、基本知识

（一）庆典仪式的意义

庆典仪式是商务组织根据其本身及其所处社会环境中有关的重大事件、纪念日、节日等所举办的各种仪式、庆典和纪念活动的总称。庆典仪式是商务组织公关工作中很受重视的活动类型之一，这种活动多由商务组织的领导亲自来主持，公关部门具体承办，组织各有关部门共同参与，邀请相关社会公众来参加。商务组织开展庆典仪式，其影响十分广泛，具体主要有以下几个方面。

1. 有助于扩大商务组织的社会影响

通过庆典仪式，可以宣传商务组织的性质、特点、历史成就及其对社会的作用，宣传商务组织的产品和服务，还可以通过庆典仪式来开展消费者教育引导工作等。因此，庆典仪式有助于扩大商务组织的社会影响。

2. 有助于商务组织给公众留下深刻印象

由于庆典仪式的渲染，商务组织的气氛往往不同寻常，其宣传与交流的方式往往较为巧妙，因而可以在特殊的氛围中影响公众，使公众在尚未察觉的情况下对商务组织留下美好的印象和记忆。

3. 有助于商务组织日后的发展

商务组织开展庆典仪式，一般都要广泛邀请各界来宾参加，而且这种活动往往又是很讲礼仪的活动，各界来宾都会受到一定的礼遇和尊重，能得到商务组织给他们的荣誉，他们极易成为商务组织的朋友。再加上在庆典仪式上的开怀畅谈和各种交流，更能增进商务组织与各界人士的友谊，为商务组织日后的发展打下良好的基础。

4. 有助于提高商务组织的知名度

商务组织开展庆典仪式，在较大程度上能反映我国的经济建设和物质文明建设的进程，同时还能成为新闻媒体采访报道的对象。通过有效的组织和策划，许多庆典活动还可能具有较高的新闻价值，如奠基典礼、名人纪念活动、庆功典礼等，都可以在一定范围内作为新闻予以报道，从而进一步扩大商务组织的影响，提高商务组织的知名度和美誉度，获得多重的活动效果。

（二）庆典仪式的类型

庆典活动的种类很多。有的为了纪念某一节日、纪念日而举行，有的为了庆祝某一成就、获得某一荣誉而举行，有的为了庆祝组织机构的成立而召开，更多的是为了一个工程或项目的动工、竣工、开业、结业而举行。

庆典仪式一般是举行典礼或仪式。常见的典礼仪式如下。

1. 节庆典礼

节庆典礼是指围绕重大节日举行的庆祝活动。各国各民族各地区的节庆名目繁多，大致可分为官方节日和民间传统节日两大类。官方节日又有世界性及国家性之分，如元旦节、妇女节、劳动节、青年节、护士节、儿童节、建党节、建军节、教师节、国庆节、电影节、电视节、艺术节等。民间传统节日则有中外之分。外国的节日，如欧美国家的圣诞节、感恩节、复活节、狂欢节、情人节、母亲节等；中国民间传统节日如春节、元宵节、清明节、端午节、中秋节、重阳节等。

此外，还有很多地方根据各自地理文化环境、习俗、民间传统、土特产、民族等特点举办具有浓郁地方特色的特殊节庆活动，如哈尔滨的冰雪节，北京的地坛庙会，山东潍坊的风筝节，浙江慈溪、余姚的杨梅节、云南西双版纳的傣族泼水节，广东的荔枝节，湖南桃源的桃花节，四川的龙舟节等，这些节庆活动本身就具有公共活动的性质，商务组织不仅可以积极参与，还可以开展公共活动。节庆日是开展公关活动的极好时机，各种重要的节日都可以策划开展相应的公关活动。

2. 纪念日庆典

纪念日庆典是指围绕社会上或本行业、本组织各种重大纪念意义的日子举行的庆祝活动。如领袖人物、社会名流、科学家、发明家、著作家的诞辰或逝世纪念日，重大科技发明纪念日，历史上重要事件发生纪念日；企业成立周年纪念日活动，一般逢五逢十着重搞，五十年、百年大庆，重要活动开展周年回顾纪念等。这类庆典活动一般是定时举行，每个商务组织都可以开展，它对于树立组织的良好形象，使社会公众熟悉以至支持本组织会带来特殊的作用，是一种有效的公关广告。

3. 庆功典礼

庆功典礼是指根据单位或成员获得某项荣誉、取得某项重大成就、重大业绩、重大进展而举行的庆祝活动。如某市荣获“全国卫生城市称号”、某企业荣获“×××一级企业”、“×××甲级企业”等。

4. 开业典礼

开业典礼是指单位机构成立创建、企业开始正式营业时隆重举行的庆祝仪式。这类典礼的目的是扩大宣传，树立组织机构的形象。

5. 奠基典礼

奠基典礼是指重大工程项目如楼宇、道路、桥梁、河道、水库、电站、码头、车站等建设项目正式开工时举行破土动工的仪式。这类庆典起庆祝性、纪念性的作用。

6. 竣工典礼

竣工典礼是指某一工程项目建成完工时举行的庆贺性仪式。包括建筑物落成、安装完工、重大产品成功生产等。这类典礼一般在竣工现场举行。

7. 通车典礼

通车典礼是指重大交通建筑如公路、铁路、地铁、桥梁、隧道等，在正式交付使用前举行的庆祝活动。

8. 通航典礼

通航典礼又称首航仪式，是指飞机、轮船正式开通一条新航线时举行的庆祝活动。

9. 其他典礼

除了上述的典礼活动以外，商务组织还可以利用社会上相关部门开展的活动，如戒烟日、植树日、爱鸟周、儿童年、和平年、家庭年以及本部门本系统内部设立的有关活动节日，如消费日、优质服务日等，有针对性地开展一些纪念庆典活动，加强与公众的联系，以提高组织的知名度和美誉度。

（三）组织庆典仪式的礼仪

1. 庆典仪式组织的原则

庆典仪式的策划组织，要遵循以下原则。

1）适时

庆典活动有一个适时举行的问题。选择好时机，可以为典礼增色不少，增强活动的效果。如企业庆典活动通常要把企业时机、市场时机结合起来考虑，使庆典活动与市场时机相契合。有些典礼的时间是固定的，如节日、纪念日，这些庆典一般只能提前，不能推后。有些庆典则要选择时机。如开业、竣工等典礼，除了要筹备好以外，还要考虑有关领导能否出席、气候及前后节庆的情况等因素。

2）适度

庆典活动是一种礼仪性活动。我国有关方面专门作出规定，要严格控制，认真执行申报制度；同时要有精品意识，典礼过多、过滥，会影响庆典活动的质量和效果。典礼的规模、形式还要和单位、项目情况大体相符，工程不大，却弄一个特大规模的庆典，只会成为笑柄。

3）隆重

典礼是一种热烈庄重的仪式，需要一定的隆重程度。这样既可以鼓舞人心，又可以扩大影响。在现场布置、形式选择、程序安排等环节上下工夫，努力营造隆重热烈的气氛；同时还要力求有创意，一般化的庆典活动无法留给人深刻印象，不可能取得效果。

4）节俭

庆典活动既要隆重热烈，又要简朴务实。从规模、规格上要严格控制，邀请人员的级别、数目要适当，不能一味追求“高、大、全”。在项目、程序上尽量从简，可以省去的一些环节就应当坚决省去。典礼也要奉行“少花钱，多办事”的原则，不能摆排场讲阔气，铺张浪费。

2. 庆典仪式组织的礼仪

庆典仪式是商务组织经常举行的公共专题活动。庆典仪式要取得成功并收到预期效果，必须对庆典活动进行认真的策划和严密的组织。这类活动可以单一地举行，也可以辅以诸如开放参观、文化娱乐、联谊会议、商品展销、社会赞助等来进行，构成一种综合性更强的公关活动形式。

1）确定庆典活动的主题

每次庆典活动都有确定的名目，这便是举办庆典活动的缘由、目的。光有形式上的主题还不够，还必须根据商务组织的需要和公众的需要进行精心的设计，选择适合于形式的主题的实际内容来巧妙地开展公关活动，这样才能展示开展庆典活动的目的和作用，才能收到应有的效果。例如，××酒店和××市妇联联合举办的“母亲节表彰模范母亲”庆典活动就是典型的例子。它的主题即宣传××酒店如同模范母亲操持的家，活动从头到尾都经过精心设计、周密计划，以其新颖独特的内容和丰富多彩的形式牢牢吸引了公众的兴趣。

2）选择庆典活动的形式

在主题内容确定以后，还必须选择反映和表现本主题的有关活动项目和活动形式。活动形式要多选择几种方案，优中选优，富有特色。例如，商务组织的开业庆典，可选择的形式有开放参观、商品展销、成就展览、联谊舞会、招待酒会、表彰会、新闻发布会、消费者座谈会等。这么多的活动项目与活动形式，便需要策划人员根据实际情况进行选择，以求良好的效果。例如，××商厦在开业庆典的宣传活动中，就围绕“满意在××”的主题和开业庆典的特色，确定了举办新闻发布会，举行开业前预展，在电视台、电台、报纸等媒介做公关广告，组织模特广告队沿街宣传，印发商厦简介和宣传卡片，举行开业庆典仪式，举办祝贺商厦开业招待会，在商厦内外张灯结彩等具体宣传仪式，形成了系统的立体的宣传攻势，效果显著。当然，具体形式的确定，也要根据商务组织的人力、物力和财力而定，做好经费预算，预算时应精打细算，避免浪费，既要造出声势，又应勤俭节约，留有余地。

3）制订庆典活动的方案

每一个庆典活动，必须制订一个活动方案，包括典礼的名称、规格规模、邀请范围、时间地点、典礼形式、基本程序、主持人、筹备工作、经费安排等。庆典活动要执行国家有关规定，重大庆典活动一定要上报上一级机关审批，如县一级举办重大庆典活动，要报市委、市政府审批并报省委、省办公厅备案，其他庆典活动要经有关单位领导审批。

4）确定参加活动的对象

庆典活动要邀请有关领导、知名人士、行业及社区公众代表、新闻记者参加。应邀人员一般是各界代表、与活动主题相关的有关人士。一旦确定人员，应当及早发出邀请，要将请柬于举行活动前72小时送到出席人手中，特别的宾客还要采用电话等办法进行双重邀请，并准确掌握来宾的情况。

【小知识】

请　柬

××先生（女士）：

兹定于×月×日（星期×）×时，在××处举行××××庆典仪式。

敬请

光临

××公司（盖章）

×月×日

5）安排庆典活动的程序

作为商务公关活动的庆典活动一般都较盛大，要做到有条不紊。首先，就要成立一个专门机构来指挥和协调各项工作的开展。其次，要合理安排庆典程序。单一的典礼程序一般包括：重要来宾留言、题字；主持人宣布活动开始；奏国歌或奏乐；介绍重要来宾；领导人致词和来宾代表讲话；剪彩、参观活动等。有时还安排座谈、宴请、文艺节目等活动。程序最好能在事先印制好，在宾客到来之前，分发到每个座位上，也可以在签到时一同分发。

一般来讲，进行庆典活动的具体内容不是单一的，因而各种活动内容的次序安排尤为重要，否则会出现忙乱不堪、顾此失彼、互相冲突的局面。尤其是重点活动的安排要使活动有明显的高潮。另外，按庆典活动程序的要求确定具体工作任务，要妥善安排各项接待事宜，确定具体工作任务。

6）现场布置和物质准备

庆典现场的布置，根据庆典内容来确定。一般包括音响、音像设备，会场、舞台或现场的横幅、标语、彩旗、鲜花、气球等设施。需要剪彩的，还要准备缎带、剪刀、手套、托盘。要做好庆典活动的后勤保障工作，包括茶水的供应、纪念品发放、现场秩序的维护和安全保卫工作。

7）安排接待工作

要有专门的礼宾接待人员。重要来宾的接待，要由有关负责人亲自完成。要安排专门的接待室，以便正式开始前让来宾休息、交谈。要有专人引导入场、签到、留言、剪彩等。

（四）参加庆典仪式的礼仪

1. 主办单位人员的礼仪要求

参加庆典时，不论是主办单位的人员还是外单位的人员，均应注意自己临场之际的举止表现。其中，主办单位人员的表现尤为重要。

在举行庆祝仪式之前，主办单位应当对本单位的全体员工进行必要的礼仪教育。对于本单位出席庆典的人员，还须规定好有关的注意事项，并要求大家在临场之时，务必要严格遵守。在这一问题上，单位的负责人，尤其是出面迎送来宾和上主席台的人士，只能够“身先士卒”，而绝不允许有任何例外。因为在庆祝仪式上，真正令人瞩目的，还是东道主方面的出席人员。假如这些人在庆典中精神风貌不佳，穿着打扮散漫，举止行为失当，很容易对本单位的形象进行“反面宣传”。

按照仪式礼仪的规范，作为东道主的商界人士在出席庆典时，应当严格注意的问题涉及以下 7 个方面。

1）仪容要整洁

所有出席本单位庆典的人员，事先都要洗澡、理发，男士还应刮光胡须。无论如何，届时都不允许本单位的人员蓬头垢面、胡子拉碴、浑身臭汗，有意无意去给本单位的形象“抹黑”。

2）服饰要规范

有统一式样制服的单位，应要求以制服作为本单位人士的庆典着装。无制服的单位，应规定届时出席庆典的本单位人员必须穿着礼仪性服装：男士应穿深色的中山装套装，或穿深色西装套装，配白衬衫、素色领带、黑皮鞋；女士应穿深色西装套裙，配长筒肉色丝袜、黑色高跟鞋，或者穿深色的套裤，或穿花色素雅的连衣裙。绝不允许在服饰方面任其自然、自由放任，把一场庄严隆重的庆典，搞得像一场万紫千红的时装或休闲装的“博览会”。倘若有可能，将本单位出席者的服饰统一起来，则是最好的。

3）时间要遵守

遵守时间，是基本的商务礼仪之一。对本单位庆典的出席者而言，更不得小看这一问题。上到本单位的最高负责人，下到级别最低的员工，都不得姗姗来迟，无故缺席或中途退场。如果庆典的起止时间已有规定，则应当准时开始，准时结束。要向社会证明本单位言而有信。

4）表情要庄重

在应典举行期间，不允许嬉皮笑脸、嘻嘻哈哈，或是愁眉苦脸、一脸晦气、唉声叹气，否则会使来宾产生很不好的想法。在举行庆典的整个过程中，都要表情庄重、全神贯注、聚精会神。假若庆典之中安排了升国旗、奏国歌、唱国歌的程序，一定要依礼行事：起立、脱帽、立正、面向国旗或主席台行注目礼，并且认认真真、表情庄严肃穆地和大家一起唱国歌。此刻，不许不起立、不脱帽、东张西望、不唱或乱唱国歌。在起立或坐下时，把座椅搞得乱响，一边脱帽一边梳头，或是在此期间走动和找人交头接耳，都应被视为危害本单位形象的极其严重的事件。

5）态度要友好

这里所指的，主要是对来宾态度要友好。遇到了来宾，要主动热情地问好；对来宾提出的问题，都要立即予以友善的答复。不要围观来宾、指点来宾，或是对来宾持有敌意。当来宾在庆典上发表贺词或随后进行参观时，要主动鼓掌表示欢迎或感谢。在鼓掌时，不要在对象上“挑三拣四”，不要“欺生”。即使个别来宾，在庆典中表现得对主人不甚友善，也不应当当场“仗势欺人”，或是非要跟对方“讨一个说法”不成。不论来宾在台上台下说了什么话，主办方人员都应当保持克制，不要“鼓倒掌”、敲打桌椅、胡乱起哄；不允许打断来宾的讲话，向其提出挑衅性质疑，与其进行大辩论，或是对其进行人身攻击。

6）行为要自律

既然参加了本单位的庆典，主办方人员就有义务以自己的实际行动来确保庆典的顺利与成功。至少，大家也不应当因为自己的举止失当，而使来宾对庆典作出不好的评价。在出席庆典时，主办方人员在举止行为方面应当注意的问题有：不要“想来就来，想走就走”，或是在庆典举行期间到处乱走、乱转；不要找周围的人说“悄悄话”、开玩笑或是朝自己的邻居，甚至主席台上的人挤眉弄眼、出怪样子；不要有意无意地作出对庆典毫无兴趣的姿态，如看报纸、读小说、听音乐、打扑克、作游戏、打瞌睡、织毛衣等；不要让人觉得自己心不在焉，如探头探脑、东张西望、一再看手表或向别人打听时间。当本单位的会务人员对自己有所要求时，需要“有则改之，无则加勉”，不要一时冲动，或是为了显得自己玩世不恭，而产生逆反心理，做出傻事来。

7）发言要简短

倘若商务人员有幸在本单位的庆典中发言，则要谨记以下四个重要问题。

（1）上下场时要沉着冷静。走向讲坛时，应不慌不忙，不要急奔过去，或是慢吞吞地“起驾”。在开口讲话前，应平心静气，不要气喘吁吁、面红耳赤、满脸是汗，急得讲不出话来。

（2）要讲究礼貌。在发言开始，勿忘说一句“大家好”或“各位好”。在提及感谢对象时，应目视对方。在表示感谢时，应郑重地欠身施礼。对于大家的鼓掌，则应以自己的掌声来回礼。在讲话末了，应当说一声“谢谢大家”。

（3）发言一定要在规定的时间内结束，而且宁短勿长，不要随意发挥，信口开河。

（4）应当少做手势。含义不明的手势，尤其应当在发言时坚决不用。

2. 外来单位人员的礼仪行为

外来单位的人员在参加庆典时，同样有必要“既来之，则安之”，以自己上佳的临场表现，来表达对于主人的敬意与对庆典本身的重视。倘若在此时此刻表现欠佳，是对主办方的一大伤害。所以绝不可去而失礼。

当外来单位的人员在参加庆典时，若是以本单位代表的身份而来，而不是仅仅只代表自己个人，更是特别要注意自己的临场表现，丝毫不可对自己的所作所为自由放任、听之任之。

二、案例讨论

（一）案例一

××集团成立30周年筹备工作准备期间，对其员工进行了培训。其中有一个实例内容如下。

玫琳凯化妆品公司创始人玫琳凯在当促销员的时候，有一次，销售经理召集他们开会。会议结束时候，大家都希望同经理握握手。玫琳凯排队等候了3个小时，终于轮到她与经理见面。经理在同她握手时，甚至连瞧都不瞧她一眼而是去瞅她身后的队伍有多长。善良的玫琳凯理解他一定很累。可是，自己也等了3个小时，同样很累呀！自尊心受到伤害的玫琳凯暗下决心：如果有那么一天有人排队等着同自己握手，自己将把注意力全部集中在对方身上——不管自己多累！

她后来多次站在队伍的尽头同数百人握手，常常持续好几个小时。无论多累，她总是牢记当年自己排那么长的队等候同那位销售经理握手时所受到的冷遇。如有可能，总设法同对方说点亲热话——也许只是一句，如“我喜欢你的发型”，或“你穿的衣服多好看哪”。她在同每一个人握手时，总是全神贯注，不允许任何事情分散了自己的注意力。

讨论：

1. ××集团是否有必要对庆典筹备工作人员进行培训？

2. 通过分析此案列对你有何启发？

（资料来源：吴燕，贺湘辉．职场礼仪与口才实训．广州：广东经济出版社，2008. 改编）

（二）案例二

李强参加某公司的开业庆典，安排他就座在前排。由于临时有事情，他来到该公司开业庆典仪式现场时，已经进行了半个多小时了，李强环顾左右寻找自己的座位，并大摇大摆地走向座位，刚刚坐下，手机铃声又响个不停，随后又大声地接听电话，无视周围嘉宾感受和整个开业庆典的热烈气氛。

讨论：

1. 本案例中李强的行为是否正确？

2. 李强的哪些方面做得不得体？

（资料来源：杜明汉．商务礼仪：理论、实务、案例、实训．北京：高等教育出版社，2010. 改编）

（三）案例三

××广场位于海河之滨，拥有整合购物中心、写字楼、五星级服务式公寓、云霄餐厅于一体的国际化设施。它可以提供集办公、购物、居住、娱乐、餐饮共同架构的全功能平台。××广场的发展目标是成为都市核心，掌控都市心脏动脉的首善之区。

××广场决定在××年12月18日举行开业庆典仪式。庆典地点选择在××广场购物中心大厅。

在开业活动之前，筹备人员对会场进行了环境布置。在会场外部，××广场主建筑物外沿，银光闪闪的灯链勾勒得更加醒目。峰顶更被璀璨的群星包围（频闪泡），其中乍现的一道彩色激光直插夜空。同时，在大厦底层的群楼外部，帕尼灯打出××企业的标志、信条和流水、焰火等特效灯光。探照灯照亮高空中的气球、充气物、条幅、彩带，使整个××广场在一片花团锦簇中灿灿发光。在购物中心大厅内部，门口设签到台、礼品和纪念品发放台；地面铺设红地毯，引导嘉宾就坐或参观；大厅内悬挂红绸、横幅；中心为半径10米的红色基础舞台和蓝色半球形升降舞台；上空悬垂巨大的金元宝；四周为嘉宾就坐区域、餐饮台。

此次活动不同于以往的开业庆典，在年末隆冬之际，它为人们提供一个如沐春风、轻松愉快的环境，不失为新年将至、节日狂欢的前奏曲。开业庆典活动由三部分组成。

第一部分：迎宾茶话会

下午5:30，在购物大厅内，举行迎宾茶话会。电视大屏幕播放××广场宣传片。在半球形主舞台两侧，24名女孩奏响《喜洋洋》、《步步高》、《紫竹调》等轻快的民间乐曲，为就座的嘉宾伴宴。由多名礼仪小姐向贵宾佩戴胸花，引导贵宾进入主会场。嘉宾入场时领取小礼物，礼物上皆标有数字，嘉宾可凭此礼物参与互动节目；也可以在礼仪小姐的引领下，到购物中心内部参观各种设施、场所；还可以到自助餐台前拿取茶点，就坐，自由交谈。轻松惬意的迎宾茶话会为业内人士提供了叙旧、接洽的场所。

第二部分：文艺表演和晚宴

晚6:00—7:00，在大厅内中心舞台举行文艺表演。文艺表演融洽了众多当红明星、实力派青春组合和技巧型互动性极高的杂技、魔术。在文艺演出中，晚宴不知不觉地开始，跳出以往一切舞台形式的羁绊，不要司仪刻板的报幕，不让来宾拘泥于宴会的礼节。热烈的气氛尽在轻松的环境中产生、升腾。嘉宾在欢乐祥和、热烈愉快的气氛中，一边进餐一边欣赏节目。

随着节目高潮的到来（在魔术中，邀请幸运嘉宾参与演出，共同开启纸花炮）迎接领导的到来。

第三部分：开业庆典仪式

晚7:00，在中心舞台，开业庆典仪式正式开始。

开业庆典仪式的程序如下。

（1）在缤纷的彩花中，伴着激昂的音乐，领导入场，随后静音。

（2）主持人走上舞台，宣布××广场开业庆典仪式开始。

（3）主持人请领导致辞（政府领导、投资方领导、开发商领导）。

（4）主办方领导宣布：“××广场开业！”

（5）三方领导一起拉动金元宝垂下的小元宝，金元宝裂开，释放出无数条幅、彩带、小元宝、放纸花炮。

（6）开业庆典结束，来宾与文艺界明星合影签名。

讨论：

1. 筹备组是如何布置这次活动现场的？
2. 你如何评价本次开业庆典仪式？
3. 三部分活动在组织与实施上各自有什么特点？

（资料来源：王颖，王慧．商务礼仪．大连：大连理工大学出版社，2007.）

（四）案例四

小于所在的公司举行10周年庆典仪式，既为职工提供免费的晚餐，又安排了大型的文艺晚会，其中就有小于崇拜的某位女歌星登台献艺。小于别提多兴奋了，早就期待着这一刻的尽快到来。

庆典正在紧张而隆重地举行着，上级领导、来宾讲话正在进行中，小于和他的一些朋友们就等不及了，盼着仪式快些结束，好早点一睹那位女歌星的风采，最后一位发言嘉宾是单位的一位老领导，老领导亲眼目睹了公司的发展历程，内心很激动，回顾历史津津乐道，越说越激动，小于他们坐不住了，先是毫不顾忌地议论纷纷，发展到最后是打口哨、喝倒彩，并且时常毫无来由地鼓掌……弄得嘉宾非常尴尬，最后不得不草草地结束了发言。

讨论：小于的举动是否符合参加庆典人员的礼仪要求？

（资料来源：贾志强．人一生要懂得的100个商务礼仪．北京：中国书店，2006. 引文经过改编）

（五）案例五

为了庆祝建店10周年，百姓商场专门举行了一次庆典活动，邀请各界名流前来参加。刚开始，庆典活动进行得十分顺利；到致辞时，出了一个小小的插曲。

在致辞的时候，主持人热情地说："今天来出席庆典的贵宾很多，我们注意到咱们商场的创业元老张先生也来到了现场，下面我们就欢迎张先生上台来说几句。"坐在台下的张先生一下子没反应过来，事先没有人打招呼让他发言，今天顺道来商场办点事，根本没准备什么发言，后来实在拗不过主持人的盛情邀请，张先生只好走上台，到了台上张先生想好的那几句词又全给忘了，他在台上支支吾吾，说不出一句话来，台下的观众再也忍不住爆发出笑声。张先生尴尬极了，脸都涨红了。

讨论：

1. 在这种场合，主持人请张先生上台发言合适吗？
2. 你认为主持人应该怎么做符合庆典礼仪？

（资料来源：贾志强．人一生要懂得的100个商务礼仪．北京：中国书店，2006. 引文经过改编）

三、情景训练

（一）情景一

全班分为若干小组，每组5～6人，结合一个企业的实际需求，为其设计庆典仪式礼仪，努力做到务实不务虚。

训练内容	评估标准	分项成绩
庆典仪式的准备	明确庆典仪式的目的，庆典仪式各项准备工作的充分性，准备工作每有一处疏漏扣 5 分	
庆典仪式的程序	程序的完整性，程序完整满分，缺一项扣 5 分	
庆典仪式的现场模拟	各环节操作的规范性，每有一处不规范扣 5 分	
总成绩 100 分		

（二）情景二

黄力平时非常机警，办事干练，乐于助人。他的这一优点经常会派上用场，酒店里有个什么小活动都愿意参与，有时候甚至主持活动。最近酒店建了一个西餐厅，准备投入运营，酒店想把有关方面的领导和人士请来，举行一个简短的开业庆典仪式，领导把主持开业庆典仪式的这一任务交给了黄力。

黄力第一次主持这样大型的活动，难免有些紧张，更知道来的可都是平时只能在电视里见过的大人物，马虎不得，他开始了认真的准备，拟定了庆典仪式的程序给领导过目；领导相信黄力，说一切全由黄力做主。为了慎重起见，黄力事先还组织了一伙人演练了一番，掐时掐点，看上去严丝合缝的。

举行庆典仪式当天，黄力为了给参加仪式的各位嘉宾留下深刻的印象，首先安排的是请上级领导到还没有开业的西餐厅去参观；然后大家返回酒店门前的广场，宣布开业庆典仪式正式开始，全体起立，奏了一遍国歌；最后又组织大家到西餐厅，由上级领导张局长宣布西餐厅正式开始营业。由于从会场到西餐厅跑了两趟，而且各位嘉宾行进的速度又快慢不一，原定半个小时的仪式快一个小时了还没有结束。有几位主要的上级领导由于日程安排得比较紧，还没等仪式结束就着急先走了。

全班分为若干小组，每组 5 ～ 6 人，结合上述材料，以小组为单位，选取一组模拟以上情景，体会情景中的开业庆典；其他各组运用所学的庆典仪式礼仪知识，讨论并指出黄力在主持这次庆典仪式礼仪活动中存在的问题。

模块二 剪彩礼仪

剪彩仪式，严格地讲，是指商界的有关单位为了庆贺公司的设立、企业的开工、宾馆的落成、商店的开张、银行的开业、大型建筑物的启用、道路或航线的开通、展销会或博览会的开幕等，隆重举行的一项礼仪性程序。

在一般情况下，在各式各样的开业仪式中，剪彩都是一项极其重要的、不可或缺的程序。尽管它往往也可以被单独地分离出来，独立成项，但是在更多的时候，它是附属于开业仪式的。这是剪彩仪式的重要特征之一。

剪彩仪式有众多的惯例、规则必须遵守，其具体的程序也有一定的要求。剪彩的礼仪，就是对此所进行的基本规范。

一、基本知识

（一）剪彩的含义

目前，虽有不少人对剪彩提出非议，认为它乃是“劳民伤财”的“多此一举”，而剪彩自身在内容、形式、步骤等方面也在不断地日趋简化，并逐渐地得以革新，但是在实际的商务活动之中，绝大多数商界人士却依旧坚持认为，剪彩是不宜被取消、不能被替代的。

具体而言，剪彩一直长盛不衰并且仍然被业内人士所看好，主要是基于以下三个方面的原因。第一，剪彩活动热热闹闹，轰轰烈烈，既能给主人带来喜悦，又能令人产生吉祥如意之感。第二，剪彩不仅是对主人既往成绩的肯定和庆贺，而且也可以对其进行鞭策与激励，促使其再接再厉，继续进取。第三，剪彩可借自己的活动良机，向社会各界通报自己的“问世”，以吸引各界人士对自己的关注。

在上述三条原因之中，最后一条至关重要。正因为如此，商界人士才可以理直气壮地向外界解释说：规模适度的剪彩，其实是一种业务宣传活动，而并非只是铺张浪费，毫无任何收益。在剪彩活动中，量力而行地进行适当的投入，绝对是得大于失的。

当然，在组织剪彩仪式时，是没有必要一味地求新、求异、求轰动，而脱离了自己的实际能力。勤俭持家，无论何时何地都是商界人士所必须铭记在心的。

（二）剪彩的准备礼仪

与举行其他仪式相同，剪彩仪式也有大量的准备工作需要做好。其中，主要涉及场地的布置、环境的卫生、灯光与音响的准备、媒体的邀请、人员的培训，等等。在准备这些方面时，必须认真细致，精益求精。

除此之外，对剪彩仪式上所需使用的某些特殊用具，如红色缎带、新剪刀、白色薄纱手套、托盘及红色地毯，仔细地进行选择与准备。

1. 红色缎带

红色缎带即剪彩仪式之中的“彩”。作为主角，它自然是万众瞩目之处。按照传统做法，它应当由一整匹未曾使用过的红色绸缎，在中间结成数朵花团而成。目前，有些单位为了厉行节约，而代之以长度为两米左右的细窄的红色缎带，或者以红布条、红线绳、红纸条作为其变通，也是可行的。一般来说，红色缎带上所结的花团，不仅要生动、硕大、醒目，而且其具体数目往往还同现场剪彩者的人数直接相关。红色缎带上所结的花团的具体数目有两类模式可依。其一，花团的数目较现场剪彩者的人数多上一个；其二，花团的数目较现场剪彩者的人数少上一个。前者可使每位剪彩者总是处于两朵花团之间，尤显正式；后者则不同常规，也有新意。

2. 新剪刀

新剪刀是专供剪彩者在剪彩仪式上正式剪彩时所使用的。它必须是每位现场剪彩者人手一把，而且必须崭新、锋利而顺手。事先，一定要逐把检查一下将被用以剪彩的剪刀是否已经开刃，好不好用。务必要确保剪彩者在正式剪彩时，可以“手起刀落”，一举成功，而切勿一再补刀。在剪彩仪式结束后，主办方可将每位剪彩者所使用的剪刀经过包装之后，送给对方以作纪念。

3. 白色薄纱手套

白色薄纱手套是专为剪彩者所准备的。在正式的剪彩仪式上，剪彩者剪彩时最好每人戴上一副白色薄纱手套，以示郑重其事。在准备白色薄纱手套时，除了要确保其数量充足之外，还须使之大小适度、崭新平整、洁白无瑕。有时，也可不准备白色薄纱手套。

4. 托盘

在剪彩仪式上，托盘是托在礼仪小姐手中，用作盛放红色缎带、剪刀、白色薄纱手套的。在剪彩仪式上所使用的托盘，最好是崭新、洁净的。它通常首选银色的不锈钢制品。为了显示正规，可在使用时上铺红色绒布或绸布。就其数量而论，在剪彩时，可以一只托盘依次向各位剪彩者提供剪刀与手套，并同时盛放红色缎带；也可以为每一位剪彩者配置一只专为其服务的托盘，同时使红色缎带专由一只托盘盛放。后一种方法显得更加正式一些。

5. 红色地毯

主要用于铺设在剪彩者正式剪彩时的站立之处。其长度可视剪彩者人数的多寡而定，其宽度则不应在一米以下。在剪彩现场铺设红色地毯，主要是为了提升其档次，并营造一种喜庆的气氛。有时，亦可不予铺设。

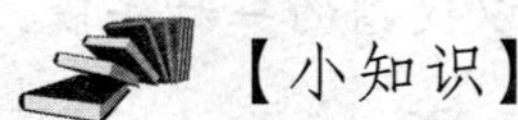【小知识】

剪彩的来历

20世纪初，在美国的一个乡间小镇上，有家商店的店主慧眼独真，从一次偶然发生的事故中得到启迪，以它为模式开一代风气之先，为商家创立了一种崭新的庆贺仪式——剪彩仪式。

事情的原委是这样的：当时，这家商店即将开业，店主为了阻止闻讯之后蜂拥而至的顾客在正式营业前耐不住性子，争先恐后地闯入店内，将用以优惠顾客的便宜货争购一空，而使守时而来的人们得不到公平的待遇，便随便找来一条布带子拴在门框上。谁曾料到这项临时性的措施竟然更加激发起了挤在店门之外的人们的好奇心，促使他们更想早一点进入店内，对即将出售的商品先睹为快。

事也凑巧，正当店门之外的人们的好奇心上升到极点，显得有些迫不及待的时候，店主的小女儿牵着一条小狗突然从店里跑了出来，那条"不谙世事"的可爱的小狗若无其事地将拴在店门上的布带子碰落在地。店外不明真相的人们误以为这是该店为了开张所搞的"新把戏"，于是立即一拥而入，大肆抢购。让店主转怒为喜的是，他的这家小店在开业之日的生意居然红火得令人难以设想。

向来有些迷信的他便追根溯源地对此进行了一番"反思"，最后他认定，自己的好运气全是由那条被小女儿的小狗碰落在地的布带子所带来的。因此，此后在他旗下的几家"连锁店"陆续开业时，他便将错就错地如法加以炮制。久而久之，他的小女儿和小狗无意之中的"发明创造"，经过他和后人不断地"提炼升华"，逐渐成为一整套的仪式。它先是在全美，后是在全世界广为流传开来。在流传的过程中，它自己也被人们赋予了一个极其响亮的鼎鼎大名——剪彩。

剪彩，在从一次偶发的"事故"发展为一项重要的活动程序，再进而演化为一项隆重而热烈的仪式的过程之中，其自身也在不断地吐故纳新，有所发展，有所变化。例如，剪彩者先是由专人牵着一条小狗来充当，让小狗故意去碰落店门上所拴着的布带子。接下来，改由儿童担任，让他单独去撞断门上所拴着的一条丝线。再后来，剪彩者又变成了千娇百媚、闭月羞花的妙龄少女。她的标准动作，就是要勇往直前地去当众撞落拴在门口上的大红缎带。到了最后，也就是现在，剪彩则被定型为邀请社会贤达和本地官员，持剪刀剪断由花容月貌的众多佳丽们手中所持的大红缎带。

据历史记载，剪彩的头一次亮相是在1912年，地点是美国圣安东尼奥州的华狄密镇。而那位因发明剪彩仪式而一时出尽风头的店主，叫作威尔斯。时至今日，了解这一切的人不一定很多，可是知道剪彩仪式的人却肯定不会太少。

从剪彩的发展过程中可以看到，它最初只不过是人们用以促销的一种手段，到了后来，它才渐渐地演变为商务活动中的一项重要的仪式。

（三）剪彩的人员礼仪

在剪彩仪式上，最为活跃的，当然是人而不是物。因此，对剪彩人员必须认真进行选择，并于事先进行必要的培训。

除主持人之外，剪彩人员主要是由剪彩者与助剪者等两个主要部分的人构成的。下面简介一下对于他们的主要礼仪性要求。

1. 剪彩者

在剪彩仪式上担任剪彩者，是一种很高的荣誉。剪彩仪式档次的高低，往往也同剪彩者的身份密切相关。因此，在选定剪彩人员时，最重要的是要把剪彩者选好。

剪彩者，即在剪彩仪式上持剪刀剪彩之人。根据惯例，剪彩者可以是一个人，也可以是几个人，但是一般不应多于五人。通常，剪彩者多由上级领导、合作伙伴、社会名流、员工代表或客户代表所担任。

确定剪彩者名单，必须是在剪彩仪式正式举行之前。名单一经确定，即应尽早告知对方，使其有所准备。一般情况下，确定剪彩者时，必须尊重对方个人的意见，切勿勉强对方。需要由数人同时担任剪彩者时，应分别告知每位剪彩者届时他将与何人同担此任。这样做是对剪彩者的一种尊重。千万不要“临阵磨枪”，在剪彩开始前才强拉硬拽，临时找人凑数。

必要之时，可在剪彩仪式举行前，将剪彩者集中在一起，告之对方有关的注意事项，并稍做排练。按照常规，剪彩者应着套装、套裙或制服，并将头发梳理整齐。不允许戴帽子，或者戴墨镜，也不允许其穿着便装。

若剪彩者仅为一人，则其剪彩时居中而立即可；若剪彩者不止一人时，则其同时上场剪彩时位次的尊卑就必须予以重视。一般的规矩是：中间高于两侧，右侧高于左侧，距离中间站立者愈远位次便愈低，即主剪者应居于中央的位置。需要说明的是，之所以规定剪彩者的位次“右侧高于左侧”，主要是因为这是一项国际惯例，剪彩仪式理当遵守。其实，若剪彩仪式并无外宾参加时，执行我国“左侧高于右侧”的传统做法，亦无不可。

2. 助剪者

助剪者是指在剪彩者剪彩的一系列过程中从旁为其提供帮助的人员。一般而言，助剪者多由东道主一方的女职员担任。现在，人们对她们的常规称呼是礼仪小姐。

具体而言，在剪彩仪式上服务的礼仪小姐，又可以分为迎宾者、引导者、服务者、拉彩者、捧花者、托盘者。迎宾者的任务，是在活动现场负责迎来送往；引导者的任务，是在进行剪彩时负责带领剪彩者登台或退场；服务者的任务，是为来宾尤其是剪彩者提供饮料，安排休息之处；拉彩者的任务，是在剪彩时展开、拉直红色缎带；捧花者的任务，是在剪彩时手托花团；托盘者的任务，则是为剪彩者提供剪刀、手套等剪彩用品。

在一般情况下，迎宾者与服务者应不止一人；引导者既可以是一个人，也可以为每位剪彩者各配一名；拉彩者通常应为两人；捧花者的人数则需要视花团的具体数目而定，一般应为一花一人；托盘者可以为一人，也可为每位剪彩者各配一人。有时，礼仪小姐亦可身兼数职。

礼仪小姐的基本条件是，相貌姣好、身材颀长、年轻健康、气质高雅、音色甜美、反应敏捷、机智灵活、善于交际。礼仪小姐的最佳装束应为：化淡妆，盘起头发，穿款式、面料、色彩统一的单色旗袍，配肉色连裤丝袜、黑色高跟皮鞋。除戒指、耳环或耳钉外，不佩戴其他任何首饰。有时，礼仪小姐身穿深色或单色的套裙亦可。但是，她们的穿着打扮必须尽可能地整齐划一。必要时，可向外单位临时聘请礼仪小姐。

（四）剪彩的程序礼仪

在正常情况下，剪彩仪式应在即将启用的建筑、工程或者展销会、博览会的现场举行。正门外的广场、室内的大厅，都是可优先考虑的。在活动现场，可略作装饰。在剪彩之处悬挂写有剪彩仪式的具体名称的大型横幅，更是必不可少的。

一般来说，剪彩仪式宜紧凑，忌拖沓，在所耗时间上愈短愈好。短则一刻钟即可，长则至多不宜超过一个小时。

按照惯例，剪彩既可以是开业仪式中的一项具体程序，也可以独立出来，由其自身的一系列程序所组成。独立而行的剪彩仪式，通常应包含以下六项基本的程序。

1. 请来宾就位

在剪彩仪式上，通常只为剪彩者、来宾和本单位的负责人安排坐席。在剪彩仪式开始时，即应敬请大家在已排好顺序的座位上就座。在一般情况下，剪彩者应就座于前排。若其不止一人时，则应使之按照剪彩时的具体顺序就座。

2. 宣布仪式正式开始

在主持人宣布仪式开始后，乐队应演奏音乐，现场可燃放鞭炮，全体到场者应热烈鼓掌。此后，主持人应向全体到场者介绍到场的重要来宾。

3. 奏国歌

此刻需全场起立。必要时，亦可随之演奏本单位标志性歌曲。

4. 进行发言

发言者依次应为东道主单位的代表、上级主管部门的代表、地方政府的代表、合作单位的代表等。其内容应言简意赅，每人不超过三分钟，重点分别应为介绍、道谢与致贺。

5. 进行剪彩

此刻，全体应热烈鼓掌，必要时还可奏乐或燃放鞭炮。在剪彩前，须向全体到场者介绍剪彩者。

6. 进行参观

剪彩之后，主人应陪同来宾参观被剪彩之物。仪式至此宣告结束。随后，东道主单位可向来宾赠送纪念性礼品，并以自助餐款待全体来宾。

（五）剪彩的做法礼仪

进行正式剪彩时，剪彩者与助剪者的具体做法必须合乎规范，否则就会使其效果大受影响。

当主持人宣布进行剪彩之后，礼仪小姐应率先登场。在上场时，礼仪小姐应排成一行行进。从两侧同时登台，或是从右侧登台均可。登台之后，拉彩者与捧花者应当站成一行，拉彩者处于两端拉直红色缎带，捧花者各自双手手捧一朵花团。托盘者须站立在拉彩者与捧花者身后一米左右，并且自成一行。

在剪彩者登台时，引导者应在其左前方进行引导，使之各就各位。剪彩者登台时，宜从右侧出场。当剪彩者均已到达既定位置之后，托盘者应前行一步，到达前者的右后侧，以便为其递上剪刀、手套。剪彩者若不止一人，则其登台时亦应列成一行，并且使主剪者行进在前。在主持人向全体到场者介绍剪彩者时，后者应面含微笑向大家欠身或点头致意。

剪彩者行至既定位置之后，应向拉彩者、捧花者含笑致意。当托盘者递上剪刀、手套，亦应微笑着向对方道谢。待其所有准备好后，应集中精力，右手手持剪刀，表情庄重地将红色缎带一刀剪断。若多名剪彩者同时剪彩时，其他剪彩者应注意主剪者的动作，与其主动协调一致，力争大家同时将红色缎带剪断。

按照惯例，剪彩以后红色花团应准确无误地落入托盘者手中的托盘里，而切勿使之坠地。为此，需要捧花者与托盘者的合作。剪彩者在剪彩成功后，可以右手举起剪刀，面向全体到场者致意；然后放下剪刀、手套于托盘之内，举手鼓掌；接下来，可依次与主人握手道喜，并列队在引导者的引导下退场。退场时，一般宜从右侧下台。待剪彩者退场后，其他礼仪小姐方可列队由右侧退场。

不管是剪彩者还是助剪者在上下场时，都要注意井然有序、步履稳健、神态自然。在剪彩过程中，更是要表现得不卑不亢、落落大方。

二、案例讨论

（一）案例一

某商场正在举行开业剪彩仪式，两位中年妇女刚好路过，就在旁边边看热闹边聊天。甲说："这个商场看起来挺寒酸的啊！"乙说："怎么了？外表看起来规模还挺大的，说是好多著名的人士都来了呢！"甲不以为然，指指台上的礼仪小姐，说："你看看这些礼仪小姐，怎么看起来都那么不好看啊，我上次在东边的那一家商场看到，人家那礼仪小姐长的个又高，人模样又周正，跟这儿简直就是一个天上，一个地下。你想想看，这礼仪小姐可是脸面啊，这都弄得不好，这商场肯定也高档不到哪儿去。"乙又仔细看了看，点头称是："可不是，饭店里端盘子的也比她们长得好看啊，看那衣服，还不一个色，可真够马虎的"。甲撇撇嘴说："这家商场肯定没什么实力，反正以后我是不会在这买东西的。"

讨论：

1. 你认为这两位中年妇女的看法正确吗？

2. 仔细分析本案例，谈谈你的看法。

（资料来源：贾志强．人一生要懂得的100个商务礼仪．北京：中国书店，2006. 引文经过改编）

（二）案例二

某企业为了使剪彩仪式隆重热烈，特意邀请了一位80岁高龄的著名人士参加剪彩，仪式当天当主持人宣布“剪彩”开始，老人手拿剪刀，却怎么也剪不断红彩带。当其他四位剪彩者已剪断彩带，把剪刀放回托盘了，这位老人还未剪断，情急之下，主持人过去帮着老人剪断彩带。

讨论：

1. 本案例中的剪彩者选择对你有什么启发？
2. 选择剪彩者应注意什么？

（资料来源：杜明汉．商务礼仪：理论、实务、案例、实训．北京：高等教育出版社，2010.）

（三）案例三

红梅公园是常州市城区最大的综合性公园，建园40余年来，以其优美的自然环境、丰富的文化内涵和完善的功能设施为广大市民和游客提供了一个游憩休闲、亲近自然的理想场所，一度成为常州地域性的象征。红梅公园开园仪式尚未举行，就自发地涌进对公园饱含期待和热情的常州市民两万多人。

此次站在常州市市委书记、市长等一排领导前面，在常州人心目中占有重要地位的红梅公园开园剪彩的普通市民一点也不普通。其中在武进某电子厂任出纳的吴国显，是一位来自基层的人大代表，是当初红梅公园敞开扩建的积极进言者；常州日报印刷厂工人尤敏，解放初期家就与红梅公园为邻，这一次红梅公园敞开扩建时是第一个主动搬迁的人；园林绿化工作者陈尔禾，日夜奔波在红梅公园的扩建工地上，从公园扩建以来就没有休息过一天，被大家戏称为“黑脸机器人”；退休老党员陈健一，领头发起了文笔塔社区老年护绿队，常年在附近街道义务巡逻，守护绿色家园；日本友人今市文雄是常州的荣誉市民，回国后，仍然十分留恋曾辛勤工作过的这片土地，在红梅公园种植了价值两万多元的樱花树和桂花树。除此之外，还有年届八旬的红梅公园的老游客，有戴着红领巾的绿色小卫士，也有这次公园改造的设计者代表。由他们为公园剪彩，博得了现场全体市民的热烈掌声。

讨论：

1. 本案例中的常州红梅公园的开园剪彩为何能获得良好的社会反响？
2. 剪彩仪式应注意什么？

（资料来源：王颖，王慧．商务礼仪．大连：大连理工大学出版社，2007.）

（四）案例四

某房地产公司举行新楼盘奠基剪彩仪式，请来了市长和当地各界嘉宾参加。各位嘉宾坐在主席台上，仪式开始，主持人宣布："请陈市长下台剪彩！"陈市长稳稳坐在座位上丝毫没动，主持人很诧异，以为市长没有听见，又大声说："请陈市长下台剪彩！"陈市长还是没有起身，脸上显示出不快的表情。主持人又宣布："请陈市长剪彩！"陈市长这才很不高兴地起身去剪彩。

讨论：

1. 请分析此案例，找出文中剪彩过程中礼仪不当之处。
2. 本案例对你有何启发？

（资料来源：杜明汉．商务礼仪：理论、实务、案例、实训．北京：高等教育出版社，2010.）

（五）案例五

正值龙威集团某重要项目开通，龙威集团特别安排了隆重的剪彩仪式。除了龙威集团领导外，还邀请了3位上级主管单位的领导参加。

剪彩仪式这项工作由龙威集团办公室的王芳负责。她从集团内部挑选了几位形象较好的年轻女员工作为礼仪小姐，还租借了专业的"行头"，以自己的理解对她们进行了礼仪培训。

剪彩仪式的当天，当主剪人员剪彩完毕，转身想把剪刀放回托盘时，礼仪小姐却已经齐刷刷地下台了，四位主剪人尴尬地拿着剪刀不知所措。王芳手忙脚乱地安排礼仪小姐火速上台才解了围。

剪彩仪式一结束，王芳就受到领导的严厉批评。

讨论：

1. 王芳为什么受到领导的批评？
2. 剪彩人员需要注意哪些礼仪？

（资料来源：未来之舟．仪式礼仪手册．北京：海洋出版社，2009.）

三、情景训练

（一）情景一

张华在市郊有一座二层小楼房，一直闲着没有人住，他看到最近超市的生意挺好的，而自己的小楼房又正好临街，要是收拾出来开一家小超市肯定也能赚不少钱。打定主意后，张华就开始张罗起来了。几天的工夫，小超市就筹备好了，张华琢磨着也选个好日子搞一个开业庆典，热闹热闹，看电视上人家都兴剪彩，请来剪彩的人也都是大人物，张华就想到了自己的叔叔，叔叔是这里的区长，他要是来倒也挺光彩的。不过妻子却坚决反对张华的想法，妻子说："你看你这是多大一个超市啊，还请个区长来剪彩，人家一看你这排场，表面上恭维，背地里还不定怎么笑你呢！"

全班分为若干小组，5～6人为一组，以小组为单位，结合上述材料对张华的小超市剪彩活动进行分析，并说明剪彩仪式的注意事项和剪彩仪式的程序及礼仪要求。

（二）情景二

王浩今年刚大学毕业，立志自己创业，自己贷款和请朋友帮忙，准备在新落成的电子市场开一家手机代理经销店。王浩是一个干事比较张扬的人，店面这几天筹备得差不多了，他一直向朋友们讲述，他的手机经销店开业一定搞一个隆重的开业庆典仪式，要请乐队，挂氢气球，安装彩色拱门，燃放烟花，还要请几位名人举行剪彩仪式，期望通过隆重的开业剪彩活动，能给他的小店带来好彩头。

全班分为若干小组，5～6人为一组，以小组为单位，根据所学剪彩仪式礼仪知识为王浩邀请几位参加剪彩的嘉宾，并分别模拟剪彩嘉宾，注意从外表上、举止上、细节上在剪彩典礼上树立合适的礼仪形象。

模块三　签约仪式礼仪

签约，即合同的签署。它在商务交往中，被视为一项标志着有关各方的相互关系取得了更大的进展，以及为消除彼此之间的误会或抵触而达成了一致性见解的重大成果。因此，它极受商界人士的重视。我国法律规定，合同一般只有当事人达成书面协议并签字时，才能宣告成立。可见，当事人的签字是合同正式成立并生效的必要条件。为了体现合同的严肃性，在签署合同时，最好郑重其事地举行签约仪式。签约仪式是签署合同的高潮，其时间虽然短暂，但程序却是最为规范的，气氛最为庄重、隆重而热烈。

一、基本知识

（一）草拟合同的礼仪

在商务交往的实践中，尽管君子协定、口头承诺、“说话算数”，在一定程度上有着作用，但是更有效地取信于人、让交往对象心安理得的则是“口说无凭，立此为据”的文字性合同。

商务合同，是指有关各方之间在进行某种商务合作时，为了确定各自的权利和义务，而正式依法订立的、并且经过公证的、必须共同遵守的条文。在许多情况下，合同又被叫作合约。而在另外一些时候，人们所说的合约则是指条文比较简单的合同。在商务往来中，带有先决条件的合同，如等待律师审查、有待正式签字、需要落实许可证的合同，叫作准合同。严格地说，准合同是合同的前身，也是最终达成合同的一个步骤。

为了省事，在一般场合，商界人士往往将合同、合约与准合同混为一谈，统统把它们都叫作合同。这样做虽不甚精确，但也有助于大家“删繁就简”，减少麻烦。根据仪式礼仪的规定，对签署合同这一类称得上有关各方的关系发展史上“里程碑”式的重大事件，应当严格地依照规范，讲究礼仪，应用礼仪。为郑重起见，在具体签署合同之际，往往在现实生活中，商界人士所接触到的商务合同的种类繁多，常见的就有购销合同、借贷合同、租赁合同、协作合同、加工合同、基建合同、仓保合同、保险合同、货运合同、责任合同等。

1. 草拟合同的要求

从格式上讲，合同的写作有一定规定。它的首要要求，是目的要明确，内容要具体，用词要标准，数据要精确，项目要完整，书面要整洁。

从具体的写法上来说，合同大体上有条款式与表格式两类。所谓条款式合同，指的是以条款形式出现的合同；所谓表格式合同，则是指以表格形式出现的合同。

条款式合同与表格式合同，在写法上都有各自的具体规范，对此在实践中只能够遵守，不可以明知故犯。一般来说，标的、费用与期限被称作合同内容的三大要素。在任何一项合同中，都应当三者齐备，缺一不可。如果从具体的条款撰写上来讲，一项合同至少需要具备标的、数量或质量、价款或酬金、履约的期限与地点及其方式、违约责任等五大基本内容。对于这种规范，商界人士必须自觉地遵照执行。

2. 草拟合同的原则

在草拟合同时，除了在格式上要标准、规范之外，同时还必须注意遵守法律、符合惯例、合乎常识、顾及对手等四个原则。

1）草拟合同必须遵守法律

在商务交往中，所有正式的合同都具有法律约束力。它一旦订立，任何一方都不可擅自变更或解除。因此，商务人员必须熟悉国家的有关法律与法规，以便充分地运用法律来维护自身的正当权益。

从操作中的实际状况来看，商务人员在拟定合同时，必须遵守的有关法律、法规，主要涉及商品生产、技术管理、外汇管制、税收政策及商检科目等五个方面。

在草拟涉外商务合同时，还必须遵循我国法律与国际条法。遵循我国法律，是国家主权原则的体现，也是为了不损害我国的社会公共利益。遵循国际条法，则是为了在对外交往中更好地与国际社会接轨，在国际经济合作中少走弯路。

2）草拟合同必须符合惯例

在草拟合同时，必须优先遵守法律、法规，尤其是必须优先遵守我国的法律、法规。遇上有关法律、法规尚未规定的，则可采用举世公认的国际惯例。

所谓商务交往中的国际惯例，是指那些为国际社会所普遍接受的、约定俗成的常规做法。例如，在商务交往中政治与经济应当分开，不允许借商务往来之便干涉他国的内部事务或伺机影响他方的内政。

又如，买方在签署合同后，应当按照合同规定的期限，向银行开立信用证。开立信用证，应填写申请书，当银行同意接受后，将依交易金额收取一定比例的开证费，并根据客户的资信收取一定数额的押金，然后按进口方的要求向出口方开出信用证。信用证一经开出，对方往往会要求进行某种程度的改动。只有确系开证时疏漏之处，方可同意修改；反之，是不宜贸然应允的。

一般而言，国际惯例是维系商务交往正常化的一大基石，所以商界人士在草拟合同时，应当以它来协调自己的行动。

3）草拟合同必须合乎常识

在草拟合同时，商界人士有必要使合同的一切条款合乎常识，坚决不要犯常识性错误。商界人士在草拟合同时应当具备的常识，是指与其业务有关的专业技术方面的基本知识，具体包括商品知识、金融知识、保险知识和商业知识等。

（1）商品知识，其实是一个整体性的概念。它包括产品的生产过程和管理以及产品本身的一切知识。

（2）金融知识，是指与货币的发行、流通、回笼有关的一切知识，具体来说，主要是指货币、汇率、信贷等知识。运输知识，包括运输具体方式的选择、运输中商品形态的具体要求、运输的特殊条件以及运输的责任方等知识，它们与仓储一样，都是必须考虑的。

（3）保险知识，包括险别、选择及办理程序等知识，它们对商务方面的交易是意义重大的保证。

（4）商业知识，是指与商品流通各环节有关的知识，它对合同的草拟也有一定的帮助。

具备上述各方面的常识，将有助于商界人士在工作中得心应手，并且更好地为交往对象所敬重。在商务交往中，没有知识就等于没有实力。

4）草拟合同必须顾及对手

正式合同的一大特征，是有关各方面必须协商一致，出自心甘情愿；反之，如果一方恃强凌弱，仗势压人，把自己的意志强加于他方，强迫他人与自己订立"城下之盟"，那么合同即使勉强签署，事后必不断地发生纠纷，那样对有关各方都不会有好处。

因此，商务人员在草拟合同的具体条款时，既要"以我为中心"，优先考虑自己的切身利益，又要替他方多着想，要顾全对方的体面，并且尽可能照顾他方的利益，这是促使合同为对方所接受的最佳途径。

在进行与合同有关的谈判时，在具体条款上，商务人员不仅要讲原则性，也要讲灵活性。在坚持根本利益的前提下，灵活地变通，适当地让步，获益只会多而不会少。

（二）签约之前的准备礼仪

通常，合同的成立生效，需要履行一定的手续。依照我国的有关法律规定，当事人就合同条款的书面形式达成协议，并且签字，即为合同成立。假如通过信件、电报、传真、电传达成了协议，一方当事人要求签订确认书的，则签订确认书时，方为合同成立。

这种规定，实际上有双重含义：一方面，我国只承认书面的合同；另一方面，唯有经过有关当事人正式签字，合同才正式成立并生效。由此可见，签字好比胎儿出世时的出生证，是正式合同的一种不能缺少的“批准书”。

仪式礼仪规定，为了使有关各方重视合同、遵守合同，在签署合同时，应举行郑重其事的签字仪式，即所谓签约。

在商务交往中，人们在签署合同之前，通常会竭力做好以下几个步骤的准备工作。

1. 要布置好签字厅

签字厅有常设专用的，也有临时以会议厅、会客室来代替的。布置它的总原则，是要庄重、整洁、清静。

一间标准的签字厅，应当室内铺满地毯，除了必要的签字用桌椅外，其他一切的陈设都不需要。正规的签字桌应为长桌，其上最好铺设深绿色的台呢。

按照仪式礼仪的规范，签字桌应当横放于室内。在其后，可摆放适量的座椅。签署双边性合同时，可放置两张座椅，供签字人就座。签署多边性合同时，可以仅放一张座椅，供各方签字人签字时轮流就座；也可以为每位签字人都各自提供一张座椅。签字人在就座时，一般应当面对正门。

在签字桌上，循例应事先安放好待签的合同文本以及签字笔、吸墨器等签字时所用的文具。

与外商签署涉外商务合同时还需在签字桌上插放有关各方的国旗。插放国旗时，在其位置与顺序上，必须按照礼宾序列而行。例如，签署双边性涉外商务合同时，有关各方的国旗须插放在该方签字人座椅的正前方。

2. 要安排好签字时的座次

在正式签署合同时，各方代表对于礼遇均非常在意，因而商务人员对于在签字仪式上最能体现礼遇高低的座次问题，应当认真对待。

签字时各方代表的座次，是由主方代为先期排定的。合乎礼仪的做法是：在签署双边性合同时，应请客方签字人在签字桌右侧就座，主方签字人则应同时就座于签字桌左侧。双方各自的助签人，应分别站立于各自一方签字人的外侧，以便随时对签字人提供帮助。双方其他的随员，可以按照一定的顺序在己方签字人的正对面就座。也可以依照职位的高低，依次自左至右（客方）或是自右至左

（主方）地列成一行，站立于己方签字人的身后。当一行站不完时，可以按照以上顺序并遵照“前高后低”的惯例，排成两行、三行或四行。原则上，双方随员人数，应大体上相近。

在签署多边性合同时，一般仅设一个签字椅。各方签字人签字时，须依照有关各方事先同意的先后顺序，依次上前签字。他们的助签人，应随之一同行动。在助签时，依“右高左低”的规矩，助签人应站立于签字人的左侧。与此同时，有关各方的随员，应按照一定的序列，面对签字桌就座或站立。

3. 要预备好待签的合同文本

依照商界的习惯，在正式签署合同之前，应由举行签字仪式的主方负责准备待签合同的正式文本。

举行签字仪式，是一桩严肃而庄重的大事，因此不能将“了犹未了”的“半成品”交付其使用；或是临近签字时，有关各方还在为某些细节而纠缠不休。在决定正式签署合同时，就应当拟定合同的最终文本。它应当是正式的，不再进行任何更改的标准文本。

负责为签字仪式提供待签的合同文本的主方，应会同有关各方一起指定专人，共同负责合同的定稿、校对、印刷与装订。按常规，在合同上正式签字的有关各方，均应提供一份待签的合同文本。必要时，还可再向各方提供一份副本。

签署涉外商务合同时，比照国际惯例，待签的合同文本，应同时使用有关各方法定的官方语言，或是使用国际上通行的英文、法文。此外，也可同时并用有关各方法定的官方语言与英文或法文。使用外文撰写合同时，应反复推敲，字斟句酌，不要望文生义或不解其意而乱用词汇。

待签的合同文本，应以精美的白纸印制而成，按大八开的规格装订成册，并以高档质料，如真皮、金属、软木等，作为其封面。

4. 要规范好签字人员的服饰

按照规定，签字人、助签人及随员，在出席签字仪式时，应当穿着具有礼服性质的深色西装套装、中山装套装或西装套裙，并且配以白色衬衫与深色皮鞋。男士还必须系上单色领带，以示正规。

在签字仪式上露面的礼仪人员、接待人员，可以穿自己的工作制服，或是旗袍一类的礼仪性服装。

（三）签约仪式程序的礼仪

签字仪式是签署合同的高潮，它的时间不长，但程序规范庄重而热烈。签字仪式的正式程序一共分为如下四项。

1. 签字仪式正式开始

有关各方人员进入签字厅，在既定的位次上各就各位。

2. 签字人正式签署合同文本

通常的做法是首先签署己方保存的合同文本，再接着签署他方保存的合同文本。

商务礼仪规定，每个签字人在由己方保留的合同文本上签字时，按惯例应当名列首位。因此，每个签字人均应首先签署己方保存的合同文本，然后再交由他方签字人签字。这一做法，在礼仪上称为“轮换制”。它的含义，是在位次排列上，轮流使有关各方均有机会居于首位一次，以显示机会均等、各方平等。

3. 签字人正式交换已经有关各方正式签署的合同文本

此时，各方签字人应热烈握手，互致祝贺，并相互交换各自一方刚才使用过的签字笔，以示纪念。全场人员应鼓掌，表示祝贺。

4. 共饮香槟酒互相道贺

交换已签的合同文本后，有关人员尤其是签字人当场干上一杯香槟酒，是国际上通行的用以增添喜庆色彩的做法。

在一般情况下，商务合同在正式签署后，应提交有关方面进行公证，此后才正式生效。应该说明的是，签字仪式不一定非搞不可，尽管它可以制造声势，增添影响。但是，对于签字本身却是必须郑重对待、不可草草收场的。商界人士对此必须切实注意。

二、案例讨论

（一）案例一

请看下面有关产权交易项目签约仪式的主持用语，并回答问题。

女士们、先生们、朋友们：

（出让方）________与（受让方）________就（项目名称）____________出售

（兼并、租赁、经营权转让、合资、合作）的项目签约仪式现在开始。

1. （项目简介）：

该项目主要内容及规模

该项目总资产____________万元　成交额____________万元

2. 出席签约仪式的受让方代表（外方）：

单位____________职务____________姓名____________（先生、女士、小姐）

出席签约仪式的出让方代表：

单位____________职务____________姓名____________（先生、女士、小姐）

请二位先生（女士、小姐）到签约台前就坐（待坐好后）

3. 请各位嘉宾领导到签约台上就位（待站好后）

4. 签约开始（待双方签约完毕后）

5. 双方交换签约文本

6. 祝酒

7. 签字仪式结束（鼓掌）

讨论：

1. 本案例中签约仪式的程序是否正确？

2. 签约仪式程序中应注意哪些礼仪？

（资料来源：王颖，王慧．商务礼仪．大连：大连理工大学出版社，2007.）

（二）案例二

请认真浏览下面的签约仪式仪程后回答问题

第一，司仪宣布，签字仪式正式开始；

第二，请签字双方有关方面负责人到主席台上分两边站立；

第三，由举办方代表致词并简要介绍签约背景；

第四，请××先生宣读中文协议书文本，请××先生代表外方宣读外文协议书文本；

第五，请双方主签人就坐，请双方代表在协议书上签字；

第六，交换签约文本；

第七，请服务员上香槟酒，请大家共同举杯庆贺；

第八，签约双方合影留念；

第九，司仪宣布签字仪式结束。

讨论：请你评价案例中签约仪式仪程。

（三）案例三

通过长期洽谈之后，南方某市的一家公司终于同美国的一家跨国公司谈妥了一笔大生意。双方在达成合约之后，决定正式为此而举行一次签约仪式。

因为当时双方的洽谈在我国举行，故此签字仪式便由中方负责。在仪式正式举行的那一天，让中方出乎意料的是，美方差一点要在正式签字之前“临场变卦”。

原来，中方的工作人员在签字桌上摆放中美两国国旗时，误以中国的传统做法“以左为上”代替了目前所通行的国际惯例“以右为上”，将中方国旗摆到了签字桌的右侧，而将美方国旗摆到了签字桌的左侧。结果让美方人员恼火不已，他们甚至因此而拒绝进入签字厅。

讨论：

1. 请你评价案例中签约仪式没能正常进行的原因。
2. 结合本案例谈谈在商务交往中了解签约的礼仪的重要性。

（四）案例四

A 公司的王经理前些天遇见了一件让他十分难堪的事情。A 公司准备和其重要合作企业 B 公司在洲际酒店举行签约仪式。签约仪式当天正好赶上是国庆节，王经理在家休息，突然想起有此次活动，就匆忙出门。由于着急出门，穿着休闲装，结果，到了酒店之后，门口保安把他拦在门外。幸好 B 公司的经理在门口认出了王经理，才替他解了围。然而，当王经理步入签字厅时，又遇见了一件尴尬之事，签约仪式已经开始大约 10 分钟了，大家都投来“不屑”的眼神……

讨论：请结合本案例，分析在签约仪式中签字人员应注意的礼仪。

（资料来源：未来之舟．仪式礼仪手册．北京：海洋出版社，2009. 改编）

三、情景训练

（一）情景一

假设公司准备与远道而来的法国客商签订一份巨额合同。

全班分为若干小组，每组 5 ～ 6 人，分别扮演不同的角色，模拟签约场景。通过仔细揣摩模拟场景，熟练掌握签约的基本礼仪规范。

（二）情景二

A公司与B公司经过为期三个月的艰苦谈判，终于就一项合作项目达成了合作协议。于是，A公司的王总经理应邀到B公司签订合约。

请同学分成甲乙两组，分别扮演A和B公司的相关人员，布置并模拟签约仪式现场。注意签约仪式座位的安排以及签约仪式程序和步骤等（可以按照：现场布置—位次安排—流程设计—角色扮演4个环节来完成）。

参考文献

[1] 何叶秋．大学生沟通与礼仪．武汉：华中科技大学出版社，2008.
[2] 金正昆．大学生礼仪．北京：中国人民大学出版社，2007.
[3] 冯宝琴．礼仪规范教程．北京：国家行政学院出版社，2008.
[4] 憨氏．礼仪培训课．呼伦贝尔：内蒙古文化出版社，2005.
[5] 金正昆．商务礼仪教程．3 版．北京：中国人民大学出版社，2009.
[6] 王蓉晖，兴盛乐．社交礼仪与形象设计．北京：企业管理出版社，2007.
[7] 何浩然．实用礼仪．合肥：合肥工业大学出版社，2004.
[8] 王金玲，王艳府．图说礼仪．重庆：重庆出版社，2008.
[9] 刘芳，彭芳，杨燕．现代礼仪．2 版．南昌：江西高校出版社，2006.
[10] 鲁琳雯．现代礼仪实用教程．银川：宁夏人民出版社，2007.
[11] 麻美英．现代实用礼仪．杭州：浙江大学出版社，2006.
[12] 赵敏．新编商务礼仪．郑州：中原农民出版社，2007.
[13] 金正昆．职场礼仪．北京：中国人民大学出版社，2008.
[14] 胡成富．社交礼仪．北京：中国财政经济出版社，2008.
[15] 陆纯梅，范莉莎．现代礼仪实训教程．北京：清华大学出版社，2008.
[16] 滕新贤．新编礼仪教程．北京：新华出版社，2009.
[17] 朱燕．现代礼仪学．北京：清华大学出版社，2006.
[18] 王平辉．社交礼仪规范与技巧．南宁：广西人民出版社，2008.
[19] 张丽娟．现代社交礼仪．北京：北京交通大学出版社，2009.
[20] 王庆国．现代实用礼仪．郑州：中原农民出版社，2008.
[21] 吕维霞．现代商务礼仪．北京：对外经济贸易大学出版社，2006.
[22] 于立新．国际商务礼仪实训．北京：对外经济贸易大学出版社，2003.
[23] 李兴国．社交礼仪．北京：高等教育出版社，2006.
[24] 未来之舟．仪式礼仪手册．北京：海洋出版社，2009.
[25] 李波．商务礼仪．北京：中国纺织出版社，2006.
[26] 罗树宁．商务礼仪与实训．北京：化学工业出版社，2010.
[27] 王颖，王慧．商务礼仪．大连：大连理工大学出版社，2007.
[28] 杜明汉．商务礼仪：理论、实务、案例、实训．北京：高等教育出版社，2010.

[29] 贾志强．人一生要懂得的 100 个商务礼仪．北京：中国书店，2006.
[30] 姜利军．商务谈判．北京：中国物资出版社，1998.
[31] 刘小清．营销礼仪．大连：东北财经大学出版社，2004.
[32] 吴燕，贺湘辉．职场礼仪与口才实训．广州：广东经济出版社，2008.
[33] http：//www. lady8844. com/caizhuang/jnhz/2010 - 06 - 03/1275531570d416626. html.
[34] http：//wenku. baidu. com.
[35] 西餐的酒文化． http：//www. why. com. cn/epublish/node32916/node32921/userobject7ai198652. html.
[36] http：//www. welcome. org. cn.